本书受到教育部人文社会科学研究项目『南朝儒学思想与人文精神研究』资助

南朝儒学思想研究

Nanchao Ruxue Sixiang Yanjiu

人民出版社

乐胜奎——著

目　录

导　论

　　中国文化绵延数千年,积累了绚丽多彩的思想观念、文化习俗和社会生活方式。它是具有共同文化特征的中华民族成员在长期交往、融合中形成的、对每个成员具有亲和力和向心力的文明体系。它以感情、愿望、理想、价值、爱国主义等观念表现在每一个民族成员身上,共同构成一种民族精神。在传统文化和民族精神的支配下,中华民族在漫长的历史长河中形成了巨大的创造力和凝聚力,可贵的民族自尊心和自信心。这是民族之魂,也是智慧的宝库。

　　苏轼云:不识庐山真面目,只缘身在此山中。若想客观、真实的了解中国文化的价值,我们就应该站在宏观的世界历史的角度来观察中国文化。20 世纪德国存在主义思想家卡尔·雅斯贝尔斯为我们提供了很好的世界历史视域,即在其《历史的起源与目标》①一书中阐明的著名的轴心期理论。

　　雅斯贝尔斯认为,人类文化在本质上是历史的,只有把文化放在历史视野中才能理解文化的真实内涵。在他看来,历史既是曾经发生的事件,同时又是关于该事件的意识;它既是历史,同时又是历史认识。也就是说,历史不仅是曾经发生的事件,而且是现在的人们对事件的记忆,更是人们据以生活和面向未来的精神基础。因此,历史在本质上是人性的精

---

　　① ［德］雅斯贝尔斯:《历史的起源与目标》,魏楚雄、俞新天译,华夏出版社 1989 年版。

神运动而不仅仅是一个自然史的过程。基于这种认识,雅斯贝尔斯认为,尽管自然史是永恒的,却是无意义的,只有人的历史即人性的精神运动才是真正的历史。

所谓人性的精神运动就是对人性的自我反思,或者说是人之为人的精神自觉。当人类已经达到对人性的自我反思,或者人之为人的精神自觉时,真正的历史才正式拉开了帷幕。雅斯贝尔斯发现,在已经过去的世界历史上,曾经存在这样一段历史时期,即在公元前800年至公元前200年,中国、印度和西方三个地区,几乎同时地、单独地出现了精神运动的繁荣。这种繁荣标志着人性整体的觉醒。第一次达到了人之为人的精神自觉,对人类文化的历史和现实进行了全面的反思,第一次提出了人类正义和善的普遍信念。所以,雅斯贝尔斯将这段时期定义为世界历史的轴心期。

雅斯贝尔斯对"轴心期"的理解是:轴心这个称号是属于约公元前第一个千纪中期的那个时代的,在它之前的一切事物似乎都是为了它的一个准备,在它之后的一切事物实际上总是自觉地反过来和它相关联。人性的世界历史从这一时期获得结构。它不是一个我们可以宣称为永恒、绝对和唯一的轴心。但是,它是迄今所发生的短暂的世界历史的轴心,在所有人的意识中,它可能代表了他们共同承认的历史统一的基础。于是,这个现实的轴心就成为一个理想轴心的化身,而人类就在围绕着这个理想轴心的运动中团结起来。

轴心期到底发生了什么事件让雅斯贝尔斯如此重视?按照雅斯贝尔斯的说法,在公元前800年至公元前200年的时期,在世界不同的地区:最不平常的事件集中在这一时期。在中国,孔子和老子非常活跃,中国所有的哲学流派,包括墨子、庄子、列子和诸子百家,都出现了。像中国一样,印度出现了《奥义书》和佛陀,探究了一直到怀疑主义、唯物主义、诡辩派和虚无主义的全部范围的哲学可能性。伊朗的琐罗亚斯德传授一种挑战性的观点,认为人世生活就是一场善与恶的斗争。在巴勒斯坦,从以利亚经由以赛亚和耶利米到以赛亚第二,先知们纷纷涌现。希腊贤哲如云,其中有荷马,哲学家巴门尼德、赫拉克利特和柏拉图,许多悲剧作者,以及修昔底德和阿基米德。在这数世纪内,这些名字所包含的一切,几乎同时在中国、印度和西方这三个互不知晓的地区发展起来。

具体而言,中国从公元前770年,进入了春秋时期;在公元前475年,进入了战国时期;公元前221年,秦始皇统一中国。可以说,中国文化的轴心期是春秋战国时期。在公元前770年至公元前220年间,中国的文化思想呈现出异常的活跃气氛,儒、墨、道、法、兵、纵横、杂家等诸家纷纷涌现,各家圣哲竞相著书立说以成一家之言,出现了"百家争鸣"的局面。尤其是以孔子、孟子、荀子为代表的儒家将"天"的观念加以超越性的理解;以老子、庄子为代表的道家将外在"道"的观念加以形而上的诠释;由此创立了人文主义的价值系统。在印度,释迦牟尼及其弟子们在批判"梵天创世"和原始轮回的婆罗门教的基础上创立了超然无我的"舍离"观念,即佛教价值系统。在希腊,从苏格拉底到新柏拉图主义者和教父派在批判自然性的希腊奥林匹斯多神教和仪式化的犹太教的基础上创立了唯灵主义的基督教价值系统。

在"轴心期"所产生的三种宗教价值系统中,中国的儒家文化、印度的佛教文化和西方的基督教文化都能够不间断地存在于自己所由以生发的文化土壤中,延绵不绝地传递着传统文化的精神血脉。

十分明显,这一时期之所以如此重要,是因为:一方面,"轴心期"所产生、思考和创造的文化及其宗教价值系统至今依然有力地影响着各大文明体系中的人们的基本价值概念和行为方式。在"轴心期"里涌现出来的思想圣贤,如孔子、释迦牟尼、苏格拉底等人,至今仍然被不同的文明体系奉为不可取代的道德和精神典范;他们所开创的各种理论化和普适性的宗教价值系统(如儒家文化、佛教和唯灵主义)则成为迄今为止人类精神生活的重要支柱。在世界历史的发展中,人类的前进总是表现为对轴心时代的思想不断地回忆和回归,并通过这种回忆和回归来提供新的精神动力。

另一方面,轴心期文化虽然只在一定的空间范围内开始,但这一时期精神交流和精神传播运动都迅速发展起来。所以轴心期文化在世界历史的发展过程中向外扩展,逐渐同化了许多次生文化。人们发现,任何未与这三个轴心期文化发生联系的民族,其后果就是仍保持其原始的状况;而一旦与轴心期的任何一种文化开始接触,就会被卷入世界历史。

通过对轴心期理论的简单叙述,我们可以发现中国文化在世界历史中的重要地位和价值。而作为中国轴心文化代表的儒、道以及逐渐融入其中的佛家共同成为构筑中国文化核心价值概念体系的主体。它们表达各自学派思想的著作最终成为反映中国文化的经典。

如果我们站在世界历史的宏观视域来观察,雅斯贝尔斯的"轴心时代"所创立的各大文明系统在当今社会全球化的趋势下发生的复兴运动是势所必然的。其中具有代表性的事实是:伊斯兰教世界的复兴运动,儒家世界经济的高速发展及其民族文化的复兴运动,西方世界以亨廷顿的文明冲突论为代表的试图维持西方文明在人类社会主流价值的努力,它们实际上是对各自传统文化新一轮反思的结果。

造成诸轴心文明开始新一轮反思的时代背景就是席卷世界的经济全球化浪潮。经济全球化造成大量爆炸式的新知识,市场经济的迅速扩张、人口的戏剧性变化、冲击全世界的城市化、更为开放的社会发展趋势等。但是,当我们认识到经济全球化可以导致"地球村"观念的出现、可以导致人类命运共同体的意愿从而给全人类带来福祉的同时,我们也必须认识到经济全球化同样可以导致霸权的宰制,即以美国为代表的西方文明在全球化的过程中凭借自身的强大实力、以西方文明的价值体系和发展模式作为人类社会唯一正确的生活方式。

综上所述,经济全球化使不同的国家和文明更紧密地联系在一起。在多种文明融合的过程中,我们寻求到更多的共同点,更多地共享一些最根本的共同价值。但经济全球化带来的霸权宰制又促使各轴心文明产生强烈的认同意识。

杜维明先生把这种认同意识和人的根源性相连而称为"原初纽带"，即一个活生生的人或群体，都具有一系列先天的条件和特征，如族群、语言、性别、年龄、地域等。换言之，在什么地域出生、成长，所处地区经济发展的阶段，乃至基本宗教信仰等人类最基本的纽带，在全球化的过程中不仅没有消解反而都得到加强。①

在"原初纽带"中，我们无法选择自己的年龄群，出生地，母语，本国经济发展状况，或团体的宗教信仰。但是族群和性别角色却是通过后天的学习获得的。进而言之，民族的自豪感和要求男女平等的意识是教育的结果。

正是由于对全球化作为一种支配力量将摧毁一个人、团体或国家的恐惧正在各个文明的民众（尤其是非西方文明的民众）中逐渐蔓延，而且还被日益增多的人们亲眼目睹，人们越来越感受到"原初纽带"对维持一个人、团体或国家存在下去的重要性。至此，我们也就不难理解各个轴心文明纷纷从自己传统文化的复兴中寻求认同意识这一普遍现象了。

当今中国社会表现出来的对自身"原初纽带"的认同意识就是对以儒、释、道为主流的中国传统文化的复兴运动。而伊斯兰教、印度教和基督教文明同样出现对自身"原初纽带"的认同意识及其表现形式。这样的复兴运动从现象上看是为了回应全球化对自身文化的影响，而站在世界历史的角度观察，则是一轮新的文化精神的反思。而对自身文化精神的反思正是轴心期文明最主要的特征。

在这样一个充满挑战的时代，中国文化将向何处去？汤一介先生认为，中国文化将在"返本"和"开新"两个层面，形成新时代有民族特色的文化。所谓"返本"，就是对中国文化的源头有深刻了解，如同雅斯贝尔斯所说，回顾轴心时代的中国文化源头。只有对自身文化的来源了解得

---

① 杜维明：《文明对话的语境：全球化与多样性》，刘德斌译，《史学集刊》2002 年第 1 期。

深入透彻,才会在面对新时代的挑战时拥有民族自豪感和文化自信心。所谓"开新",一方面是对传统文化作出合乎新时代的诠释,另一方面又要利用传统文化的资源来对当今人类社会面临的重大问题创造出新的文化理论。[①]"返本"和"开新"是不能分割的,只有深入发掘传统文化的真精神,我们才能适时地开拓出文化发展的新局面;只有敢于面对当前人类社会存在的新问题,才能使传统文化的真精神得以发扬和更新。

20世纪以来中国发生的针对传统文化的讨论,直至现在仍在继续。根据上述观点,这场对传统文化的讨论,是当代中国社会对儒、释、道等传统文化新一轮的认同意识,是新一轮对自身文化精神的反思,也是对中国文化的源头有深刻了解、进而深入发掘传统文化之真精神的生动体现。

对作为传统文化主体的儒学思想的反思,是反思中国文化精神的具体形式。儒学思想包括儒学人物思想、儒家经典诠释学(经学)及其不同时期思想传承的发展脉络。正如徐复观先生所言:经学奠定中国文化的基础,因而也成为中国文化发展的基线。中国文化的反省,应当追溯到中国经学的反省。第一步,便须有一部可资凭信的经学史,经学史应由经学的传承和经学在各不同时代中所发现所承认的意义两部分构成。[②]

在反思传统文化、弘扬儒学真精神的时代要求下,包括经学史在内的儒学史的研究是一项基础性工作亟待开展和深入。

在诸断代儒学史的研究中,南朝儒学的研究是一个薄弱环节。究其原因,此一时期儒学著作散佚殆尽是一重要原因;另一方面,南朝儒学的学术成就较其他时代更为模糊不清,也是一个原因;这一时期的思想史研究主要集中在玄学、佛学和道教等领域,对儒学思想多语焉不详。但是作为儒学传统中长达几百年的魏晋南北朝儒学的一个重要环节,南朝儒学在总结两汉经学和魏晋玄学、开辟宋明儒学的过程中发挥着一个承上启下的重要作用。

---

① 汤一介:《论新轴心时代的文化建设》,《探索与争鸣》2004年第1期。
② 徐复观:《中国经学史的基础》(自序),(台湾)学生书局1982年版。

对南朝儒学的研究有利于我们更好地理解儒学在中国传统文化中的主流地位。

南朝儒学的产生有时代背景和内在因素两方面的原因。两汉儒学为维护大一统帝国提供了理论依据。但到东汉晚期时,动荡不安的社会状况和名存实亡的名教之治导致儒学的外部环境日趋恶化。更重要的是,董仲舒的天人感应论、东汉的谶纬之学以及两汉儒学集大成者的郑玄儒学思想都无法适应社会现实的剧烈变化,他们或严守家法师法、以繁琐的章句之学阐述一孔之见;或专于考据,以训诂之学解释经典文献。这样一种局面使儒学与现实脱节,导致儒学没有办法发挥其本应发挥的安身立命、经世致用即内圣外王的作用。

为什么儒学在汉魏之际会出现上述状况?笔者认为,儒学自身在性道(人性与天道)思想中的理论缺陷是一个重要原因。两汉时人将天道视为一个有意志的、能够赏善罚恶的神性之天,天道通过阴阳五行之气而显现,而人性则源于阴阳五行之气,人性之善源于天道之德。天道的超越性有赖于神性之天的先验性。一旦神性之天的赏善罚恶功能受到怀疑,则其先验性必然遭到质疑,进而导致天道的超越性同样受到怀疑。众所周知,在现实社会中实现赏善罚恶的正义无异于痴人说梦。另外,人性源于经验性的阴阳五行之气,则人性及人性之善端只具有经验性而缺乏超越性。如果天道之超越性无法贯注于人性之善端,则由于后者不具有超越性而不能成为儒学道德伦理体系的内在根据。这样一种性道思想在自然灾害频繁发生、现实社会日趋腐朽的背景下成为一种毫无说服力的空洞理论。正是在此状况下,魏晋时期的玄学思想家以王弼的贵无论和郭象的独化论为典型范式,对性道思想重新加以理解、诠释,建构了一个全新的性道模式。另外,佛学思想以般若学和涅槃学为典型范式,对性道思想又建构了一个迥然不同的性道模式。整个南朝儒学都受到这些新旧性道思想的重大影响。

在上述思想背景下,南朝儒学思想是在儒、释、道三家既相互斗争又相互融合的过程中逐渐形成、发展、成熟的。大体而言,南朝儒学思想可以分为三个不同的流派:一是继承两汉传统儒学的思想,此以刘宋时期的何承天、萧梁时期的范缜等为代表人物,谓之传统儒学派。二是以传统儒学中的礼学为核心的思想,此以宋齐时期的雷次宗、王俭,萧梁时期的皇侃等为代表人物,谓之礼学派。三是以汲取佛学思想而改进的新儒学思想,以刘宋时期的颜延之、宗炳和萧梁时期的萧衍(梁武帝)等为代表人物,谓之新儒学派。三个不同流派的儒学思想是南朝儒者面对时代要求而作出的不同的反思和努力。这些反思和努力在南朝晚期至隋唐时期逐渐合流,汲取了道佛等不同学派的思想精华,最终实现了自身思想的飞跃,将儒学带入一个全新的发展阶段。

具体而言,南朝儒学的三个流派存在以下三个方面的特点。

第一,传统儒学派。

此派的思想较多地保存了传统儒学的原貌,同时也承袭了传统儒学无法调和的内在矛盾,后逐渐在与其他学派的斗争中发展出以神灭论为核心的儒学思想体系。此一流派的代表人物是范缜。

范缜的理论核心是传统儒学的气论、魏晋玄学的体用论和郭象的独化论,它们都是中国本土的传统思想资源。范缜以传统儒学的气论为基础,又结合玄学体用论以说明形神关系,使儒学的气论思想从实有层面的存在超越至作用层面的"自然",同时借助郭象的独化论为自己的神灭论思想奠定了新的哲学基础。

范缜的神灭论一方面始终将自己的论证建立在有形的经验世界的基础之上,即始终坚持"形"的决定性作用;另一方面,他在讨论"神"的作用时逐渐将其内化、超越至无形的先验世界;与此同时,范缜又反复强调"形谢神灭"的观点。从本质上说是自相矛盾的。

另外,按照神灭论的逻辑,形体的死亡必然导致精神的湮灭。如此则人生的善恶是非及其由此导致的祸福吉凶必须在现世一一相应,才能符合儒家"积善余庆,积不善余殃"的道德教化原则。然而,我们的现实社会是无法满足严格意义上的赏善罚恶的教化原则的。正因为此,神灭论对现实社会的道德教化作用就显得相当脆弱。十分明显,如果为善反而得祸、为恶反而得福,则道德教化的合理性将受到质疑。

总之,范缜的神灭论对儒学理论的贡献是毫无疑问的,但其在神灭之争中暴露出来的儒家文化自身的困境却更加具有历史意义。因为上述事实为儒学的发展指明了方向,即充分汲取佛教文化的精华,促进儒释道三教合一,实现儒家文化否定之否定的涅槃重生。在此意义上,范缜及其神灭论思想对于儒学历史的推动作用超过其对儒学理论的贡献。

第二,礼学派的思想。

此派吸取了具有浓厚道家色彩的玄学思想,又保留了传统儒学的精华即礼学思想,同时也适应了南朝时期强大的门阀士族的需要,成为当时儒学思想的主流。

皇侃是南朝礼学派的代表人物。他充分继承了南朝时期的知识背景。从横向说,皇侃是南朝儒学的一个典型代表,在其思想中可以发现南朝儒学的所有重要理论;从纵向说,他是儒家文化的一个传承者,我们可以从其理论中看到旧传统与新思想之间的内在矛盾所造成的紧张关系,正是这种紧张关系孕育着新儒学的诞生。

在性道思想上,皇侃释天道为元亨日新之道,而将人性解释为禀天地之气而生。他按照传统的解释模式希望将天道之生德与人性之善端上下贯通,而贯通的途径就是阴阳五行之气。但是天道之生德和气性基础上的善端是两个不同层面的含义,二者根本不相应。造成这一现象的原因就是以阴阳五行之气来贯通天人。

由于执着于气性而使之无法与天道之生德相应,皇侃试图从礼学的理路诠释性道关系以证明自己的思想体系。皇侃汲取玄学思想尤其是王弼的思想并将其运用于礼学领域,创造性的疏通了儒家天道观、心性论与礼学三层面的隔绝状态,使其成为一个有机的整体。更具意义的是,皇侃在疏通性道关系时已渐趋内化,即以"性"中内生之"善"作为自己整个思想体系的终极根据。尽管此种性善是由礼学的道德情感所呈现,且缺乏一种严密的逻辑论证,但我们可以从中理解以皇侃思想为代表的南朝礼学何以繁荣及其他在整个中国儒学史中的重要价值。

第三,新儒学派思想。

此派中人觉察到当时的儒学面临的内在矛盾,以及由此导致的在性与天道关系上的冲突,从而吸取佛学的形上思辨以弥补儒学的缺陷,形成一套儒释合流的富有义理色彩的思想体系。

此一流派的代表人物是梁武帝。他继承了前代元气生成天道观,这种元气论只能为禀清浊之气而成的气性论提供依据,而以气性导致的后果是心性在经验层面外在地存在。元气生成的天道观和经验层面的气性论根本无法满足人们内在而超越的形上需求,使儒学的发展在南朝时期显得相对缓慢。梁武帝将先天而内在的佛性观念引入儒学的心性论中。其理论意义在于使佛性所具有的内在超越性融摄于儒学之心性之中,从而导致后者具有内在超越的先天善性,使儒学的天道观和心性论相互贯通。

梁武帝主张,现实世界的人性是禀自清浊之气而表现为无明,但一切众生若虔修般若智慧,觉悟现实世界之虚幻无常,摆脱生灭轮回,化无明为神明而使自身内在心性呈现佛性而具有内在超越的先天善性,这才是世俗生活中的生命之意义。

梁武帝对儒学的理论贡献主要表现在他援佛入儒、将佛学的佛性融入儒学的心性之中。作为外来文化的佛学思想和中国传统文化的儒学思想在什么层面可以有机地结合起来始终是南朝学术界所面临的时代课题。针对这一问题,梁武帝提出了在两种文化的人性论层面进行理论融合的解决办法。

第一章　六朝儒学概述

六朝①儒学在儒学史上的地位如何？周予同先生在评价魏晋儒学的价值时认为，它是中国文化史上的重要时期，是汉至唐文化思想演化的关键，是经学的中变时期。② 我十分赞同周予同先生对魏晋儒学是经学的中变期的判断，同时认为整个六朝儒学都应该属于经学的中变期范围，因为南朝儒学无疑是魏晋儒学的继承和发展。

牟宗三先生有一种说法：从以儒家为中国文化之"正宗"的角度看，魏晋南北朝隋唐七八百年间乃是中国文化生命的"歧出"。歧出并非只有负面的意义，文化生命之歧出是文化生命暂时离其自己，离其自己正所以充实其自己。③

钱穆先生也十分重视魏晋南北朝儒学，认为此时是儒学的扩大期，而不是衰败期。他指出，儒学发展到这一时期非但不歧出、不衰败，反而呈扩大趋势。这主要表现在此一时期的学者对十三经的注疏与整理所作出的突出贡献。可以认为魏晋南北朝儒学承续了中国文化之遗绪、进而开启了隋唐之盛世。④

如果摆脱牟宗三先生所谓"正宗"的立场，则"歧出"与"变"几乎没

---

① 六朝指魏晋和南朝之宋、齐、梁、陈四朝共六朝；泛指三国之魏、蜀、吴，两晋之西晋和东晋，南朝之宋、齐、梁、陈，俗称六朝。
② 周予同：《周予同经学史论著选集》，上海人民出版社1996年版，第890—893页。
③ 牟宗三：《才性与玄理》序，（香港）人生出版社1963年版。
④ 钱穆：《中国儒学与中国文化传统》，载《中国学术通义》，（台湾）学生书局1975年版。

有什么不同。

变者何谓也?《易传》曰:穷则变,变则通。变是穷之果、通之因,正是从变的角度才能理解六朝儒学的价值。否则就只能无可奈何地接受皮锡瑞所谓"中衰"和"分立"的评价了。

第一节　六朝儒学的背景

六朝儒学的"变"因在于汉代儒学之"穷"象。三国时鱼豢在其所著《魏略》中说:"从初平之元,至建安之末,天下分崩,人怀苟且,纲纪既衰,儒道尤甚。至黄初元年之后,新主乃复始扫除太学之灰炭,补旧石碑之缺坏,备博士之员录,依法甲乙以考课。申告州郡,有欲学者,皆遣诣太学。太学始开,有弟子数百人。至太和、青龙中,中外多事,人怀避就。虽性非解学,多求诣太学。太学诸生有千数,而诸博士率皆粗疏,无以教弟子。弟子本亦避役,竟无能习学,冬来春去,岁岁如是。又虽有精者,而台阁举格太高,加不念统其大义,而问字指墨法点注之间,百人同试,度者未十。是以志学之士,遂复陵迟,而末求浮虚者各竞逐也。正始中,有诏议圜丘,普延学士。是时郎官及司徒领吏二万余人,虽复分布,见在京师者尚且万人,而应书与议者略无几人。又是时朝堂公卿以下四百余人,其能操笔者未有十人,多皆相从饱食而退。嗟夫! 学业沈陨,乃至于此。"(《三国志·王肃传》卷十三)

汉代儒学的衰微除东汉晚期动荡不安的社会状况以外,名教之治的崩溃和儒学自身的内在问题也是导致儒学一蹶不振的主要原因。

东汉以名教治天下,所谓名教就是因名立教,其中包括政治制度、选举制度以及礼乐教化等。但是到了东汉末年,由于内朝权力的极度膨胀,尤其是宦官集团利用皇帝的名义左右朝政,使得中央政府与士大夫集团和地方势力之间产生尖锐的对立,名教政治已经无法维系人心。

东汉的选举制度是察辟征举制,是以道德行为作为衡量标准的。而这种道德行为乃是儒家理论的实践,即所谓"经明行修",儒家所提倡的伦理秩序为由内向外、由亲及疏的扩展,将起点放在作为一个家族成员的道德行为上,然后推及乡党。东汉人认为这是人物观察的基础。这一类的行为不是可以用临时的测验来评量,而要有经常的观察。因此家族乡党的评价成为选举中最主要的凭借。但至东汉晚期,一方面外戚、宦官两大集团将察举制度演变成结党营私、唯亲是举的工具,卿校牧守之选皆出各自私门,或"任其子弟、宾客以为州郡要职",或委派"年少庸人,典据守宰。"(《后汉书·杨秉传》卷五十四)致使朝廷"侍中并皆年少,无一宿儒大人可顾问者。"(《后汉书·李固传》卷六十三)另一方面,朝廷又实行卖官鬻爵。"是岁(中平四年),卖关内侯,假印紫绶,传世,入钱五百万。"(《后汉书·灵帝纪》卷八)"灵帝时,开鸿都门榜卖官爵,公卿州郡下至黄绶各有差。其富者先入钱,贫者到官而后倍输。……(崔)烈时因傅母入钱五百万,得为司徒。"(《后汉书·崔寔传》卷五十二)

不管是结党营私还是卖官鬻爵,都是对征辟察举制度的严重冲击,几乎堵死了士人读经修身、察举入仕、干进求禄以建功立业的仕宦之路。一种无可奈何的失落感在人们心中回荡:"有秦客者,乃为诗曰:'河清不可俟,人命不可延。顺风激靡草,富贵者称贤。文籍虽满腹,不如一囊钱。伊优北堂上,抗脏倚门边'。鲁生闻此辞,系而作歌曰:'势家多所宜,咳唾自成珠。被褐怀金玉,兰蕙化为刍。贤者虽独悟,所困在群愚。且各守尔分,勿复空驰驱。哀哉复哀哉,此是命也夫'。"(《后汉书·文苑·赵壹传》卷八十)

汉代儒学自身也存在着内在矛盾。自汉武帝"罢黜百家、独尊儒术"的政策实施以后,董仲舒依据《公羊春秋》提出的天人感应论成为官学,其他的今文经学家群起仿效,纷纷用神学来解释儒学经典,如《尚书》的"洪范五行"、《礼记》的"明堂阴阳"等。但此种神学化的经学必须以社会对天人感应论存在共识为基础,如果天人感应的基础遭到破坏,整个儒学体系必将遭到人们的怀疑甚至唾弃。东汉后期自然灾害的频繁发生超乎时人的想象,①而朝政的腐败更是使士人感到茫然:"逮桓、灵之间,主荒政缪,国命委于阉寺,士子羞与为伍。故匹夫抗愤,处士横议,遂乃激扬名声,互相题拂,品核公卿,裁量执政,狠直之风,于斯行矣。"(《后汉书·党锢列传》卷六十七)天灾人祸的双重打击导致以天人感应论为核心的今文经学无法发挥其维系社会与人心、天道与人性的联系的作用,更使那些信奉儒学思想的士人感到绝望。名士范滂在第一次党锢时被诬下狱,倍受楚毒,不由仰天叹曰:"古之循善,自求多福;今之循善,身陷大戮。身死之日,愿埋滂于首阳山侧,上不负皇天,下不愧夷、齐。"循善与得福在现实中的尖锐对立使得虔诚信仰儒家德福如一主张的范滂感到困惑和极度的矛盾,他临死前对自己的儿子说出这样一段让人心碎的遗言:"吾欲使汝为恶,则恶不可为;使汝为善,则我不为恶?"(《后汉书·范滂传》卷六十七)

天在作恶,人在作恶,儒学要人循善,然循善则得祸,甚至性命不保,所有这一切都使儒学陷入困境,它所主张的忠义孝悌廉耻受到现实的严重质疑。

从儒学的学术研究来看,其衰微也是事出有因,今文经学自西汉后期就出现了章句之学,其特点是分文析字烦言碎词,寻章摘句、断章取义,使今文经学渐趋烦琐迂阔:"后世经传既以乖离,博学者又不思多闻阙疑之义,而务碎义逃难,便辞巧说,破坏形体,说五字之文,至于二三万言。后进弥以驰逐,故幼童而守一艺,白首而后能言。"(《汉书·艺文志》卷三十)"及东京,学者亦各名家,家有数说,章句多者或乃百余万言,学徒劳而少功,后生疑而莫正。"(《后汉书·郑玄传》卷三十五)

以名物训诂和典章制度研究为特征的古文经学也由于其囿于纯学术的考证和研究,使之缺乏理论深度,不能在形而上学的高度为面临困境的

---

① 马良怀:《崩溃与重建的困惑》,中国社会科学出版社1993年版,第37—44页。

儒学构筑新的理论体系。当时以郑玄等为代表的古文经学家都是学识渊博的学问家而非目光敏锐的思想家。他们只能为新理论提供经典上的依据,而不能创建新的理论。

第二节　魏晋时期的儒学

魏晋时期的儒学有两条主线,一是以郑玄、王肃学派之争而趋至对儒家礼学的深入研究;二是以王弼、郭象倡导的玄学思潮的出现。这两条主线一直延展到南朝时期且渐趋合流,使许多南朝儒者成为"礼玄双修"的学问家。当时被誉为儒宗的学者隗禧就说:"欲知幽微莫若《易》,人伦之纪莫若《礼》。"(《三国志·王肃传》卷十三)就是对此发展趋势的一种预言。

东汉末年,两汉经学一蹶不振。作为两汉经学集大成者的郑玄的思想在这一时期成为显学:"(郑玄)括囊大典,网罗众家,删裁繁芜,刊改漏失,自是学者略知所归。"(《后汉书·郑玄传》卷三十五)在当时对两汉经学的继承和发展上,郑玄所取得的成就是最高的。其所以能够集两汉经学之大成,一个重要原因就在于他立足于学术研究的立场而冲破了汉代经学师法、家法的束缚。但从郑玄之学的总体来看,似乎无法超越两汉经学而走向儒学发展的新方向。也正是这一原因导致郑玄之学无法阻止汉代经学体系的崩溃。

针对郑玄之学面临的困境,学问渊博的王肃对此提出了诘难。他在《孔子家语·自序》中明确指出了这一点:"郑氏学行五十载矣。自肃成童,始志于学而学郑氏学矣。然寻文责实,考其上下,义理不安,违错者多,是以夺而易之。"

王肃的学问渊博源于其多元的知识背景。根据史料的记载,王肃的儒家学说主要有以下几个思想来源。王肃继承贾马之学、其父王朗之家学以及郑玄经学的传统,博通今古文经学;其次,他深受王充《论衡》的影响;再次,王肃师从荆州学派宋衷而精通扬雄的《太玄》之学,接受扬雄"天道以为本统"的新天人关系理论;遂形成王肃具有义理色彩的新儒学。王肃反对郑玄之学的结果,是其遍考诸经,不囿旧说,而后自成一家之言,"采会同异,为《尚书》、《诗》、《论语》、《三礼》、《左氏》解,及撰定父朗所作《易传》,皆列于学官。其所论驳朝廷典制郊祀宗庙丧纪轻重凡百余篇。"(《三国志·王肃传》卷十三)王学与郑学终于可以分庭抗礼,甚至在西晋初年超越郑学形成魏晋时期儒学史上著名的郑王之争。

通过反对郑玄之学,王肃实现了儒学发展方向的改变。这一改变在儒学发展史上具有十分重要的意义。正是这一改变,开启了王肃儒学在易学和礼学领域的双峰并峙。进而言之,正是这一改变,开启了南朝儒学玄、礼并重的发展方向。

另外,玄学的兴盛只是把焦点集中在儒家形而上领域,并未成为当时学术的主流。统治者仍将以五经为经典的传统儒学作为文化主干加以提倡。魏武帝曹操虽重名法,仍不废儒学:"丧乱以来,十有五年。后生者不见仁义礼让之风,吾甚伤之。其令郡国各修文学,县满五百户置校官,选其乡之俊逸而教学之。"(《三国志·武帝纪》卷一)魏明帝时著名学者高堂隆也说:"夫礼乐者,为治之大本也。"(《三国志·高堂隆传》卷二十五)

这一时期产生的一部留传至今的儒学著作就是何晏的《论语集解》。该书在《隋书·经籍志》中著录为十卷。陆德明《经典释文》云:"魏吏部尚书何晏集孔安国、包咸、周氏、马融、郑玄、陈群、王肃、周生烈之说,并下已意为集解,正始中上之,盛行于世。"何晏《自序》云:"汉中垒校尉刘向言,《鲁论语》二十篇,皆孔子弟子记诸善言也。太子太傅夏侯胜、前将军肖望之、丞相韦贤及子玄成等传之。《齐论语》二十二篇,其二十篇中章句颇多於《鲁论》,琅邪王卿及胶东庸生、昌邑中尉王吉皆以教授。故有《鲁论》,有《齐论》。鲁恭王时,尝欲以孔子宅为宫,坏,得《古文论语》,

《齐论》有《问王》、《知道》,多于《鲁论》二篇;《古论》亦无此二篇。分《尧曰》下章《子张问》以为一篇,有两《子张》,凡二十一篇,篇次不与齐鲁论同。安昌侯张禹本受《鲁论》,兼讲齐说,善者从之,号曰《张侯论》,为世所贵,苞氏、周氏章句出焉。《古论》唯博士孔安国为之训说而世不传。至顺帝之时,南郡太守马融亦为之训说。汉末大司农郑玄就《鲁论》篇章考之《齐》、《古》,为之注;近故司空陈群、太常王肃、博士周生烈皆为之《义说》。前世传授师说虽有异同,不为之训解,中间为之训解,至于今多矣,所见不同,互有得失。今集诸家之善说,记其姓名,有不安者,颇为改易,名曰《论语集解》。光禄大夫关内侯臣孙邕、光禄大夫臣郑冲、散骑常侍中领军安乡亭侯臣曹羲、侍中臣荀凯、尚书驸马都尉关内侯臣何晏等上。"

　　《论语》自西汉时已是家法林立,有《鲁论》、《齐论》、《古论》之分,三者在篇次、章句、训说等方面都不尽相同。东汉末年的大儒郑玄"就《鲁论》篇章考之《齐》、《古》,为之注",开始把三者综合起来,这是第一次综合。何晏集中了孔安国、苞咸、周氏、郑玄、陈群、王肃、周生烈诸人的义说,并加上自己的意见而形成《论语集解》,它是《论语》学上的第二次综合,也是由章句训诂向义理之学的发展。南朝皇侃集魏晋二十几家《论语》注而成《论语集解义疏》实为《论语》学的第三次综合,此是后话。

　　何晏的《论语集解》有很浓的"援道入儒"的色彩,如《为政》篇所说:"为政以德,譬如北辰,居其所而众星共之"条,何晏引苞咸注曰:"德若无为,犹北辰之不移,而众星共之。"此释以道家的无为之德诠解孔子的教化之德,带有明显的时代烙印。何晏在《述而》篇"志于道,据于德,依于仁,游于艺"条的注中说:"志,慕也;道不可体,故志之而已。据,杖也;德有成形,故可据。依,倚也;仁者功施于人,故可倚。艺,六艺也;不足据依,故曰游。"他以"道"为不可体,以"德"、"仁"为可依,又以"六艺"不足据,显源于《老子》之义。

　　总之,何晏的《论语集解》试图"把儒学的传统与玄学的创造有机地结合起来,就其哲学的意义而言,则是致力于探索本体与现象的相互联结,自然与名教的相互联结。但是何晏并没有完成这个任务。当他谈论本体时,却遗落了现象;当他谈论现象时,又丢掉了本体。"①

王弼撰《论语释疑》与何晏的《论语集解》具有相似的特点,且玄学色彩更浓。他认为只有圣人才能达致他所说的"无"的境界,王弼思想中的圣人是最大的玄学家。他在解释《述而》篇"志于道"时直接将所志之道称为"无",他说:"道者,无不称也,无不通也,无不由也。……是道不可体,故但志慕而已。"当他在解释孔子"吾道一以贯之"时又说:"譬犹以君御民,执一统众之道也。"此释与孔子原意相去甚远,却充溢着玄学意味。他利用本体论的思维模式,一方面由用以见体,同时又由体以及用,通过二者的反复循环把本体与现象紧密地联结起来以把握那流贯天人、囊括宇宙的无限整体,并将孔子关于名教的思想提到"体无"的高度,在本体论层面将有与无联结起来。②

总而言之,何晏的《论语集解》和王弼的《论语释疑》无论从学术上还是从思想上来说,都是《论语》学发展史上的一个转折点。它们既总结了前人的《论语》研究成果,又开辟了《论语》学研究的新领域。皇侃从他们的思想中获益匪浅。

与王弼、何晏同一时代的傅玄在魏晋儒学中也具有重要地位,他在兼采儒、道、法等思想的同时更强调儒学的作用:"夫儒学者,王教之道也。尊其道,贵其业,重其选,犹恐化之不崇。忽而不以为急,臣惧日有凌迟而不觉也。仲尼有言:'人能弘道,非道弘人'。然则尊其道者,非惟尊其书而已,尊其人之谓也。"(《晋书·傅玄传》卷四十七)

他提出以儒家的礼教为治国之本:"大本有三:一曰君臣,以立邦国;二曰父子,以定家室;三曰夫妇,以别内外。三本者立,则天下正;三本不

---

① 余敦康:《何晏王弼玄学新探》,齐鲁书社1991年版,第354页。
② 余敦康:《何晏王弼玄学新探》,齐鲁书社1991年版,第355页。

立,则天下不可得而正。"①

从傅玄的著作《傅子》中可以发现,他对于《礼记·大学》的"格致诚正、修齐治平"的理路十分推崇,他说:"立德之本,莫尚乎正心。心正而后身正,身正而后左右正,左右正而后朝廷正,朝廷正而后国家正,国家正而后天下正。故天下不正,修之国家;国家不正,修之朝廷;朝廷不正,修之左右;左右不正,修之身;身不正,修之心。所修弥近,而所济弥远。"②傅玄这种建立在君主"正心"基础上的王道之治与其生活的时代大倡无为而治的历史趋势是不相符合的。

这一时期的另一个重要人物是杜预。所撰《春秋左氏经传集解》在《左传》学史上占有极其重要的地位,是对以前《左传》学的一次总结。从儒学发展史上看,《左传》受到推崇,主要经历了两个阶段。第一阶段是刘歆时期。据说刘歆在领校中秘时,发现了《左传》古本,在校读之余,乃"大好之",并使它跟《春秋》经文联系起来。《汉书·刘歆传》云:"初,《左氏传》多古文古言,学者传训故而已。及歆治《左氏》,引注文以解经,转相发明,由是章句义理备焉。"由于刘歆"引传文以解经",使《左传》摇身一变,被纳入了经学的轨道,并且由训诂之学变成义理之学,这就为《左传》的传播打开了广阔的前景。第二阶段是杜预时期。杜预的做法跟刘歆差不多。不过,他接受了东汉以来的诸多学者对《左传》的研究成果,使经传的配合更为默契。

《左传》对君臣大义、夫妇大道和人伦大经的宣扬都表现在其"义例"和"君子曰"之中,杜预对此更是大加强调并加以发展。他在《左氏经传集解·自序》中阐述了"为例之情有五"之后说:"推此五体,以寻经传,触类而长之,附于二百四十二年行事,王道之正,人伦之纪备矣。"这一思想为以后的《左传》学研究奠定了一个基本的方向。杜预的《左传》学属古

---

① 傅玄:《傅子·礼乐》,《四库全书》本。
② 傅玄:《傅子·正心》,《四库全书》本。

文经学,但具有义理化倾向,是魏晋思潮影响下的成果。

东晋时期的儒学代表人物主要有韩康伯和范宁。韩康伯注《系辞》崇自然而贵无,是对王弼《易》学的补充。范宁则以《春秋谷梁传集解》一书闻名于世。他治《春秋》时广采博收,择善而从,"据理以通经",融会《三传》又特重杜预《左氏解》。清人马国翰谓其"不苟随俗,能发前人所未发。"干宝注《易》兼顾象数与玄义,能结合历史而立论,自成一家之学,对于宋代程朱与苏氏《易》学都有影响。

魏晋时期的儒学取得了较高的成就。唐代孔颖达的《五经正义》,采用了三部魏晋时期的经注、两部汉代的经注。现有的《十三经注疏》,除《孝经》注为唐人所作外,汉注与魏晋注各居其半。其中包括:王弼、韩康伯的《周易注》,何晏的《论语集解》,杜预的《春秋左氏经传集解》,范宁的《春秋谷梁传集解》,郭璞的《尔雅》。可以说,魏晋时期的儒学对整个儒学史作出了重大的贡献。

总结魏晋时代儒学的现状,包括王弼所撰《周易注》在内,我们可以用一句时尚的话来加以说明:总结过去,展望未来。

所谓总结过去,就是将前代对经典的研究成果去其糟粕而存其精华;吸取前人的长处和经验教训而撰集大成之作。所谓展望未来,就是对将来可预期的一段时期内提出一个研究经典的新方法、新方向以及新观点,从而对后来的研究者产生影响。

第三节　南朝时期的儒学

《宋书》在概括刘宋时期儒学状况时说:"自黄初至于晋末,百余年中,儒教尽矣。高祖受命,议创国学,宫车早晏,道未及行。迄于元嘉,甫获克就,雅风盛烈,未及曩时,而济济焉,颇有前王之遗典。天子鸾旗警跸,清道而临学馆,储后冕旒黼黻,北面而礼先师,后生所不尝闻,黄发未

之前睹,亦一代之盛也。"(《宋书》卷五十五)

刘宋朝创立之时,宋武帝刘裕面临的状况是"儒教尽矣"。为了巩固草创的王朝,宋武帝"议创国学",于永初三年(公元 422 年)诏曰:"古之建国,教学为先,弘风训世,莫尚于此;发蒙启滞,咸必由之。故爰自盛王,迄于近代,莫不敦崇学艺,修建庠序。自昔多故,戎马在郊,旌旗卷舒,日不暇给。遂令学校荒废,讲诵蔑闻,军旅日陈,俎豆藏器,训诱之风,将坠于地。后生大惧于墙面,故老窃叹于子衿。此《国风》所以永思,《小雅》所以怀古。今王略远届,华域载清,仰风之士,日月以冀。便宜博延胄子,陶奖童蒙,选备儒官,弘振国学。主者考详旧典,以时施行。"(《宋书·武帝纪下》卷三)由此开始了刘宋朝创立国子学、提倡儒学的努力。然而,终宋武帝一朝,"道未及行"。

国子学的重建,在宋文帝元嘉年间得以实现。根据《宋书·雷次宗传》的记载,元嘉十五年,宋文帝立四学:雷次宗、朱膺之、庾蔚之主持儒学,何尚之主持玄学,何承天主持史学,谢元主持文学,凡四学并建。可以知道,这时的儒学只不过是四学中一学而已。

元嘉十九年,宋文帝下诏曰:"夫所因者本,圣哲之远教;本立化成,教学之为贵。故诏以三德,崇以四术,用能纳诸义方,致之轨度。盛王祖世,咸必由之。永初受命,宪章弘远,将陶钧庶品,混一殊风。有诏典司,大启庠序,而频沟屯夷,未及修建。永瞻前猷,思敷鸿烈,今方隅乂宁,戎夏慕响,广训胄子,实维时务。便可式遵成规,阐扬景业。"(《宋书·文帝纪》卷五)

《宋书·何承天传》也记载说:元嘉"十九年,立国子学,(何承天)以本官领国子博士。皇太子讲《孝经》,承天与中庶子颜延之同为执经"(《宋书·何承天传》卷六十四)。

国子学的重建,表明统治者在政治层面强调了儒学作为官方思想在社会思潮中的主导地位。然而,《梁书》却说:"以迄于宋、齐,国学时或开置,而劝课未博,建之不及十年,盖取文具,废之多历世祀,其弃也忽诸。"

(《梁书·儒林传》卷四十八)我们从《宋书·文帝纪》中可以看见:元嘉十九年(公元442年)正式建立国子学,但八年之后的元嘉二十七年(公元450年),就因为与北魏的战争导致财政困难而裁撤了国子学。

刘宋朝儒学的另一个特点是礼学的繁荣。雷次宗明《三礼》,曾为皇太子、诸王讲《丧服经》,其礼学造诣与郑玄齐名。从《宋书》本传的记载可以发现,何承天是刘宋朝儒学思想的代表性人物。他经常在朝廷关于礼学问题的讨论中发表具有权威性的观点,且其观点也常被作为讨论的结果予以采纳。另一方面,何承天将先前的《礼论》八百卷,经过删减并合、以类相从,合为三百卷而传于世。根据《宋书·礼志》的记载,何承天在《礼论》中也采用郑玄注而斥王肃注。也就是说,何承天的礼学思想是对以郑玄为代表的汉代传统儒学思想的继承和发展。

能够反映南朝刘宋时期儒学发展真实状况的另外一个史实,就是"神灭论"在这个时期成为关注的焦点。时人记载这件事情时说:"是时有沙门慧琳,假服僧次而毁其法,著《白黑论》。衡阳太守何承天与琳比狎,雅相击扬,著《达性论》,并拘滞一方,诋呵释教。永嘉太守颜延之、太子中舍人宗炳,信法者也,检驳二论各万余言。琳等始亦往还,未抵绩乃止。炳因著《明佛论》,以广其宗。"①

这场争论的具体经过是:慧琳著《白黑论》(又名《均善论》),贬斥佛学。作为刘宋朝儒学代表人物的何承天雅相击扬,著《达性论》表明自己反对佛学的态度。颜延之又著《释达性论》加以反驳。何承天后著《答颜光禄》和《重答颜光禄》反复阐明自己的儒学立场。颜延之再著两篇《重释何衡阳》,两次致函何承天,反复辩论。两人围绕着神灭论展开了一场激烈的争辩。另一方面,何承天将《白黑论》寄予宗炳,并作《与宗居士书》。宗炳作《答何衡阳书》相答。何承天复撰《释均善难》寄予宗炳。宗炳复撰《答何衡阳难释白黑论》。何承天再撰《重答宗居士书》。宗炳最

① 何尚之:《答宋文皇帝赞扬佛教事》,《弘明集》卷十一。

后著《明佛论》详细阐述自己的观点。

何承天从传统儒学禀气而生、气散而死的角度看待形神关系，进而得出形生则神聚，形死则神灭的结论。可以说，这样的"神灭论"是典型的形下层面的经验论儒学。由此也从一个侧面反映刘宋时期儒学思想缺乏形上学根据的窘境。而颜延之、宗炳等人在继承传统儒学的同时，又汲取佛学中形上思辨的智慧，试图将二者结合起来以应对日益变化的现实社会，从而实现内圣外王的士大夫理想人格。

宋文帝对这场争论的评价具有相当的启发意义，他说："颜延年之折达性，宗少文之难白黑，明佛法汪汪尤为名理，并足开奖人意。若使率土之滨皆纯此化，则吾坐致太平，夫复何事。"①

在刘宋时期关于"神灭论"的争论中，以何承天、慧琳为代表的"神灭论"派和以颜延之、宗炳为代表的"神不灭论"派进行了较为深刻的理论论争。我们从中可以发现儒、佛两家在当时达到的理论高度。

萧齐朝儒学可以用萧子显的一段论述加以概括："江左儒门，参差互出，虽于时不绝，而罕复专家。晋世以玄言方道，宋氏以文章闲业，服膺典艺，斯风不纯，二代以来，为教衰矣。建元肇运，戎警未夷，天子少为诸生，端拱以思儒业，载戢干戈，遽诏庠序。永明纂袭，克隆均校，王俭为辅，长于经礼，朝廷仰其风，胄子观其则，由是家寻孔教，人诵儒书，执卷欣欣，此焉弥盛。建武继立，因循旧绪，时不好文，辅相无术，学校虽设，前轨难追。刘瓛承马、郑之后，一时学徒以为师范。虎门初辟，法驾亲临，待问无五更之礼，充庭阙蒲轮之御，身终下秩，道义空存，斯故进贤之责也。其余儒学之士，多在卑位，或隐世辞荣者，别见他篇云。"(《南齐书》卷三十九)

具体而言，萧齐时期的儒学大体可以表现为以下几个方面。

首先，统治者以孝道治天下的治国理念。

根据《南史·刘瓛传》的记载，齐高帝萧道成初创萧齐政权，即召刘

---

① 何尚之:《答宋文皇帝赞扬佛教事》,《弘明集》卷十一。

瓛问以政道。刘瓛答曰："政在《孝经》。宋氏所以亡,陛下所以得之是也。"齐高帝咨嗟曰:"儒者之言,可宝万世。"由此可见,齐高帝十分欣赏刘瓛以孝道治天下的治国理念。

萧齐朝名臣、儒宗王俭曾说:"仆以此书(《孝经》)明百行之首,实人伦所先。"(《南齐书·陆澄传》卷三十九)其实质就是主张孝道是天下之本。

其次,萧齐朝国子学的兴废。

正如《梁书·儒林传》所言:"以迄于宋、齐,国学时或开置,而劝课未博,建之不及十年,盖取文具。"根据《南齐书·百官志》等的记载,萧齐朝是在建立六年之后的永明三年(公元 485 年)才重建国子学的。然而,存续不过八年的国子学就在永明十一年因太子萧长懋病逝而停办。正因为此,《梁书》才说宋、齐两代的国子学的存续时间都不足十年。

再次,萧齐朝的儒学特点是儒、玄兼重。

所谓儒、玄兼重是指对两汉儒学和魏晋玄学都很推崇。我们从萧齐朝在国子学设置的经注就可以发现这一现象:"时国学置郑、王《易》,杜、服《春秋》,何氏《公羊》,麋氏《谷梁》,郑玄《孝经》。"(《南齐书·陆澄传》卷三十九)

与此同时,继承两汉儒学的名儒陆澄给王俭写信,在承认玄学思想成就的同时,更主张保存两汉儒学的传统:"今若不大弘儒风,则无所立学。众经皆儒,惟《易》独玄,玄不可弃,儒不可缺。谓宜并存,所以合无体之义。"(《南齐书·陆澄传》卷三十九)王俭答书赞同陆澄的观点。由此可知,萧齐朝虽谓玄儒并立,除《易》、《左传》外,汉人经注实占多数。

最后,萧齐朝礼学双峰并立。

萧齐朝的礼学大家,官学有王俭,私学有刘瓛,堪称当时的代表性人物。《南齐书·王俭传》称:王"俭长《礼》学,谙究朝仪,每博议,证引先儒,罕有其例。八坐丞郎,无能异者"。王俭著《古今丧服集记》、《礼义答问》等,对于朝廷礼仪事,多有议定。

刘瓛是一代大儒，范缜、司马筠、贺瑒等皆出其门下，"儒学冠于当时，京师士子贵游莫不下席受业。""所著文集，皆是《礼》义，行于世。"（《南齐书·刘瓛传》卷三十九）

萧梁朝是南朝儒学最繁荣的时期。梁武帝既三教并行，而尤重儒学。当梁武帝建立萧梁王朝后，他总结前朝治国理政的经验教训说："二汉登贤，莫非经术，服膺雅道，名立行成。魏、晋浮荡，儒教沦歇，风节罔树，抑此之由。"（《梁书·儒林传》卷四十八）在汲取前朝经验教训的基础上，梁武帝认为只有儒学才是治国理政、安邦定国的良药。

建国伊始，梁武帝就恢复了国子学和太学。根据《梁书·武帝纪》、《南史·梁本纪》和《梁书·儒林传》的记载：

天监四年，梁武帝决定设立五个学馆，每个学馆设置《五经》博士一人，以精通儒学的著名学者明山宾、沈峻、严植之、贺瑒为博士，每个博士各主持一个学馆。每个学馆有学生数百人，给其饩廪。

梁朝国子学公开讲授的内容主要有：《周易》、《尚书》、《毛诗》、三礼、《春秋》三传各为一经、《论语》和《孝经》为一经，共计十经。其中《周易》有郑玄注和王弼注、《尚书》有孔安国传和郑玄注、《孝经》有孔安国传和郑玄注、《论语》有郑玄注和何晏集解等并立国子学。

与此同时，梁武帝还将自己的儒学经典义疏《制旨孝经义》、《孔子正言》作为国子学的讲授内容，并设立《制旨孝经义》助教一人，学生十人。（《梁书·萧子显传》卷三十五）设立《孔子正言》博士一人、助教二人、学生二十人。（《南史·到溉传》）

梁武帝还选遣学生受业于著名大儒庐江何胤。与此同时，分遣博士、祭酒到州郡立学。地方官员上行下效，建立学校，鼓励儒学讲授。

《陈书》总结梁武帝提倡儒学的成就说："梁武帝开五馆，建国学，总以《五经》教授，经各置助教云。武帝或纡銮驾，临幸庠序，释奠先师，躬亲试胄，申之宴语，劳之束帛，济济焉斯盖一代之盛矣。"（《陈书·儒林传》卷三十三）

梁武帝提倡儒学的另一个重要表现是繁荣儒家之礼学及其礼制。礼被视为治理国家的大纲和根本。梁武帝在天监元年即位初就下诏曰："礼坏乐缺,故国异家殊,实宜以时修定,以为永准。……此既经国所先,外可议其人,人定,便即撰次。"(《梁书·徐勉传》卷二十五)

根据《梁书·徐勉传》中《上修五礼表》的记载,梁武帝在天监元年诏命修定五礼,以明山宾掌吉礼,严植之掌凶礼,后以《五经》博士缪昭掌凶礼,贺玚掌宾礼,陆琏掌军礼,司马褧掌嘉礼。何佟之总参其事,何佟之亡后以沈约、张充及徐勉同参厥务。

又列副秘阁及《五经》典书各一通,缮写校定,以普通五年二月始获洗毕。

五礼修定完成后,梁武帝认为,经礼大备,政典载弘,宪章孔备,功成业定,可以光被八表,施诸百代,俾万世之下,知斯文在斯。于是诏命天下,根据修定后之五礼的规定和原则按以遵行,勿有失坠。

后世学者对梁武帝修定五礼之事不乏赞美之言。唐代史家李延寿说:梁武帝"制造礼乐,敦崇儒雅,自江左以来,年踰二百,文物之盛,独美于兹。"(《南史·武帝纪下》卷七)

萧梁朝是儒学名家辈出的时代。国子学中主持五馆的五经博士明山宾、沈峻、严植之、贺玚、陆琏等,总参修定五礼之事的何佟之、沈约、张充及徐勉等,还有伏曼容、范缜、司马筠、崔灵恩、太史叔明、皇侃等人都是当时名满天下的大儒。其中的范缜、皇侃则是其代表人物。

范缜是萧齐朝大儒刘瓛的弟子,博通经术,尤精《三礼》。范缜以两汉儒学的气论传统为基础,结合玄学体用论以说明形神关系,而形成了自己"形神相即"的神灭论思想,由此展开了齐、梁之际著名的神灭之争。

根据史料的记载,范缜与佛教势力之间在理论上的斗争主要有两次。一次是在南齐武帝永明年间。另一次是在梁武帝天监六年。第一次争论发生时,范缜是齐竟陵王萧子良"西邸"学术圈的活跃人物。萧子良是当时最虔信佛教的权贵之一,而范缜则极力主张无佛,两人由此产生一场围绕"因果报应"的争论。萧子良认为，"因果报应"是佛教思想最能打动人心、又是儒家思想不能很好解释的一个问题。范缜则根据偶然命定论否认因果报应的存在。两人争论的结果是萧"子良不能屈，深怪之"。

第二次争论发生时，梁武帝指责范缜"违经背亲，言语可息"，并组织了王公大臣凡64人，先后写出75篇有关神不灭思想的文章，对范缜的神灭论加以批判，由此产生了第二次神灭之争。在这场争论中，范缜的神灭论代表了传统的儒家思想，尤以著名的《神灭论》和《答曹舍人》为其思想的集中体现；梁武帝和东宫舍人曹思文的神不灭论则代表了佛家思想，其中以梁武帝的《敕答臣下神灭论》和曹思文的《难神灭论》为其思想的集中体现。但是，双方分别从完全不同的思想体系出发，以己之是攻彼之非，其结果自然是各说各话，谁也无法说服对方。尽管范缜在气势上"辩摧众口，日服千人。"但在理论上仍然不能取得优势。最后梁武帝只能以范缜"灭圣"、"乖理"的钦定方式结束了这场辩论。不管这场争论的结果如何，由这场争论而保存下来的思想材料为后世管窥南朝儒学之一斑提供了现实的可能性。

皇侃是当时大儒贺场的弟子，尤明《三礼》、《孝经》、《论语》，曾被梁武帝召入寿光殿讲《礼记义》，是当时著名的礼学家。

根据记载可知，皇侃的儒学思想主要体现在其所撰的儒学著作中，而其著述中最著名者当为《论语义疏》。皇侃的《论语义疏》是以何晏的《论语集解》为依据，兼采江熙的《论语集解》所录十三家注，其余有扬雄、马融、郑玄、王肃、孔安国、王弼等，共约三十余家，其中尤以王弼、郭象、李充、孙绰、范宁等人经注最受重视。

因此，皇侃的《论语义疏》基本上保存了六朝《论语》学研究之成果。由于它引证广博，论述客观简练，而"见重于世，学者传焉。"（《梁书·皇侃传》卷四十八）

该书是南朝诸多经疏中保存至今的最完整的一部书，其疏文于"名物制度，略而弗讲，多以老、庄之旨，发为骈俪之文，与汉人说经相去悬绝，此南朝经疏之仅存于今者,即此可见一时风尚。……此等文字,非六朝以后人所能为也。"①

史载陈朝儒学之概况曰:"高祖(陈霸先)创业开基,承前代离乱,衣冠殄尽,寇贼未宁,既日不暇给,弗遑劝课。世祖(陈蒨)以降,稍置学官,虽博延生徒,成业盖寡。"(《陈书·儒林传序》卷三十三)

大体而言,陈朝儒学是萧梁朝儒学之余绪。陈朝大儒周弘正、张讥、沈文阿、沈洙、戚衮等均经历了梁、陈两代,且在萧梁朝就已是闻名遐迩的儒学大家。他们或专精儒学,或兼通老庄,成为陈朝儒学之中坚。

陈朝的一些儒家学者专精于儒学研究,成为南朝儒学发展之尾声,如沈文阿、沈洙、戚衮等。根据《陈书·儒林传》的记载:

沈文阿是儒学世家,其父沈峻以儒学闻于梁世,祖舅太史叔明、舅王慧兴并通经术。沈文阿少习父业,研精章句,且颇传舅氏之学。又博采先儒异同,自为义疏。治《三礼》、《三传》。

沈文阿在陈朝任国子博士,兼掌仪礼。自侯景之乱,梁朝台阁故事,无有存者。沈文阿父峻,梁武世尝掌朝仪,颇有遗稿,于是斟酌裁撰,礼度皆自之出。作为陈朝著名的礼学专家,沈文阿参与了当时诸多礼制问题的讨论,其意见多被采纳。沈文阿所撰《仪礼》八十余卷,《经典大义》十八卷,并行于世,诸儒多传其学。

沈洙,治《三礼》、《春秋左氏传》。梁朝末年,学者多涉猎文史,不为章句,而沈洙独积思经术。所以,他精识强记,《五经》章句,诸子史书,问无不答。

戚衮,年十九,梁武帝敕策《孔子正言》并《周礼》、《礼记》义,衮对高第。梁简文帝在东宫,常召戚衮讲论。又尝置宴集玄儒之士,先命道学互相质难,次令中庶子徐摛驰骋大义,间以剧谈。徐摛辞辩纵横,难以答抗,诸人慑气,皆失次序。戚衮时骋义,徐摛与往复,戚衮精彩自若,对答如

流,简文帝深加叹赏。

《陈书》在评价沈文阿、沈洙、戚衮等人时说:"夫砥身励行,必先经术,树国崇家,率由兹道,故王政因之而至治,人伦得之而攸序。若沈文阿之徒,各专经授业,亦一代之鸿儒焉。文阿加复草创礼仪,盖叔孙通之流亚矣。"(《陈书·儒林传》卷三十三)

陈朝儒者又多喜老庄,能玄言,例如周弘正、张讥等人。

根据《陈书·周弘正传》的记载:周弘正,通《老子》、《周易》,特善玄言,兼明释典。他曾就《易》学议论说:"《易》称立以尽意,系辞以尽言,然后知圣人之情,几可见矣。自非含微体极,尽化穷神,岂能通志成务,探赜致远。"从上述议论看,周弘正之学多源自王弼的玄学思想,且颇有新意。

颜之推在《颜氏家训》中说:"洎于梁世,兹风复阐,《庄》、《老》、《周易》总谓三玄。武皇(梁武帝)、简文亲自讲论,周弘正奉赞大猷,化行都邑,学徒千余,实为盛美。"①可以知道,周弘正是南朝梁、陈之际玄学思想的代表人物之一。

《陈书·张讥传》记载说:张讥,通《孝经》、《论语》,笃好玄言,受学于周弘正,每有新意,为先辈推伏。梁武帝曾在文德殿敕令群儒论议《乾》、《坤》文言。诸儒莫敢先出,张讥乃整容而进,谘审循环,辞令温雅。梁武帝甚异之。由此可知张讥不同凡响的玄学造诣。陈天嘉中,周弘正在国学,发周易题。张讥与周弘正论议,而周弘正屈。故周弘正尝谓人曰:"吾每登坐,见张讥在席,使人懔然。"这是张讥"笃好玄言"的最好例证。

张讥撰《周易义》三十卷,《尚书义》十五卷,《毛诗义》二十卷,《孝经义》八卷,《论语义》二十卷,《老子义》十一卷,《庄子内篇义》十二卷,《外篇义》二十卷,《杂篇义》十卷,《玄部通义》十二卷,又撰《游玄桂林》二十四卷。

---

① 王利器:《颜氏家训集解·勉学第八》,中华书局1983年版。

如果对包括宋、齐、梁、陈四代在内的南朝儒学采取一种概述的方式，则可以将其称为"南学"。《世说新语》载支道林言曰："北人看书，如显处视月；南人学问，如牖中窥日"。刘孝标注云："然则学广则难周，难周则识暗，故如显处视月；学寡则易核，易核则智明，故如牖中窥日也。"①

《隋书》对此说得更为具体："南北所治章句，好尚互有不同。……大抵南人约简，得其精华。北学深芜，穷其枝叶。"（《隋书·儒林传》卷七十五）唐长孺先生认为："简约"与"深芜"不一定在乎文字的繁简，而可以理解为南学重义理，北学重名物训诂。这正是魏晋新学风和汉代学术传统的区别所在。② 周予同先生则进一步指出南学重义理的原因及其内容：南北朝时，南朝重礼学，采用郑玄三礼；又受玄学影响，讲经兼采众说；又受佛学影响，搞比'注'更详细的'义疏'，成为南学。北朝经义比较拘泥保守，墨守东汉旧说，不能别出新义，称为北学。③

由此可知，南学之约简，在于其重义理。而南学之重义理，则在于其受到玄学、佛学的影响。不管南学是礼玄双修，抑或内外兼宗，都是试图汲取玄、佛思想以摆脱儒学存在之困境的结果。

我们从《南史·儒林传》中可以发现很多儒家学者都是儒玄兼修之人：

伏曼容少笃学，善老、易，倜傥好大言。……为《周易》、《毛诗》、《丧服集解》、《老》、《庄》、《论语义》"。

严植之"少善《庄》、《老》，能玄言，精解《丧服》、《孝经》、》论语》。及长，遍习郑氏《礼》、《周易》、《毛诗》、《左氏春秋》"。

顾越，"家传儒学，并专门教授。……遍该经艺，深明毛诗，傍通异义。特善庄、老，尤长论难"，其"所着丧服、毛诗、老子、孝经、论语等义疏四十余卷"。

---

①　刘义庆：《世说新语·文学第四》，《诸子集成》本。
②　唐长孺：《魏晋南北朝隋唐史三论》，武汉大学出版社 1992 年版，第 213 页。
③　周予同：《周予同经学史论著选集》，上海人民出版社 1996 年版，第 855 页。

太史叔明"少善《庄》、《老》,兼通《孝经》、《论语》、《礼记》,尤精三玄。"(《南史·儒林传》卷七十一)

南朝儒学是以一种积极的、开放的心态迎接佛道挑战的。他们非常欣赏佛道尤其是佛学思想,普遍认为儒释虽异而其归旨则一。谢灵运就说:"释氏之论,圣道虽远,积学能至,累尽鉴生,不应渐悟。孔氏之论,圣道既妙,虽颜殆庶,体无鉴周,理归一极。"①

雷次宗,少入庐山,事沙门释慧远,笃志好学,尤明《三礼》、《毛诗》。曾为皇太子、诸王讲《丧服经》,其礼学造诣与郑玄齐名。(《宋书·雷次宗传》卷九十三)

名士张融对儒释道三家都表达了崇尚之意。他在《遗嘱》中嘱咐儿孙说:自己死后,"左手执《孝经》、《老子》,右手执小品《法华经》。"(《南齐书·张融传》卷四十一)

梁人王规在《诫子书》中说:"吾始乎幼学,及于知命,既崇周孔之教,兼循老释之谈。江左以来,斯业不坠。当能修之,吾之志也。"(《梁书·王规传》)

颜之推也认为:"原夫四尘五阴,剖析形有;六舟三驾,运载群生;万行归空,千门入善。辩才智惠,岂徒七经、百氏之博哉?明非尧舜周孔所及也。内外两教,本为一体。渐积为异,深浅不同。"②

六朝人强调对儒释道的会通,既说明他们对三教之理归于一极存在共识,也说明儒学理论本身存在问题。

佛学在南朝时期主要关注的是佛性问题,而佛性问题用儒学语言说就是心性论问题。但佛学的心性论是唯识学说的理论成果,它与儒学的心性论还未融合在一起。梁武帝曾试图将二者圆融为一。(本书有专章论述)

---

① 谢灵运:《辩宗论》,《广弘明集》卷十八,四部丛刊本。
② 王利器:《颜氏家训集解·归心第十六》,中华书局 1983 年版。

第四节 南朝礼学的繁荣及原因

纵观整个南朝儒学,可以发现最发达的莫若礼学。清代学者皮锡瑞说:"南学之可称者,惟晋宋间诸儒善说礼服。宋初雷次宗最著,与郑君齐名,有雷、郑之称。当崇尚老、庄之时,而说礼谨严,引证翔实,有汉石渠、虎观遗风,此则后世所不及也。"①

近人马宗霍在《中国经学史》中也说:"(南朝)经学之最可称者,要推《三礼》。故《南史·儒林传》何佟之、司马筠、崔灵恩、孔佥、沈峻、皇侃、沈洙、戚衮、郑灼之徒,或曰'少好《三礼》',或曰'尤明《三礼》',或曰'尤精《三礼》',或曰'尤长《三礼》',或曰'通《三礼》',或曰'善《三礼》',或曰'受《三礼》';而晋陵张崖、吴郡陆诩、吴兴沈德威、会稽贺德基,亦俱以《礼》学自命。《三礼》之中,又有特精者,如沈峻之于《周官》,见举于陆倕;贺德基之于《礼记》,见美于时论。《仪礼》则专家尤众,鲍泉于《仪礼》号最明;分类撰著者,有明山宾《吉礼仪注》、《礼仪》、《孝经丧服义》,司马耿《嘉礼仪注》,严植之《凶礼仪注》,贺㻛《宾礼仪注》,而沈不害则总注《五礼仪》。"②

南朝礼学之繁荣在历史记载中是有目共睹的,而其繁荣的原因也值得探讨。我以为主要有社会和文化两个层面的原因。

就社会原因而言,礼学的繁荣与南朝的社会现实有密切关系。整个六朝时期是门阀世族为统治核心的带有宗法色彩的社会结构。其中尤以东晋时期最为典型。③ 在南朝时皇权虽有一定的强化,但已处于衰落趋势的世家大族在思想、文化领域仍具有强大的影响力。他们为了维护自

---

① 皮锡瑞:《经学历史》,中华书局1959年版,第170页。
② 马宗霍:《中国经学史·南北朝之经学》,商务印书馆1937年版。
③ 田余庆:《东晋门阀政治》,北京大学出版社1989年版。

己的切身利益,同时也为了扭转本阶层日益明显的颓势,加强对礼学的研究成为当然的选择。因为礼学以宗法等级制度为基础,通过研究宗族远近、血缘亲疏并以严格、细琐的礼仪可以强调并维持本阶层的利益。社会上层知识分子通过对礼学、礼制、礼仪的研究以强化宗族向心力、家族的凝聚力,最大限度地维护本阶层的既得利益。

一个更重要的社会原因则是东晋南朝苟安一隅,少数民族政权逐鹿中原并对南方虎视眈眈。民族生存的危机感促使人们对自身文化传统进行反思。《世说新语·赏誉篇》载:"初咸和中,贵游子弟能谈嘲者,慕王平小谢幼舆等为达,(卞)壶厉色于朝曰:'悖礼伤教,罪莫斯甚!中原倾覆,实由于此'!"曾数次北伐希图恢复中原的名将桓温也曾感慨曰:"使神州陆沈,百年丘墟,王夷甫诸人不得不任其责。"(《晋书·桓温传》卷九十八)作为儒家忠实信徒的范宁更是视玄学及其倡导者为千古罪人:"王(弼),何(晏)蔑弃典文,不遵礼度;游辞浮说,波荡后生。饰毕言以翳实,聘繁文以惑世。缙绅之徒,幡然改辙;洙泗之风,缅然将坠。遂令人义幽沦,儒雅蒙尘;礼坏乐崩,中原倾覆。古之所谓言伪而辩、行僻而坚者,其斯人之徒欤!昔夫子斩少正于鲁,太公戮华士于齐,岂非旷世而同诛乎?桀纣暴虐,正足以灭身覆国,为后世鉴戒耳,岂能迥百姓之视听哉?王、何叨海内之浮誉,资膏粱之傲诞,画魑魅以为巧,扇无检以为俗。郑声之乱乐,利口之倾邦。信矣哉!吾固以为一世之祸轻,历代之罪重;自丧之劳小;迷众之愆大也。"(《晋书·范宁传》卷七十五)

桓、范等人在民族存亡的危急时刻怀着一种激愤之情将丧邦覆国的罪恶,归诸王、何等玄学之徒。虽说其间有一定的情绪化因素,却也说明崇尚清谈的玄学之风对于社会现实中的严重问题视而不见、淡然处之的态度。

东晋学者就曾明确指出:"天道之所运,莫大于阴阳;帝王之至务,莫重于礼学。"(《宋书·礼志一》卷十四)礼学的作用不仅在于治国,也在于修身:"君子立行,应依礼而动,虽隐显殊途,未有不傍礼教者也。若乃放

达不羁,以肆纵为贵者,非但动违礼法,亦道之所弃也。"(《晋书·江统传》卷五十六)

颜之推在《颜氏家训》中以一种比较委婉的说法再一次把国破家亡的罪责算在玄学的头上:"何晏、王弼,祖述玄宗,递相夸尚,景附草靡,皆以农、黄之化,在乎己身,周、孔之业,弃之度外。……直取其清谈雅论,剖玄析微,宾主往复,娱心悦耳,非济世成俗之要也。泊于梁世,兹风复阐,《庄》《老》《周易》总谓三玄。武皇、简文亲自讲论,周弘正奉赞大猷,化行都邑,学徒千余,实为盛美。元帝在江、荆间复所爱习,召置学生亲自讲授,废寝忘食,以夜继明,至乃倦剧愁愤,辄以讲自释。"①

熟悉梁史者都知道梁武帝、简文帝均因侯景之乱而不得善终;梁元帝被西魏军队困于江陵,后被杀。这些事件都是颜之推的亲身经历,他还因梁朝的灭亡而成为北齐的俘虏。有此切肤之痛的他在谈到梁朝复阐玄风时,其言外之意恐不言自明。

在此反思的背景下,六朝人开始谈论礼学对于现实的作用。东晋成帝时负责教育事业的大臣袁环、冯怀在给皇帝的上疏中也说:"先王之教,崇典训,明礼学,以示后生,道万物之性,畅为善之道也。"(《宋书·礼志一》卷十四)

另一方面,南朝人在南北对峙的情况下出于树立和强调文化正宗地位的需要,也要提倡礼学。南朝诸代偏安江南,其政权的正宗地位无疑遭到动摇,南北汉人的人心向背和社会各阶层的凝聚力亟待整合。因此,从文化上凸显自己的正宗地位成为南朝政权迫切需要加强的、关乎生死存亡的重要任务。而作为传统文化根本标志的"礼",必然成为南朝诸代首选的领域。

而在南朝社会内部,佛、道在社会中的广泛传播也动摇了儒学在文化上的正宗地位。儒学面对佛道二教的强大挑战,遂将自身具有最深厚文

---

① 王利器:《颜氏家训集解·勉学第八》,中华书局1983年版。

化底蕴的礼学作为应对的领域。

在儒学思想内部,六朝礼学是针对儒学天道的失落和性道关系的隔绝而作为回应方式逐渐繁荣起来的。《礼记》曰:"故礼义也者,人之大端也,所以讲信修睦而固人肌肤之会、筋骨之束也,所以养生送死、事鬼神之大端也,所以达天道、顺人情之大宝也。"(《礼记·礼运第九》)

礼义从根本上说是达天道、顺人情之径,从日常生活而言则是养生送死、事鬼神之仪。前者为本,故礼为体;后者为用,故礼为履。本依用而致,体凭履而成。

六朝礼学的主要内容有两个方面,即郊祀之礼和丧祭之礼。

对于郊祀之礼,晋武帝诏书明言:"郊祀,礼典所重。……唯此为大。"(《宋书·礼志三》卷十六)礼学家刘芳也说:"国之大事,莫非郊祀。"(《魏书·刘芳传》卷五十五)郊祀之重在于:"故郊以明天道也。"①

对于丧祭之礼,南朝礼学家何承天曰:"丧纪有制,礼之大经。"这种说法并非言过其实,《礼记》就说:"三年之丧,人类之至文者也","凡生天地之间,有血气之属必有知,有知之属莫不知爱其类。……故有血气之属者,莫知于人,故人于其亲也,至死不穷。"(《礼记·三年问第三十八》)

三年之丧是丧礼之至重者,六朝人极重三年丧:"禹治水,为丧法,曰毁必杖、哀必三年。是则水不救也,故使死于陵者葬于陵,死于泽者葬于泽,桐棺三寸,制丧三日。然则圣人之于急病,必为权制也。但汉文治致升平,四海宁晏,废礼开薄,非也。"(《宋书·礼志二》卷十五)

六朝礼学重视三年之丧并非无的放矢,我们可以从《论语》中找到答案。孔子深责宰我不仁的理由是他嫌三年丧期太长,在孔子看来是否严格履行三年丧期或者说是否严格践履丧礼是衡量"仁"的标准。

在礼学的视域,为仁之本在于孝悌,而"孝弟(悌)薄而丧祭之礼废。"(《礼记·乐记第十九》)孝悌是礼学思想的核心,其根据在于《易传》的

① 杜佑:《通典》卷四十二,中华书局1984年版。

生生原理。人世的亲亲之情是天地生生之道的体现。孔子讲亲亲,孟子讲孝悌,都是从天道生生不已的现象出发的。

丧礼的根据在于被孝悌体现出来的亲亲之情。《礼记》载子路之言曰:"吾闻诸夫子:'丧礼,与其哀不足而礼有余也,不若礼不足而哀有余也。祭祀,与其敬不足而礼有余,不若礼不足而敬有余也'。"(《礼记·檀弓第三》)

正是在这样的认识背景下才可以说:"礼义之经也,非从天降也,非从地出也,人情而已矣。"(《礼记·问丧第三十五》)人情甚至可以成为人道的来源:"丧有四制,变而从宜,取之四时也;有恩、有理、有节、有权,取之人情也。恩者仁也,理者义也,节者礼也,权者知也。仁义礼知,人道具矣。"(《礼记·丧服四制第四十九》)

礼的根据不仅源于天地,更有人的生命和性情的依据。这一倾向已经使礼学由向天道转向心性寻求存在的意义,所以,当我们看到六朝人对"情"的重视时也就不会感到奇怪了。

六朝人意识到情对礼学的重要性,故将二者紧密结合起来。东晋张凭云:"礼者,人情而已。"①干宝也说:"吉凶哀乐,动乎情者也。五礼之制,所以叙情而即事也。"(《晋书·礼志中》卷二十)颜之推曰:"礼缘人情,恩由义断。"②

郭象言之最详:"夫知礼意者必游外以经内,守母以存子,称情而直往也。若乃矜乎名声、牵乎形制,则孝不任实,父子兄弟怀情相欺,岂礼之大意哉。"(《庄子·大宗师》注)

郭象的注释说得十分透彻,称情直往则孝实礼合。礼学只有从孝悌所蕴含的亲亲之情中寻求道德情感并涵融转化为自身的内在精神和主体在道德践履中的内在动力,才能使礼学得到提升、转进。

六朝礼学缘情进礼的方法存在一个关键的问题:如何将亲亲之情转

---

① 杜佑:《通典》卷一百三,中华书局 1984 年版。
② 王利器:《颜氏家训集解·风操第六》,中华书局 1983 年版。

化为道德情感？如何在仁与礼的张力中促成二者健康地转化？如何真诚地实践礼学？如果这些问题没有解决，则礼学势必成为一种外在的、虚伪的仪式。事实也证明了这一推论。

著名学者戴逵在比较了现实中的儒、道后认为："儒学怀情伤真……其弊必至于末伪；道家则情礼俱亏……其弊必至于本薄。"（《晋书·戴逵传》卷九十四）

梁元帝萧绎也说："夫挹酌道德、宪章前言者，君子所以行也，是故言顾行，行顾言。原宪云：'无财谓之贫，学道不行谓之病。'末俗学徒，颇或异此，或假兹以为伎术，或狎之以为戏笑。若谓为伎术者，黎轩眩人皆伎术也；若以为戏笑者，少府斗获皆戏笑也。未闻强学自立、和乐慎礼若此者也。口谈忠孝，色方在于过鸿；形服儒衣，心不则于德义。"①

颜之推对于现实中亲眼目睹的礼之虚伪更是直言不讳："近有大贵，以孝著声，前后居丧，哀毁喻制，亦足以高于人矣。而尝于苫块之中，以巴豆涂脸，遂使成疮，表哭泣之过。左右童竖，不能掩之，益使外人谓其居处饮食，皆为不信。"②

这些现象就像《礼记·仲尼燕居》所云："薄于德，于礼虚。"无德之礼只是一种外在的、形式的东西，这种外在的、虚伪的礼必然成为窒息人生命的桎梏。

---

① 萧绎：《金楼子·立言篇》，《四库全书》本。
② 王利器：《颜氏家训集解·名实第十》，中华书局 1983 年版。

第二章　六朝性道思想

两汉儒学繁荣昌盛,作为儒学法典的《白虎通德论》(又称《白虎通》、《白虎通义》)在两汉儒学思想上具有典型的代表意义,它说:"天者,何也? 天之为言镇也。居高理下,为人镇也。地者,易也,言养万物怀任交易变化也。始起之天始起,先有太初,然后有太始,形兆既成,名曰太素。混沌相连,视之不见,听之不闻,然后剖判。清浊既分,精出曜布,庶物施生,精者为三光,号者为五行。"(《白虎通德论·天地》卷九)

"五行者,何谓也? 谓金木水火土也。言行者,欲言为天行气之义也。"(《白虎通德论·五行》卷四)

"性情者,何谓也? 性者,阳之施;情者,阴之化也。人禀阴阳气而生,故内怀五性六情,情者,静也;性者,生也。此人所禀六气以生也。"(《白虎通德论·情性》卷八)

可以看到,天地以太初之气,阴阳五行之化而生养万物,五行为天行气而人禀此气以内怀五性六情。这样一个贯通天人的性道模式是汉代乃至六朝时期儒学的背景知识。

儒家传统以"天"来负责万物的存在,即所谓"天道生化",天道是一切价值的最高准绳和终极根据,对天道的认识是儒学的最高追求,天道的知识就是儒家的真理,但人的生命在宇宙中却是一个有限的存在,它必须服从生老病死等自然规律的制约,它是一个有七情六欲的有血气之知的感性存在。感性即朱熹所谓气质之性,亦即《白虎通德论》所谓人禀气而生之性。

人所面临的问题就是：必须以生命的有限存在去认识天道的无限真理。在儒家看来：天道的真理必然要凭借生命的气性来表现。气性虽然是形而下的，它阻碍限制人的生命，却同时也是人表现天道真理的基础。①

正如徐复观先生所说："孔子知（证知）天命所感到的生命与天命的连结，实际上是性与天命的连结，即是在血气心知的具体的性里面体认出它有超越血气心知的性质。这是在具体生命中所开辟出的内在的人格世界无限性的显现。"②

从现存的历史文献来看，两汉六朝时期的儒学思想始终将性道关系作为自己论述的核心内容，而在论述性道关系时又始终以"气"作为沟通二者的中介。这一点将在本文后面的引述中看到。笔者以为，六朝的性道思想以荀粲在论述言不尽意时引证《论语·公冶长》子贡所说"夫子之言性与天道，不可得闻"的记载（《三国志·荀彧传》卷十）为开始的标志，因为在此以前的汉代人和在此以后的六朝人对性道思想的论述存在明显的不同。

第一节　两汉时期的性道思想

在汉代人的性道思想中，无论是董仲舒的天人感应论还是东汉谶纬盛行时的神学经学均将天道视为有意志的、能够赏善罚恶的神性之天。如董仲舒说："灾者天之谴也，异者天之威也。谴之而不知，乃畏之以威。凡灾异之本，尽生于国家之失。国家之失，乃始萌芽，而天出灾异以谴告之；谴告之而不知变，乃见怪异以惊骇之；惊骇之尚不知畏恐，其殃咎乃

① 牟宗三：《中国哲学十九讲》，上海古籍出版社 1997 年版，第 8—9 页。
② 徐复观：《中国人性论史》（先秦篇），上海三联书店 2001 年版，第 78—79 页。

至,以此见天意之仁而不欲害仁也。"(《春秋繁露·必仁且智第三十》,以下所引只注篇名)

这一有意志的神性之天之所以具有决定性的权力,是因为他是万物之祖:"天者,百神之大君也","无天而生,未之有也。天者,万物之祖,万物非天不生。"(《顺命第七十》)

在董仲舒的思想中,作为万物之祖的天是如何显现其道呢? 他认为天是通过"气"来显现的:"天地之气,合而为一,分为阴阳,判为四时,列为五行。"(《五行相生第五十八》)"天有五行,一曰木,二曰火,三曰土,四曰金,五曰火。木,五行之始也;水,五行之终也;土,五行之中也;此其天次之序也。"(《五行之义第四十二》)

"天之道,终而复始,……阴阳之所合别也。"(《阴阳终始第四十八》)

董仲舒利用阴阳、五行之气的变化来沟通天与人的联系:"春,爱志也。夏,乐志也。秋,严志也。冬,哀志也。故爱而有严,乐而有哀,四时之则也。喜怒之祸,哀乐义,不独在人,亦在于天。而春夏之阳,秋冬之阴,不独天,亦在于人。……故曰:天乃有喜怒哀乐之行,人亦有春秋冬夏之气者,合类之谓也。"(《天辨在人第四十六》)

"天有阴阳,人亦有阴阳。天地之阴气起,而人之阴气应之而起;人之阴气起,而天之阴气亦宜应之而起,其道一也。"(《同类相动第五十七》)

天人之间的联系是通过气来实现的,则人在认识天道时也可以气为根据:"天意难理也,其道难观。是故阴阳入出、实虚之处,所以观天之志,辨五行之本末、顺逆、大小、广狭,以见天道也。"(《天地阴阳第八十一》)他认为推动阴阳、五行之气变化的根本原因就是至尊无上的神性之天,因此,人可以依据阴阳、五行之气的外在变化来推测天道的意志。

天为万物之祖,以阴阳、五行之气化生万物,人既为万物之一,当然亦为天所生。董仲舒主张人性的根据亦在天道之中:"为生不能为人,为人者天也。人之人本于天,天亦人之曾祖父也。此人之所以乃上类天也。人之形体,化天数而成;人之血气,化天志而仁;人之德行,化天理而义;人之好恶,化天之暖清;人之喜怒,化天之寒暑;人之受命,化天之四时……天之副在乎人,人之情性有由天者矣。"(《为人者天第四十一》)

既然人之性情源于天道,而天道又通过阴阳五行之气来显现,董仲舒依此理路来提出他对人性的看法。他强调人性之"仁"是源自天道之"仁":"仁之美者在于天。天,仁也。天覆育万物,既化而生之,有养而成之;事功无已,终而复始,凡举归之以奉人。察于天之意,无穷极之仁也。人之受命于天也,取仁于天而仁也。"(《王道通三第四十四》)

与此同时,董仲舒又指出天之阴阳气具有善恶之性。"恶之属尽为阴,善之属尽为阳","阳气暖而阴气寒,阳气予而阴气夺,阳气仁而阴气戾,阳气宽而阴气急,阳气爱而阴气恶,阳气生而阴气杀。"(《王道通三第四十四》)

他认定阳气善而阴气恶,而人既禀阴阳之气生,则人性亦禀受善恶之性:"天两有阴阳之施,身亦有贪仁之性。天有阴禁,身有情欲柜,与天道一也。是以阴之情不得干春夏,而月之魄常压于日光,乍全乍伤。天之禁阴如此,安得不损其欲而缀其情以应天?"又说:"天地之所生谓之性情,性情相与为一瞑,情亦性也。谓性已善,奈其情何。故圣人莫谓性善。……身之有性情也,若天之有阴阳也。言人之质而无其情,犹言天之阳而无其阴也。"(《深察名号第三十五》)

从董仲舒把性与阳、情与阴相对待而言来看,他显然是将性与情分开,且认为性善而情恶。

进而言之,他又将性细分为上中下三品,提出:"圣人之性,不可以名性,斗筲之性,又不可以名性;名性者中民之性……性待渐于教训而后能为善。"(《实性第三十六》)这里他是把自己的性善情恶论限定在中民之性的范围以内,因为上圣之性不待教而善,下等之性虽教亦恶。只有中民之性,有善之端,须待教而成。

总结董仲舒的性道思想,他认为:天为一有意志的神性天,天以阴阳五行之气显现其道,阴阳之气有善恶之性,人禀阴阳之气而成己性,则性亦有善恶。这一思想对后世尤其是唐以前的性道思想产生了重要影响，几乎成为儒家一般的背景知识。

然而，正如徐复观先生所言，以气来诠释一个有宗教意义的神性天是非常困难的，董仲舒实际上是将天人视为一个大的可以互相影响的有机体的构造。在这个有机体构造中，天人感应成为由想象建立起来的平等的因果法则。灾异之说，作为天人感应在现实中的实践，只能在极短极小的范围内发生一些效果。①

东汉后期的历史事实说明天人感应论（即使是与之相应的谶纬之学）确实存在极大的局限性。有仁义之天不仅经常以灾异、怪异谴告、惊骇人们，而且殃咎频仍，山崩、地震、狂风、旱涝、蝗虫、瘟疫此起彼伏②。东汉政府按照天人感应的理论，或者策免大臣以塞天咎，或者赈贷贫困、察举贤良、大赦天下以求上天宽恕，结果却毫无用处③。

理论若在现实中失去作用，必然会遭到人们的怀疑。仲长统在《理惑篇》中回顾了秦汉以来五百年的历史，对于当时面临的巨大灾难感到极度的痛苦和惶惑："昔春秋之时，周氏之乱世也。逮乎战国，则又甚矣。秦政乘并兼之势，放虎狼之心，屠裂天下，吞食生人，暴虐不已，以招楚汉用兵之苦，甚于战国之时也。汉二百年而遭王莽之乱，计其残夷灭亡之数，又复倍乎秦、项矣。以及今日，名都空而不居，百里绝而无民者，不可胜数，此则又甚于亡新之时也。悲夫！不及五百年，大难三起，中间之乱，尚不数焉。变而弥猜，下而加酷，推此以往，可及于尽矣。嗟乎！不知来世圣人救此之道，将何用也？又不知天若穷此之数，欲何至邪？"（《后汉书·仲长统传》卷四十九）严酷的现实向人们提出了时代的课题。

----

① 参见徐复观：《两汉思想史》卷二，(台湾)学生书局 1976 年版，第 397—398 页。

② 根据现代学者研究，这一时期是太阳黑子衰弱期，其强度处于前后一千八百年间的最低值，由此造成自然灾害的异常频繁。参见高建国：《两汉宇宙期的初步探讨》，载《历史自然学进展》，海洋出版社 1987 年版。

③ 参见马良怀：《崩溃与重建中的困惑》上编第二章"自然灾异作祟"，中国社会科学出版社 1993 年版。

第二节　汉魏之际的性道思想

以董仲舒的天人感应论为代表的今文经学无法适应时代的变化而招致人们的怀疑,而后起的古文经学因着重于名物训诂和典章制度方面的学术性研究而在重建儒家经学的时代要求下得到长足发展。王国维先生曾详细分析这一问题:"古文经学之立于学官,盖在黄初之际。自董卓之乱,京洛为墟。献帝托命曹氏,末遑庠序之事,博士失其官学垂三十年。今文学日微,而民间古文之学乃日兴月盛。逮魏初复立太学博士,已无复昔人,其所以传授课试者,亦绝非曩时之学,盖不必有废置明文,而汉家四百年学官,今文之统已为古文家取而代之矣。……然而魏时所立诸经,已非汉代之今文学,而为贾(逵)、马(融)、郑(玄)、王(肃)之古文学矣。……学术变迁之在上者,莫剧于三国之际。"①

如前所述,古文经学的重心在于名物训诂和典章制度等学术研究,如郑玄等在整个六朝都发挥影响的古文经学家都只是具有渊博知识的学问家而非思想敏锐的哲学家。反倒是极具慧根的荀粲犹如预言家似的提出了重建儒家性道关系的主张。

根据《三国志》的记载,荀粲认为不说"性与天道"的儒家思想不过是圣人之糟糠,当其兄荀俣以《易·系辞传》所云"圣人立象以尽意,系辞焉以言"加以反驳时,荀粲回答说:"盖理之微者,非物象之所举也。今称立象以尽意,此非通于意外者也。系辞焉以尽言,此非言乎系表者也。斯则象外之意、系表之言,固蕴而不出矣。"(《三国志·荀彧传注》卷十)荀粲明显地将"性与天道"视为不可得而闻的象外之意、系表之言。

荀粲所论是有其针对性的。清人刘宝楠在《论语正义·公冶长》关

① 王国维:《观堂集林》,河北教育出版社2001年版,第113页。

于"性与天道"一条的注中认为汉代人把"文章"释为诗书礼乐,而"性与天道"则可以在《易》和《春秋》里以微言的方式看到。而集今古文之大成的郑玄在注释该条时认为性是人承受血气而产生的东西,有贤愚吉凶之分,而天道则是占卜日月五星的变化之事。① 可以发现,自董仲舒天人感应论受到怀疑之后,如郑玄似的汉代经学家对性道关系缺乏更高层次的哲学思考。汤用彤先生就明确指出:"汉代之天道指祸福吉凶,谓一切事象必有所由,顺之则祥,逆之则殃。……其立言全囿于形器之域。汉代人所谓天所谓道,盖为有体之元气,故其天道未能出乎象外。"②

如果在新的时代背景下,不建构新的性道思想以适应现实的需要,且幻想依靠古文经学的学术研究来复兴儒学无疑是不可能的。对此,曹魏时的沐并认识得非常清楚:"儒学拨乱反正,鸣鼓矫俗之大义也。未是夫穷理尽性、陶冶变化之实论也。若能原始要终,以天地为一区,万物为刍狗,求形景之宗,同祸福之素,一死生之命,吾有慕于道矣。"(《三国志·常林传》卷二十三)正是荀粲、沐并等人在否定汉代人的性道思想的同时,为建构新的性道思想指明了发展的方向。

荀粲能够独具慧眼将关注的目光指向性道观,说明他确有悟性极高慧根。根据史料记载,他曾与傅嘏、夏侯玄讨论功名与识的关系:"(荀粲)尝谓嘏、玄曰:'子等在世途间,功名必胜我,但识劣我耳!'嘏难曰:'能盛功名者,识也。天下孰有本不足而末有余者耶?'粲曰:'功名者,志局之所奖也,然则志局自一物耳,固非识之所独济也。我以能使子等为贵,然未必齐子等所为也'。"(《三国志·荀彧传注》卷十)我们从二人的对话中可以看到傅嘏没有能够理解荀粲所谓"识"的含义,荀粲之"识"显然是在超越境界中才能显现的一种"洞见"。由于史料缺乏,我们无法了

---

① [日]蜂屋邦夫:《言尽意论与言不尽意论》,载《日本学者论中国哲学史》,辛冠洁、袁尔钜、马振铎、徐远和译,中华书局1986年版,第249页。
② 汤用彤:《魏晋玄学论稿》,载《汤用彤卷》,河北教育出版社1996年版,第733—734页。

解荀粲究竟对性道关系作何具体阐释。不过在魏晋时期盛极一时的玄学思潮无疑是对荀粲之"识"的全面展开。

王充就其生活时代而言肯定是汉代思想家，但从其思想之深刻及其产生影响之时代而言则可被视为六朝思想之滥觞。《后汉书》卷四十九注引《袁山松书》云："（王）充所作《论衡》，中土未有传者，蔡邕入吴始得之，恒秘玩以为谈助。"在《全晋文》所辑《抱朴子》外篇佚文曰："王充所作《论衡》，此方都会未有得之者，蔡伯喈尝到江东见之，叹为高文，度越诸子，恒爱玩而独秘之，及还中国，诸儒觉其谈论更远，嫌得异书，搜求帐中至隐处，果得《论衡》，捉取数卷将去，伯喈曰：'唯与尔共之，勿广也'。"《袁山松书》继曰："其后王朗为会稽太守，又得其书，及还许下，时人称其才进。或曰：不见异人，当得异书，问之，果以《论衡》之益，由是遂见传焉。"蔡邕最后将自己的藏书全部送给了王粲，而这些书后又归于王弼之父王业。王弼从中受到王充思想的影响应该是情理中事，而两人思想之间的逻辑关系，也证实了上述推论。

王充的思想受到道家的影响，其体系的最高根据是天，而论证的核心内容是自然无为。他认为："夫天道，自然也，无为。"①

王充不仅以天道自然无为的观点消解天人感应论中天道的神性义，而且进一步提出天是体而非气的主张以批判天人感应论中天人以气相应的理论，他说：

"儒者曰：天，气也。……如实论之，天，体，非气也。"②

"夫天，体也，与地无异。"③

"天之与地，皆体也。地无下，则天无上矣。"④

王充为了贯彻其天道自然无为的主张，在万物生于天这一传统命题

---

① 王充：《论衡·谴告篇第四十二》，《诸子集成》本。
② 王充：《论衡·谈天篇第三十一》，《诸子集成》本。
③ 王充：《论衡·变虚篇第十七》，《诸子集成》本。
④ 王充：《论衡·道虚篇第二十四》，《诸子集成》本。

的解释上提出一个独特的看法,认为天道的运动不是为了化生万物,而是为了生成元气,万物之生只是元气变化的结果,所以从现象上看可以说万物生于天,而从本质上说万物之生并非天道之有为,天道是自然无为的。他说:"天之动行也,施气也。体动,气以出,物乃生矣。……天动不欲以生物。而物自生,此则自然也,施气不欲为物,而物自为,此则无为也。"①

自然无为之天道以气为用而使万物自然而生,"天地合气,万物自生。"②

"俱禀元气,或独为人,或为禽兽。"③

"人禀元气于天,各受寿夭之命,以立长短之形。……人体已定,不可减增,用气为性,性成命定。"④

十分明显,王充沿袭传统,用气为性,但他已经没有董仲舒那种以阳善阴恶而言性有善恶的理路,王充所谓气是无善恶之元气,性之善恶是由禀气厚薄决定的:"禀气有厚泊,故性有善恶也。……人之善恶,共一元气,气有少多,故性有贤愚。"⑤

他指出以气之厚薄而言性之善恶是他自己总结前人的性论得失以后得出的尽性之理:"实者人性有善有恶,犹人才有高有下也。……余固以孟轲言人性善者,中人以上者也;孙卿言人性恶者,中人以下者也;扬雄言人性善恶混者,中人也。若反经合道,则可以为教,尽性之理则未也。"⑥

如果说天以气为用而呈现自然无为之道,人禀气成性而表现为贤愚之质,那么"至德纯渥之人,禀天气多,故能则天,自然无为。禀气薄少,不遵道德,不似天地,故曰不肖。不肖者,不似也,不似天地,不类圣贤,故

---

① 王充:《论衡·自然篇第五十四》,《诸子集成》本。
② 王充:《论衡·自然篇第五十四》,《诸子集成》本。
③ 王充:《论衡·幸偶篇第五》,《诸子集成》本。
④ 王充:《论衡·无形篇第七》,《诸子集成》本。
⑤ 王充:《论衡·率性篇第八》,《诸子集成》本。
⑥ 王充:《论衡·本性篇第十三》,《诸子集成》本。

有为也。"①

在他看来,能够则天而行自然无为之道的人才是至德纯渥之圣贤。因此可以认为:王充的性道思想可归约为,以气之性而体现自然无为之道。

气为实有层面的有限存在,而自然无为则是作用层面之境界。王充的这一性道思想已经与王弼的学说十分接近。

还有一个需要强调的问题,相对于天人感应论的天道有为思想,王充的天道自然无为的主张既是对前者的一种否定,更重要的是将万物生成的根本原因从有意志的天道中剥离出来而归诸自然之天道。就此而言,王充不仅使天道具有更加超越的意义,而且给万物尤其是人的主体能动性提供一种内在的根据。尽管只是一种端倪,从而使人性在性道关系中的地位出现加强的趋势,而这一趋势在整个六朝儒学的发展过程中都得到持续。

东汉末年的王符继续推动这一趋势向前发展:"是故,天本诸阳,地本诸阴,人本中和,三才异务,相待而成。各循其道,和气乃臻,机衡乃平。天道曰施,地道曰化,人道曰为。为者,盖所谓感通阴阳而致珍异也。"②王符所谓"为"仍然是一种外在的能动性,但我们从董仲舒的天道有为、到王充的天道无为、再到王符的人道曰为,不是已经发现了某种变化吗?

王符把万物运动变化(当然包括生成)的根本原因从王充散诸的万物本身又回归于道:"是故道德之用,莫大于气,道者,气之根也;气者,道之使也。必有其根,其气乃生;必有其使,变化乃成。"③

如果需要总结玄学产生以前儒家性道思想的话,我以为存在这样几个共识:

第一,天道始终是性道思想的终极根据,不管是董仲舒、谶纬学中的

---

① 王充:《论衡·自然篇第五十四》,《诸子集成》本。
② 王符:《潜夫论·本训第三十二》,《诸子集成》本。
③ 王符:《潜夫论·本训第三十二》,《诸子集成》本。

神性天还是王充、王符等的自然天,它们都是诸人性道思想得以建立的基础。

第二,气在诸人的理论中扮演一个沟通天道与人性的重要作用。不管是神性天的意志还是自然的本质,都需要气传达或呈现于人;另一方面,人性生成或者人性之善恶等的原因也要从气中去寻找。所以,在玄学产生以前的性道思想可以简单地表达为:

天道→气→人性

如果稍稍分析一下这一性道关系的表达式,我们就可以清楚地理解为什么在魏晋时期需要重新建构儒家的性道思想。我们知道,禀气而生之性则为气性,此种气性不论禀自元气、阴阳之气、还是五行之气,均是在实有层面处说,而实有层面之气性不可能成为人存在的根据。原因很简单,实有层面之气性无超越的终极意义,也无道德准则以便为人的存在提供价值标准。这一点在上述诸人著作中反映为主张性无善恶或性有善有恶等,既然,人性不能成为存在的根据或意义,则必然要从天道中去找寻,董仲舒的天人感应论将天道理解为一有意志的、能赏善罚恶的神性天,因而这种神性天无疑具有宗教中提供终极关怀的最高人格神的作用,同时又能够以赏善罚恶的形式为现实世界提供道德准则和德福合一的保证,只要这种理论在现实中没有受到怀疑,人们就能够心安理得地生活在由这种理论支配的社会中。

当上述具有宗教意义的天人感应论受到怀疑后,由此所提供的天道依据也就失去了意义。人们必须提供新的天道依据,或者创造内在的心性论,以弥补旧理论失效后针对存在的终极关怀所形成的真空。

王充的天道自然无为思想显然不能担当这一任务。如果说自然无为的天道可以为生命的存在提供根据的话,却无法为道德的存在提供保证。而一个社会能够正常运行的必要条件之一就是人们对道德伦理的共识,产生这种共识的前提就是意识形态为道德的存在提供保证。

第三节　魏晋时期的性道思想

在玄学产生前后的曹魏时代,人们对天的认识仍然秉承《白虎通德论》的观点,时人张揖撰《广雅》云:"太初,气之始也,生于酉仲,清浊未分也。太始,形之始也,生于戌仲,清者为精,浊者为形也。太素,质之始也,生于亥仲,已有素朴,而未散也。三气相接,至于子仲,剖判分离,轻清者上为天,重浊者下为地,中和为万物。"(《广雅·释天篇》)

这是对汉代经验层面"天"的背景知识的一种陈述。

玄学思潮的出现为性道思想的发展开辟了一个崭新的领域。得益于玄学高度抽象思辨的思想,六朝人的性道观与汉代人的性道观存在明显的不同。这主要表现在:

第一,对天道的看法上。六朝人对天道的神性义已经十分淡漠。所谓"天地任自然,无为无造,万物自相治理。……地不为兽生刍而兽食刍,不为人生狗而人食狗。无为于万物,而万物各适其所用。"[1]

人们对天道的认识已不囿于其对万物的主宰性而着重于其以自然无为所呈现出来的,对万物的至爱无私性。天道思想的价值已经从存在的根据向道德的根据转向。

第二,对人性的看法上,六朝人仍然继承汉代人性禀气生、性有善恶等观点,以气言性,以性言人。但六朝人正逐渐将"性"抽象化、内在化,使之能够上升至超越层面,从而既可体证天道之至爱无私性,又可从自身之中内发道德之根据。

上述六朝性道观的特点零散地表现在六朝思想家的理论之中而并非是一个完整的体系,而且这些观点,由于六朝佛教般若学、涅槃学逐渐与

---

[1]　王弼:《老子·五章注》,载楼宇烈:《王弼集校释》,中华书局1980年版,第13页。

儒学相互影响而获益匪浅。

前述汉代人所论天道观,无论是董仲舒等以阴阳五行之气还是王充等以元气之说都以气来诠释,人性论亦然。由气论而言性道显然是从实有层面加以说明。王充对"自然无为"的强调则使性道思想的诠释方向由实有层面向作用层面转向,王弼的思想就是从作用层展开的。

王弼认为,"道"之行否是与天命紧密相关的:"天命废兴有期,知道终不行也。"①在他看来,天、道的意义并不在其本身而在其所呈现,因为天道本身是我们可以感知的有形之物,是形而下之器,而天所呈现之用才是本之所在:"天也者,形之名也。健也者,用形者也。夫形也者,物之累也。有天之形,而能永保无亏,为物之首,统之者岂非至健哉!"②

有形之天以无形之至健为本,换句话说是:"道不违自然,乃得其性,法自然也。"③"则天成化,道同自然。"④

"自然"就是自己如此,无所凭借,就是无恃,以"自然"言说道,是从超越的作用层为实有层之"道"提供终极根据,从而使实有层之"道"超拔至作用层,进而可以取代神性的天道而成为万物存在的最后依据。所以说,"自然"是从现实上有所依恃而然反上来的一个层次上的超越。

"自然"与"无为"是内外两面的说法,意义上没有分歧,王弼将"自然"、"无为"进一步普遍化:"自然,其端兆不可得而见也,其意趣不可得而睹也。"⑤"自然者,无称之言,穷极之辞也。"⑥

"自然"、"无为"是天道在作用层面的一种呈现,但"自然"、"无为"在作用层面并不是最高境界,因为它们仍然表现为一种动、一个过程,所

---

① 王弼:《论语释疑·为政》,载楼宇烈:《王弼集校释》,中华书局1980年版,第621页。
② 王弼:《周易·彖传·乾注》,载楼宇烈:《王弼集校释》,中华书局1980年版,第213页。
③ 王弼:《老子·二十五章注》,载楼宇烈:《王弼集校释》,中华书局1980年版,第65页。
④ 王弼:《论语释疑·泰伯》,载楼宇烈:《王弼集校释》,中华书局1980年版,第626页。
⑤ 王弼:《老子·十七章注》,载楼宇烈:《王弼集校释》,中华书局1980年版,第41页。
⑥ 王弼:《老子·二十五章注》,载楼宇烈:《王弼集校释》,中华书局1980年版,第65页。

以王弼又说:"凡动息则静,静非对动者也……然则天地虽大,富有万物,雷动风行,运化万变,寂然至无,是其本矣。"①

在此意义上,他强调:"天下万物皆以有为生,以无为本,将欲全有,必反于无也。"②"以无为本"才是王弼玄学思想的核心。

综上所述,王弼是从作用层的本无论来说明自己的天道观的,他承认万物生于有,这是实有层的命题,他提出道不违自然乃得其性,则将实有层与作用层联系起来,他由"自然"到"寂然至无"再到"以无为本"则是在作用层面的境界升华。

王弼对人性论的论述与其天道观有许多相似的特点,他在强调"以无为本"的同时,又指出万物出于气:"万物万行,其归一也。何由致一?由于无也。由无乃一,一可谓无……故万物之生,吾知其主;虽有万形,冲气一焉。"③"(天地)二气相与,(万物)乃化生也。"④

万物以气而生,人性亦然。人性之所以有所不同,在于性禀之气"有浓有薄,则异也。"⑤

以上是王弼从实有层面论述人性的材料,此是对传统气性论的直接继承。

但王弼并未就此止步,他认为人性的价值并非在实有层面的气性本身,而是其在作用层面呈现的自然:"万物以自然为性,故可因而不可为也,可通而不可执也。"⑥

如前所述,自然并非作用层面的最高境界,也不是人性的最终根据,人性与万物之性一样都是"以无为本",王弼在比较孔老之境界高低时曾

---

① 王弼:《周易·复卦注》,载楼宇烈:《王弼集校释》,中华书局 1980 年版,第 336 页。
② 王弼:《老子·四十章注》,载楼宇烈:《王弼集校释》,中华书局 1980 年版,第 110 页。
③ 王弼:《老子·四十二章注》,载楼宇烈:《王弼集校释》,中华书局 1980 年版,第 117 页。
④ 王弼:《周易·象传·咸》,载楼宇烈:《王弼集校释》,中华书局 1980 年版,第 373 页。
⑤ 王弼:《论语释疑·阳货》,载楼宇烈:《王弼集校释》,中华书局 1980 年版,第 632 页。
⑥ 王弼:《老子·二十九章注》,载楼宇烈:《王弼集校释》,中华书局 1980 年版,第 77 页。

说:"圣人体无,无又不可以训,故不说也。老子是有者也,故恒言无所不足。"(《三国志·钟会传注》卷二十八)

圣人之所以为圣,关键就在于他能将"无"圆满而充分地在自己的生命中体现出来,"无"只能被体现出来而不是可以用语言来加以训解的,所以圣人不说,老子则是站在"有"的境界对"无"加以言说。①

人在自己的生命中体现"无",就是人性对天道的体现。所以说"体无"就是"性"在作用层面的最高境界将"无"呈现出来。则性的最终根据也必然归诸"无"。在"本无"之性中,性表现为一种无善恶之性。② 这是在作用层面言说"性",它较前述有浓薄不同的气性分属不同的层面,无善恶之性在气性的实有层面就表现为有善恶之性情。他说:"美恶犹喜怒也,善不善犹是非也。喜怒同根,是非同门,故不可得而偏举也。"③在此基础上,"以善为师,不善为资,移风易俗,复使归于一也。"④从气性的善恶上相师相资,复归于无善恶之性,最终达致能够呈现"无"(体无)的圣人之性。

综观王弼的性道思想,他在诠释自己的天道观和人性论及其相互关系时,会通儒道两家的方法,分别从实有层面和作用层面加以展开,以无、自然、有等阐释天道,以无善恶之性、自然、气性等解释人性,无论天道还是人性最后都归于"无"。

将王弼的性道思想与以前汉代人的思想进行比较,我们可以发现他不再如汉代人那样从天地万物的起源或生成方面去寻找万物的本原,而是从天地万物之所以存在的最终根据处言说思想的核心。另一方面,他从体、用两层面分疏其理论的同时又避免体用为二的弊端,既使思想得以深化而又没有割裂体系的统一性,即余敦康先生所谓本体论的思维模

---

① 牟宗三:《中国哲学十九讲》,上海古籍出版社1997年版,第217页。
② 王弼:《论语释疑·阳货》,载楼宇烈:《王弼集校释》,中华书局1980年版,第632页。
③ 王弼:《老子·二章注》,载楼宇烈:《王弼集校释》,中华书局1980年版,第6页。
④ 王弼:《老子·二十八章注》,载楼宇烈:《王弼集校释》,中华书局1980年版,第75页。

式。① 前者完成了中国哲学由宇宙生成论向本体论的转向；后者开启了儒家的性道思想逐渐内在化的趋势。

王弼所谓"有生于无"、"以无为本"的思想因为思辨性太强而容易产生误解，如果对玄学理论没有深切体会就可能曲解他所说的"无"的奥义。因而郭象以其"独化论"改造，发展了王弼的"贵无论"，相对而言郭象的思想容易理解一些。

为了建构自己的性道思想，郭象首先以通俗的看法将"无"理解为"无物"或"不存在"，即"有"的否定，并以此反驳王弼的"有生于无"的观点："若无能为有，何谓无乎？……无者遂无，则有自爨生明矣。"②"夫有之为物，虽千变万化，而不得一为无也。不得一为无，故自古无未有之时而常存也。"③在郭象看来，如果"无"是"无物"或者"不存在"的话，则王弼的"有生于无"的观点是不成立的。

郭象以"独化论"来构筑自己的天道观和人性论。他从两方面来说明天：第一，天是万物之总名；第二，天是自然之谓。从前者看，"天地者，万物之总名也。天地以万物为体，而万物以自然为正。自然者，不为而自然者也。"天不过是万物的一个总的名称，而非外于万物的东西，天即万物之全体，万物共成为一天。正是在此观点的基础上，郭象将天道与人性的独化论贯通起来。从后者看，天是万物存在的自然而然的状态。④

郭象以"自然"这种存在状态涵融天和性："凡所谓天，皆明不为而自然。言自然则自然矣，人安能故有此自然哉？自然耳，故曰性。"⑤

他把"性"称为"自性"，试图从性自身寻找存在的根据，认为人的自

----

① 余敦康：《何晏王弼玄学新探》，第四章"王弼的解释学"，齐鲁书社 1991 年版。
② 郭象：《庄子·庚桑楚注》，《四部备要》本。
③ 郭象：《庄子·知北游注》，《四部备要》本。
④ 参见汤一介：《辨明析理——论郭象注〈庄子〉的方法》，《中国社会科学》1998 年第1 期。
⑤ 郭象：《庄子·山木注》，《四部备要》本。

性就是人性的本来状态:"天性所受,各有本分,不可逃,亦不可加。"①人各有性,"性各有分,故知者守知以待终,而愚者抱愚以至死。岂有能中易其性者也。"②

智愚各据其性,各安其性,自我限定于性分之内,既不能逃避,也无法由外加给性分,故自性均为自有、独存之性。所以,郭象思想中之"性"是内在于人心的,人依其"自性"而"自生","夫生之难也,犹独化而自得之矣"。③ 所以说人虽是"自生",但"自生"即是"独化",而"独化"乃天之所生,故人与天(或性与道)之间在自生、独化处得以上下贯通:"卓尔,独化之谓也。夫相因之功,莫若独化之至也。人之所因者天也,天之所生者独化也。人皆以天为父。"④

人因独化而生,独化由天所生。所以对天的认识是人之为人的要求。如前述,他以万物之全体来释天的观点仍是从实有层言说的天,而以"自然"来诠释天的观点则是从作用层言说的天。只有后者才是独化之本。只有体认作用层之天,人才能理解生命存在的价值。

郭象明确谈到了体认作用层之天的方法,那就是使自性升华至玄冥境界以体验独化之天的全生之德。他说:"夫理有至极,外内相冥。未有极游外之致,而不冥于内者也;未有能冥于内,而不游于外者也。"⑤内外相冥,即性与道、天与人在玄冥境界的圆融合一状态。

正是在玄冥境界性道合一的实现,使得"性"中呈现出善端。故郭象才说:

"夫仁义者,人之性也。"⑥

---

① 郭象:《庄子·养生主注》,《四部备要》本。
② 郭象:《庄子·齐物论注》,《四部备要》本。
③ 郭象:《庄子·大宗师注》,《四部备要》本。
④ 郭象:《庄子·大宗师注》,《四部备要》本。
⑤ 郭象:《庄子·大宗师注》,《四部备要》本。
⑥ 郭象:《庄子·天运注》,《四部备要》本。

"仁义自是人之情性,但当任之耳。"①

总之,王弼和郭象都是以体用如一的方法来构筑自己的性道思想的。

王弼主张:以无为本,有生于无,天道是无,用不离体。

郭象主张:独化是用,有各自生,天道是独化,用外无体。

王弼谓人性无善恶,郭象则谓人受天之性,各有本分、知愚。

这是二人性道思想的基本观念,他们的思想中最有价值的贡献,是他们提出的人性在作用层面对天道的体证及人性在此境界所呈现的善端,即王弼所谓圣人体无、内生仁义等和郭象圣人处玄冥之境、仁义为人性等说法。

以王弼、郭象为代表的玄学之性道思想已如上述,但他们沉迷于抽象思辨而对气论不甚重视。与之相对,还有一些学者继承汉代尤其是王充的思想,重点阐释了气论在性道思想中的作用。

"竹林七贤"之一的阮籍就将自然作为万物之本源:"天地生于自然,万物生于天地。自然者无外,故天地名焉。天地者有内,故万物生焉。"②在"天地开辟,万物并生"的过程中,由于气的运动变化,"一气盛衰,变化而不伤"③,"阴藏其气,阳发其精",逐渐成物成人:"人生天地之中,体自然之形。身者,阴阳之精气也",若"气分者,一身之疾也"④。只有"专气一志,万物以存"。⑤ 气是天与人的中介。

同为七贤之一的嵇康的元气论与阮籍相辅相成,他说:"夫元气陶

---

① 郭象:《庄子・骈拇注》,《四部备要》本。

② 阮籍:《达庄论》,《全三国文》卷四十五,载严可均辑:《全上古秦汉三国六朝文》,中华书局 1958 年版。

③ 阮籍:《达庄论》,《全三国文》卷四十五,载严可均辑:《全上古秦汉三国六朝文》,中华书局 1958 年版。

④ 阮籍:《达庄论》,《全三国文》卷四十五,载严可均辑:《全上古秦汉三国六朝文》,中华书局 1958 年版。

⑤ 阮籍:《大人先生传》,《全三国文》卷四十六,载严可均辑:《全上古秦汉三国六朝文》,中华书局 1958 年版。

铄,众生禀焉"。① 元气自身有着阴阳二仪,阴阳两气相互凝合变化,陶冶而成天地人物。由此可见,阮籍、嵇康等人是将自然一体之元气作为天地万物的本原。

在人性论中,阮籍、嵇康也坚持其自然、元气论:"人生天地之中,体自然之形。身者,阴阳之精气也,性者,五行之正性也。"②嵇康认为,人性本自元气故淳朴无亏而自然,只是由于内在的逐物之欲和外在的名教束缚导致天性丧真,既然性本自气,气为自然元气,故应"少私寡欲"以养性,"清虚静泰"以养生,"修性以保神,安心以全身"。③

就阮、嵇二人的思想而言,可以说是从实有层面的气论展开的。这一理路的弊病在他们的理论中也表现得十分明显,也就是说,他们虽然可以通过修性、养生而获得个体精神的自由,但却无法从其论述之人性中为生命的存在提供道德伦理的价值依据。正如张立文先生所言:"面对现实世界的苦难,阮、嵇激烈的批判儒家名教伦理,但人世又不能无社会伦理;他们高扬无知无欲的自然真性,但人又不能没有欲望,这便是佯谬。因为人既是自然的人又是社会的人;既有自我价值又有社会价值。"④

事实上这是每一个将气作为其理论中必不可少的环节的思想家都必然要面临的问题。如阮、嵇这样强调气的绝对性的思想家并不少见,杨泉也是其中的代表人物。

杨泉认为日月星辰都在充满气的无限空间漂浮运动:"元气浩大,则

① 嵇康:《明胆论》,《全三国文》卷五十,载严可均辑:《全上古秦汉三国六朝文》,中华书局 1958 年版。
② 阮籍:《达庄论》,《全三国文》卷四十五,载严可均辑:《全上古秦汉三国六朝文》,中华书局 1958 年版。
③ 嵇康:《养生论》,《全三国文》卷四十八,载严可均辑:《全上古秦汉三国六朝文》,中华书局 1958 年版。
④ 此节所引参见张立文:《中国哲学范畴发展史》(人道篇),中国人民大学出版社 1995 年版,第 111—114 页。

称皓天"，"成天地者，气也。"①天地无一不是由气构成。气既是一气，又具阴阳、刚柔、清浊之别。万物因气而成，故人亦为气："气陶化而播流，物受气而含生"②。"人含气而生，精尽而死，死犹澌也，灭也。"③杨泉作为一个自然科学家完全以气来阐释天、人。

南朝时期的儒学面临佛、道的挑战，尤其是佛学以般若学和涅槃学为代表的精致而庞大的思辨体系更使儒家心性论这一薄弱环节相形见绌。虽然儒学的正统地位并未动摇，但其在思想领域的权威性却由于理论的欠缺而招致怀疑。

在文化多元、思想开放的背景下，本着百虑而一致、殊途而同归的共识，三教学者朝着文化整合、会通三教的目的共同努力，其中的儒家学者多为南朝礼学家。在这些礼学家看来，礼是儒学六经大义、经典精华，在社会生活中具有理论和实践的意义，而在会通三教的过程中必须以儒家礼学为本。这是南朝儒学对现实挑战作出的反应。因此，南朝儒学在讨论性道问题时因与佛学发生尖锐争论而转化为形、神问题的讨论，这一转化也表明了儒学理论的深化。

另一方面，南北对峙使南朝面临北方的强大军事威胁。为了争取北方汉族对南朝正统性、合法性的认同，也为了使北方少数族统治者钦慕南朝文化的高度发展，南朝诸代均大力支持儒学，尤其是支持能够在上述领域发挥重大影响的礼学的发展。北齐的统治者就曾无可奈何地说，南朝梁武帝萧衍大兴礼乐，使得中原士大夫望之以为正朔所在。

综合整个性道思想的叙述，不难发现，时人对性道思想的着重点经历

---

① 杨泉：《物理论》，《全三国文》卷七十五，载严可均辑：《全上古秦汉三国六朝文》，中华书局1958年版。

② 杨泉：《蚕赋》，《全三国文》卷七十五，载严可均辑：《全上古秦汉三国六朝文》，中华书局1958年版。

③ 杨泉：《物理论》，《全三国文》卷七十五，载严可均辑：《全上古秦汉三国六朝文》，中华书局1958年版。

了一个由天道到自然,再由自然到心性的转变。

　　我在本章关于南朝的性道思想部分语焉不详,除其重心已移至形神问题外,主要是考虑到这是本书研究、论证的主要问题,故此略而言之。

第三章　南朝儒学之序幕：
王肃的儒学思想

东汉末年，两汉经学一蹶不振。作为两汉经学集大成者的郑玄及其学派的思想在这一时期成为显学。范晔论曰："（郑玄）括囊大典，网罗众家，删裁繁芜，刊改漏失，自是学者略知所归。"（《后汉书·郑玄传》卷三十五）清代著名学者俞樾曾不无感慨地说："两汉经师之学，至郑君而集大成。每发一义，无不贯穿群经。……士抱不其之书，户习司农之说。"①

而王肃及其学派能够在一个时期与之分庭抗礼，甚至在西晋初年超越郑学形成魏晋时期儒学史上著名的郑王之争。这场争论不只在当时，而且在后来的儒学发展史上也以不同的形式有所反映。这种反映表现为儒学史上出现对王肃儒学非常不同的评价。例如，唐太宗李世民在贞观二十一年的诏书中将王肃与左丘明、卜子夏、戴圣、孔安国、郑众、郑玄等并加褒崇，将其与颜回等配享孔子庙堂。（《旧唐书·儒学上》卷一百八十九）

清代著名学者皮锡瑞对王肃持完全否定的态度，对其思想和行为大加挞伐："两汉经学极盛，而前汉末出一刘歆，后汉末生一王肃，为经学之大蠹。"②

在唐代官方儒学看来，王肃是可以配享孔子庙堂的圣贤，而在清代儒

---

① 俞樾：《郑氏佚书序》，《郑氏佚书》，清袁钧辑，光绪戊子夏，浙江书局刊印。
② 皮锡瑞：《经学历史》，中华书局 1959 年版，第 159 页。

学代表人物皮锡瑞眼中,王肃则是儒家的罪人、"经学之大蠹"。这种对王肃儒学具有天壤之别的评价使人十分困惑、不知所从。

王肃的儒学思想内容是什么? 王肃及其学派在魏晋南北朝儒学发展史上的地位究竟如何? 郑王之争的本质和意义是什么? 这些都是本章需要解答的问题。

第一节　亮直多闻,能析薪哉

王肃(公元 195—256 年),三国魏东海(郡治今山东郯城西南)人,字子雍,年十八从宋衷读《太玄》而更为之解。魏文帝黄初年间为散骑黄门侍郎。魏明帝太和三年(公元 229 年)拜散骑常侍、以常侍领秘书监兼崇文馆祭酒、侍中、河南尹、太常、中领军等职,是当时思想、文化领域的领军人物。魏高贵乡公甘露元年(公元 256 年)卒,赠卫将军,谥曰景侯。

王肃一生高官显宦、在仕途上身名显赫,其性格也相当鲜明。《三国志》的作者陈寿在评价他时说:"夫王肃亮直多闻,能析薪哉。"以惜墨如金著称的陈寿给王肃冠以"亮直多闻"的评价确属中肯。所谓"亮直多闻"即指诚实正直、博学多闻。所谓"能析薪哉",是指其具有应对大事和巨变的能力。

关于王肃的诚实正直,有两条比较典型的史料。

其一,《王肃传》裴松之注引西晋太尉刘实的话说:"肃方于事上而好下佞己,此一反也;性嗜荣贵而不求苟合,此二反也;吝惜财物而治身不秽,此三反也。"(《三国志·王肃传》卷十三)

刘实为我们描绘了一个既相互矛盾、又相当真实的王肃形象。正是这个既矛盾又真实的王肃才是陈寿眼中那个诚实正直的王肃。

其二,《王肃传》载:"正始元年,(王肃)出为广平太守。公事徵还,拜议郎。顷之,为侍中,迁太常。时大将军曹爽专权,任用何晏、邓飏等。肃与太尉蒋济、司农桓范论及时政,肃正色曰:'此辈即弘恭、石显之属,复称说邪!'爽闻之,戒何晏等曰:'当共慎之! 公卿已比诸君前世恶人矣'。"(《三国志·王肃传》卷十三)

曹爽任大将军时掌握重权、一人之下万人之上,他重用的何晏更是一个年少轻狂之人。尽管王肃声名显赫,若要得罪曹爽、何晏之流也不是一件容易的事情。从上述史料看,王肃公然视何晏等人为恶人,且曹爽还专门提醒何晏等人,要"当共慎之"。可见王肃之"亮直",在曹爽何晏等人心中是得到承认的。这段史实是刘实所谓"性嗜荣贵而不求苟合"的最好诠释。

关于王肃的博学多闻,史料记载说他以学问渊博而闻名于世。据记载:魏青龙四年"选秘书监,诏秘书驺吏以上三百余人,非但学问义理,当用有威严能检下者,诏王肃以常侍领之。"(《三国志·王肃传》卷十三)晋人车胤曰:"魏及中朝多以侍中、常侍儒学最优者领之。"[1]按照车胤的说法曹魏时期的秘书监必须以当时"儒学最优者"为之。也就是说,王肃应该被认为是当时之"儒学最优者"之一。对王肃一向深恶痛绝的清代皮锡瑞也不得不承认说:"王肃之学,亦兼通今古文,肃父朗师杨赐,杨氏世传欧阳《尚书》,洪亮吉《传经表》以王肃为伏生十七传弟子。是肃尝习今文;而又治贾马古文学。"[2]根据清人马国翰辑《王子正论》的记载:魏廷遇有礼仪方面的疑难问题,常遣尚书向王肃求询。正是由于王肃兼通今古、学问渊博,他才能不囿旧说、遍考诸经,而后能自成一家之言,"采会同异,为《尚书》、《诗》、《论语》、《三礼》、《左氏》解,及撰定父朗所作《易传》,皆列于学官。其所论驳朝廷典制郊祀宗庙丧纪轻重凡百余篇。"(《三国志·王肃传》卷十三)

从上述记载来看,王肃一生著述甚丰,《隋书·经籍志》著录,约有二十余种,一百九十卷。除子部和集部各录一种外,其余都在经部。可惜这

---

① 杜佑:《通典》卷五十三,中华书局 1984 年版。
② 皮锡瑞:《经学历史》,中华书局 1959 年版,第 155 页。

些著作都已散佚,清马国翰的《玉函山房辑佚书》有辑本,计十五种,二十一卷。可见,王肃著作颇多,可惜佚亡了不少。保存下来的王肃的文字材料与同时代的学者相比较还算是丰富的,其中最重要的就是《孔子家语注》、《圣证论》和诸经注。

应该补充说明的是,一般认为王肃伪造《孔子家语》、《孔丛子》等书,并以此为根据撰《圣证论》以攻击郑学。笔者认为:这一公案在研究王肃的儒学思想方面并不是一个太大的问题。即使《孔子家语》和《孔丛子》是王肃所伪造,它们仍然可以被视为王肃儒学思想的第一手材料。如果《孔子家语》和《孔丛子》不是王肃所伪造,它们"与予(王肃)所论,有若重规叠矩"(《孔子家语·自序》),仍然可以被视为王肃儒学思想的根据。所以,《孔子家语》和《孔丛子》在本书中被认为是研究王肃儒学思想的重要材料。而其中王肃在《孔子家语》中的注释则无疑是王肃本人的第一手材料。

王肃之学识渊博源于其多元的知识背景。大体而言,王肃的儒家学说主要有四个方面的思想来源。

其一,东汉古文经学大师贾逵、马融之学问。

《三国志·王肃传》明确记载"初,(王)肃善贾、马之学"。可见,贾逵、马融的古文经学是王肃儒学的重要基础之一。作为古文经学大师的贾逵、马融的一个重要特征就是不看重经学家法和师法,他们同样精通今文经学,如贾逵"弱冠能诵《左氏传》及《五经》本文,以《大夏侯尚书》教授,虽为古学,兼通五家《穀梁》之说"(《后汉书·贾逵传》卷三十六)。马融同样精通今文经学,被誉"为世通儒"(《后汉书·马融传》卷六十上)。

正因为此,才会有皮锡瑞所谓"案王肃之学,亦兼通今古文。……是肃尝习今文;而又治贾、马古文学"。当王肃需要反驳郑玄的观点时,则"或以今文说驳郑之古文,或以古文说驳郑之今文"。[①] 这一说法也得到

---

① 皮锡瑞:《经学历史》,中华书局1959年版,第155页。

清代易学家张惠言的支持："（王）肃著书，务排郑氏，其托于贾马以抑郑而已。故于易义，马郑不同者则从马，马与郑同则并背马。"①

十分明显，王肃既精熟古文经学、又通悉今文经学。他能够根据自己的立场，在反驳对手观点的同时，构筑自己的思想框架。

其二，对其父王朗之家学的继承。

根据《王朗传》的材料，王朗字景兴。博通经义，以太尉杨赐为师。王朗著《易》、《春秋》、《孝经》、《周官》传，奏议论记，咸传于世。（《三国志·王朗传》卷十三）按照皮锡瑞的解释，能通悉经义的王朗以今文经学大家、太尉杨赐为师，杨赐世传今文经学的欧阳《尚书》，清代学者洪亮吉的《传经表》以杨赐为伏生十五传弟子，而以王朗、王肃为伏生十六、十七传弟子。② 由此推断，王朗、王肃是今文经学的嫡系传人。

另一方面，《后汉书》为我们提供了王朗家学的另一思想来源。《后汉书·王充传》注引《袁山松书》说：王充所作《论衡》，中土未有传者，蔡邕入吴始得之，恒秘玩以为谈助。其后王朗为会稽太守，又得其书，及还许下，时人称其才进。或曰，不见异人，当得异书。问之，果以《论衡》之益，由是遂见传焉。（《后汉书·王充传》卷四十九）

王朗为会稽太守时曾得到王充之《论衡》一书，学问由此大进。此书在中土未有传者，当王朗回到许昌后，时人称其才进。有人断言，王朗之才进，不是遇到了异人，就是得到了异书。由此可见，王充《论衡》一书对王朗家学有很大的影响，此书对王肃儒学的影响也就不言而喻了。

还有一点值得注意，庞朴先生提到虞翻对王朗、王肃的影响，"王朗任会稽太守时，曾以虞翻为僚属，彼此关系密切。在经义研讨方面，虞翻对王朗、王肃父子有所影响。"③我们从王肃在《易》注中引用虞翻的解释

① 张惠言：《易义别录》卷十一，载阮元辑：《皇清经解》，学海堂道光九年（1829）刊本。
② 皮锡瑞：《经学历史》，中华书局1959年版，第155页。
③ 庞朴主编：《中国儒学》第二卷，东方出版中心1997年版，第79页。

就可以看到这一影响。①

其三,来自荆州学派的影响。

《三国志·王肃传》说:王肃"年十八,从宋忠读《太玄》,而更为之解"。宋衷是当时的《太玄》学宗师,对《太玄》学的研究有很高的造诣。按照桓谭的说法:"扬雄作玄书(《太玄》)。以为玄者天之道也,言圣贤制法作事,皆引天道以为本统,而因附属万类王政人事法度。"(《后汉书·张衡传》卷五十九)王肃年轻时曾师从宋衷读《太玄》并为之解,他受到《太玄》新天人关系理论以及宋衷对新天人关系理论之新解释等两个层次的影响是没有疑问的。关于荆州学派的学术特点和宋衷的学术旨趣,汤用彤先生认为:"荆州儒生之最有影响者,当推宋衷。仲子不惟治古文,且其专长似在《太玄》。王肃从读《太玄》,李譔学源宋氏,作《太玄指归》。江东虞翻读宋氏书,乃著《明杨》《释宋》。"②

根据汤用彤先生的观点,宋衷的学术旨趣是"不惟治古文"。这个"不惟治古文"的宋衷是荆州学派的代表人物。以宋衷为核心的荆州学派就站在"不惟治古文"的立场上开启了汤用彤先生所谓喜张异议、自由解经之新义的新学风。

荆州学派之新学风的传承者,我们从史料中还发现了一个除王肃之外的代表人物。与王肃同样师从宋衷、"具传其业"的李譔,似乎是王肃在蜀国的翻版。《三国志·李譔传》记载:"李譔字钦仲,梓潼涪人也。父仁,字德贤,与同县尹默俱游荆州,从司马徽、宋忠等学。譔具传其业,又从默讲论义理,五经、诸子,无不该览。……著古文易、尚书、毛诗、三礼、左氏传、太玄指归,皆依准贾、马,异於郑玄。与王氏殊隔,初不见其所述,而意归多同。"(《三国志·李譔传》卷四十二)

以宋衷、王肃和李譔为代表的荆州学派,以《太玄》学为基础,以"不

---

① 李振兴:《王肃之经学》,华东师范大学出版社 2012 年版,第 29—38 页。
② 汤用彤:《王弼之周易论语新义》,载《汤用彤卷》,河北教育出版社 1996 年版,第729 页。

惟治古文"为立场，呈现出喜张异议、自由解经之新义的学术特点。

其四，来自郑玄经学的影响。

王肃在《孔子家语自序》中明确说到自己曾经研习郑玄经学："郑氏学行五十载矣，自肃成童，始志于学，而学郑氏学矣。"

根据李振兴所著《王肃之经学》对王肃思想来源的研究，认为王肃的思想兼采诸家，就《易》注、《尚书》注和《论语》注而言，不只王朗之家学和贾马之学，就是其所驳难的郑玄经学也是重要的思想渊源。李振兴统计了王肃诸经注的来源。他指出：王肃之《易》注采择于孟喜《易》注的有6条、京房的有5条、费直的有6条、马融的有20条、郑玄的有20条、荀爽的有3条、虞翻的有8条。① 王肃之《尚书》注，来自其父王朗传承伏生之学，同时采择司马迁《史记》的14条、马融的有43条、郑玄的有25条。② 王肃之《论语》注，采择其父王朗的有4条、马融的6条、郑玄的5条。③

综上所述，王肃继承贾马之学、其父王朗之家学以及郑玄经学的传统，博通今古文经学；其次，他深受王充《论衡》的影响，批驳谶纬神学；再次，王肃师从荆州学派之宋衷而精通扬雄的《太玄》之学，接受扬雄"天道以为本统"的新天人关系理论，以及荆州学派"喜张异议"的自由解经之新义的新学风；遂形成王肃具有义理色彩的新儒学。

由多元思想成分熏习而成的王肃儒学，却面对学术上郑玄学派一派独大的现状。皮锡瑞说："郑君博学多师，……闳通博大，无所不包，众论翕然归之，不复舍此趋彼。于是郑《易注》行而施、孟、梁丘、京氏《易》不行矣；郑《书注》行而欧阳、大小夏侯之《书》不行矣；郑《诗笺》行而鲁、齐、韩之《诗》不行矣；郑《礼注》行而大小戴之《礼》不行矣；郑《论语注》行而齐、鲁《论语》不行矣。"④

---

① 李振兴：《王肃之经学》，华东师范大学出版社 2012 年版，第 29—38 页。
② 李振兴：《王肃之经学》，华东师范大学出版社 2012 年版，第 143—151 页。
③ 李振兴：《王肃之经学》，华东师范大学出版社 2012 年版，第 748—752 页。
④ 皮锡瑞：《经学历史》，中华书局 1959 年版，第 149 页。

郑玄经学能够成功地整理、总结两汉经学而集其大成,一个重要原因就在于他立足于学术研究的立场而冲破了汉代经学师法、家法的束缚。然而,也正是这一原因导致郑玄经学无法阻止汉代经学体系的崩溃。用牟钟鉴先生的话说是:"郑玄经学缺乏哲学高度的整体思考,他是一位大学问家而非大思想家。"①

实际上郑玄经学在其鼎盛时期就受到当时学者的批判。虞翻曰:"北海郑玄、南阳宋衷,虽各立注,衷小差玄,而皆未得其门,难以示世。"(《三国志·虞翻传》卷五十七)他还具体指出郑玄所注五经违反经义的重大错误达157处之多。荆州学派的王璨尝因避难而依于刘表,观其《荆州文学记官志》②,对荆州学派谙熟而赞赏,他驳斥郑学很可能站在"喜张异议"的荆州学派具有义理性的自由解经之新义的角度。③

《三国志》的作者陈寿认为:与王肃同为荆州学派的李譔,当其诸经注的思想皆以贾、马之学为依准,而与郑玄之学迥异时,其主要原因在于李譔"讲论义理",且对五经、诸子采取兼收并蓄的立场。(《三国志·李譔传》卷四十二)

当时反对郑玄经学最力者莫过于王肃,他在《孔子家语·自序》中明确指出了这一点:"郑氏学行五十载矣。自肃成童,始志于学而学郑氏学矣。然寻文责实,考其上下,义理不安,违错者多,是以夺而易之。"

王肃反对郑玄学派的结果,是其遍考诸经,不囿旧说、而后自成一家之言,"采会同异,为《尚书》《诗》《论语》《三礼》《左氏》解,及撰定父朗所作《易传》,皆列于学官。其所论驳朝廷典制郊祀宗庙丧纪轻重凡百余篇。"(《三国志·王肃传》卷十三)王学与郑学可以分庭抗礼,甚至一度在官学占据优势。

关于王肃反对郑玄学派的原因,学术界主要存在这样几种观点:其

---

① 任继愈主编:《中国哲学发展史》(魏晋南北朝卷),人民出版社1988年版,第621页。
② 《艺文类聚》卷三十八,四库全书本。
③ 王璨批驳郑玄《尚书注》的文字已不传,唯略见于颜之推《颜氏家训·勉学篇第八》。

一,由于王肃"善贾、马之学"、"而不好郑氏",故站在贾、马之学的立场反对郑玄之学;其二,试图使自己对儒学经典的诠释成为官方承认的正统儒学思想;其三,是曹魏集团和司马氏集团之间的政治斗争在学术领域的反映;其四,王肃师承荆州学派而反对郑玄之学。

站在儒学思想发展史的角度来看,笔者认为第四种观点显然更为合理。换言之,王肃反对郑玄学派有其内在的逻辑原因。相较于外在的客观原因,王肃反对郑玄学派的内在逻辑原因显然更为重要。

荆州学派一致反郑的思想倾向在汤用彤先生的文章中表达得最为清晰。他说:"子雍(王肃)善贾马之学,而不好郑玄,仲子(宋衷)之道固然也……宋衷之学,异于郑君。王肃之术,故讦康成(郑玄)。"[1]宋衷、王肃都"不好郑玄",同为荆州学派的王燦、李譔也对郑玄之学表达了异议。他们对郑玄之学的"不好"或异议应该有其共通之处。由于宋衷、王燦留下的材料太少,无法表明他们各自的观点。但是,我们从李譔、尤其是王肃的材料里可以找到一点有关于此的蛛丝马迹。《三国志·李譔传》有一段十分有意思的文字:李譔"与王氏殊隔,初不见其所述,而意归多同。"李譔和王肃虽从未谋面,但两人师出同门,在思想上均表现为荆州学派具有义理性色彩的倾向。例如,李譔"讲论义理",王肃认为郑玄经学"义理不安"。他们都将儒学研究指向义理性的方向。正如贺昌群先生认为王肃反对郑玄:"盖欲超脱汉学繁琐之名物训诂,而返之于义理。"[2]

郑玄对两汉经学的继承和发展是无人企及的,但他似乎无法超越两汉经学而走向儒学发展的新方向。对于郑玄经学的这一困境,王肃看得非常清楚。他认为郑玄经学的最大问题就是"义理不安"。由于郑学义理不安,导致圣人之门方拥不通,孔氏之路枳棘充焉。两汉经学的崩溃使

---

① 汤用彤:《王弼之周易论语新义》,载《汤用彤卷》,河北教育出版社 1996 年版,第726 页。

② 贺昌群:《魏晋清谈思想初论》,商务印书馆 1999 年版,第 20 页。

天人之间的联系失去了理论依据,而郑学对此困境却无能为力。皮锡瑞在论述郑玄的治学方式时认为他是"据礼以证易"①,此系经验论的学术研究,对于构筑新天人观关系不大。

当儒家思想面临巨大挑战,而现实中的郑玄之学又无力应对这一挑战的时候,王肃之学以郑玄之学批判者的面目应运而生。王肃在批判郑玄之学的过程中逐步形成以新天人关系为主旨、以易学和礼学为主要内容的新儒学思想。正因为此,《三国志》的作者陈寿才给予王肃"能析薪哉"这一很高的评价。所以,以新天人关系为主旨的易学和礼学受到人们的重视也就可以理解了。

通过反对郑玄经学,王肃实现了儒学发展方向的改变。这一改变在儒学发展史上具有十分重要的意义。正是这一改变,开启了王肃儒学在易学和礼学领域的双峰并峙。进而言之,正是这一改变,开启了南朝儒学玄、礼并重的发展方向,从而使王肃的儒学思想成为南朝儒学思想发展之序幕。

第二节　王肃易,当以在玄、弼之间

南朝著名学者陆澄曾经说过:"王肃易,当以在(郑)玄(王)弼之间。"(《南齐书·陆澄传》卷三十九)郑玄是两汉经学的集大成者,为过去进行了总结;王弼则是魏晋玄学的始作俑者,为未来开辟了新方向。郑玄和王弼的《易》学思想,在各自的学术成就中均占有重要的地位。居于郑玄和王弼之间的王肃《易》学在这一时期的学术变迁中究竟发挥了什么作用,是一个令人感兴趣的问题。

两汉经学的崩溃使天人之间的联系失去了理论依据,而郑玄之学对

---

① 皮锡瑞:《经学通论》,中华书局 1954 年版,第 21 页。

此困境表现得无能为力。正如王肃在《孔子家语·自序》中所言，由于郑学义理不安，导致圣人之门方拥不通，孔氏之路枳棘充焉。为了构筑新天人观，以天人关系为主旨的《易》学受到人们的重视也就理所当然了。

王肃的《易》学思想主要受到荆州学派的宋衷《易》注、扬雄的《太玄》和王充的《论衡》等影响。根据张惠言在《易义别录》中的说法，宋衷的《周易注》"言乾升坤降、卦气动静，大抵出入荀氏（爽）"。但宋衷是当时的《太玄》学宗师，虽然《太玄》中包括许多卦气说的内容，按照桓谭的说法："扬雄作玄书（《太玄》）。以为玄者天之道也，言圣贤制法作事，皆引天道以为本统，而因附属万类王政人事法度。"（《后汉书·张衡传》卷五十九）王肃年轻时曾师从宋衷读《太玄》并为之解，他受到《太玄》的影响是没有疑问的。另一方面，王肃的父亲王朗为会稽太守时曾得到王充的《论衡》，王肃可能读过该书。《论衡》极力批驳谶纬神学，认为《尚书》、《周礼》、《左传》等经典"皆世儒之实书"①。所以，王肃很可能曾受宋衷、扬雄和王充的影响，遂形成以构筑新天人关系为主旨、具有义理色彩的王肃《易》学。

《隋书·经籍志》曰："后汉陈元、郑众皆传费氏之学，马融又为其传，以授郑玄。玄作《易注》，荀爽又作《易传》。魏代王肃、王弼并为之注。"朱伯崑先生补充说："郑玄解经虽属古文经学的传统，但又精通今文经学，而且以注纬书而闻名。荀爽虽不大讲阴阳灾变，但亦主卦气说。继承费氏易学的传统，排斥京房易学影响的是曹魏时期的王肃。"②

王肃的《周易注》已经具有了明显的排除章句、注重义理的风格。《易·坤卦》卦辞曰："西南得朋，东北丧朋。"王肃注曰："西南阴类故得朋，东北阳类故丧朋。"（《汉上易丛说》）张惠言释曰："阴阳类者，《说卦》之方。东与北，乾坎艮震阳卦；西与南，巽离坤兑，阴卦也。"

《易·损卦》上九爻辞曰："弗损，益之，无咎，贞吉，利有攸往，得臣，

---

① 王充：《论衡·案书篇第八十三》、《论衡·正说篇第八十一》，《诸子集成》本。
② 朱伯崑：《易学哲学史》第一卷，华夏出版社 1995 年版，第 197—198 页。

无家。"王肃注曰:"处损之极,损极则益,故曰不损,益之,非无咎也,为下所益,故无咎。据五应三,三阴上附,外内相应,上下交接,正之吉也,故利有攸往矣,刚阳居上,群下共臣,故曰得臣矣,得臣则万方一轨,故无家也。"①

王肃易学的义理性特点较之郑玄易学而言更具哲学和政治意味。而这种特点自刘歆以来已初露端倪。王充曾经说过:"刘子政(向)玩弄《左氏》,童仆妻子皆呻吟之。"②桓谭也说:"刘子政(向)、子骏(歆)、子骏兄弟子伯玉,俱是通人,尤重《左氏》,教授子孙,下至妇女,无不读诵。"(《新论·识通》)《汉书·楚元王传》曰:"初,《左氏传》多古学古言,学者传训故而已。及(刘)歆治《左氏》,引传文以解经,转相发明,由是章句义理备焉。"

刘歆不仅重视《左传》,还以《易传》比附《春秋》:"经元一以为始,《易》太极之首也;《春秋》二以目岁,《易》两仪之中也;于春每月书王,《易》三极之统也;于四时虽亡事、必书日月,《易》四象之节也;时月以建分至启闭之分,《易》八卦之位也。"(《汉书·律历志》卷二十一)"刘歆一系的经学家之推重《周易》,是为了用《周易》的文字来证明《左氏春秋》的可靠性。东汉魏晋的经学家在注释《左氏春秋》之余,往往要注《周易》与《论语》。"③

将《周易》经传和《春秋》经传《左传》相联系的传统在刘歆一系学者中未曾中断。需要强调的是:这种联系是导致义理易学形成的重要原因之一。如前所述,刘歆治《左传》引传解经而转相发明。其中引传解经的结果是产生《左传》的章句,转相发明的结果是产生《左传》的条例。三国时期的易学注重义理、轻视象数的趋势是受到《左传》条例影响的结果。《春秋左氏学》的条例日益增多而扩充到古文易学,从而使后者全面条例

---

① 李道平:《周易集解纂疏》,中华书局 1994 年版,第 380 页。
② 王充:《论衡·案书篇第八十三》,《诸子集成》本。
③ 王葆玹:《今古文经学新论》,中国社会科学出版社 1998 年版,第 189 页。

化或义理化。① 作为纯粹义理派哲学家的王弼撰《周易略例》这一史实应该是发人深省的。

《易传》是以义理性为主要特征的哲学著作。以《易传》诠释《周易》经文以及将《左传》条例移植入易学使人们对《周易》的研究逐渐义理化。在前述王肃的《周易注》中可以看到王肃不讲灾变、互体、吉凶等象数易学内容而以义理为主，以"《彖》、《象》二传，特别是《彖》解经文，以取义为主。王肃解易，亦主取义说，当不排斥取象，其取象只限于本卦上下二体，并以传文中的取象说解释之，又不同于汉易中的取象说。"②此一特点在王弼身上也十分明显：

《易·损卦》上九爻辞曰："弗损，益之，无咎，贞吉，利有攸往，得臣，无家。"

王肃注曰：处损之极，损极则益，故曰不损，益之，非无咎也，为下所益，故无咎。据五应三，三阴上附，外内相应，上下交接，正之吉也，故利有攸往矣，刚阳居上，群下共臣，故曰得臣矣，得臣则万方一轨，故无家也。③

王弼注曰：处损之终，上无所奉，损终反益。刚德不损，乃反益之而不忧于咎，用正而吉。不制于柔，刚德遂长，故曰弗损，益之，无咎，贞吉，利有攸往也，居上乘柔，处损之极，尚夫刚德，为物所归，故曰得臣，得臣则天下为一，故无家也。④

笔者案：王肃以爻位说和取义说释之，王弼则采用了王肃的注释。

另一方面，现实生活中对于天人关系的关注更加剧了义理化易学的发展。对于天人关系的关注是易学的传统，刘歆在《三统历》中坦言："故《易》与《春秋》，天人之道也"，"是故元始有象一也，《春秋》二也，三统三也，四时四也，合而为十，成五体。以五乘十，大衍之数也，而道据其一，其

① 王葆玹：《今古文经学新论》，中国社会科学出版社1998年版，第184—190页。
② 朱伯崑：《易学哲学史》第一卷，华夏出版社1995年版，第250页。
③ 李道平：《周易集解纂疏》，中华书局1994年版，第380页。
④ 楼宇烈：《王弼集校释》，中华书局1980年版，第423页。

余四十九,所当用也,故著以为数。"(《汉书·律历志》卷二十一)刘歆的言论实际上已经透露出义理化的气息,此一思想为后学所沿用。

作为王肃易学另一重要思想来源的扬雄也十分重视天人问题:"夫玄也者,天道也,地道也,人道也,兼三道而天名之,君臣父子夫妻之道。"①

王肃继承了上述思想。他在《易·系辞注》中解释"在天成象,在地成形"一句时沿用了马融、郑玄之注而谓"象"为"日月星"、"形"为"山川群物"。(《礼记正义·乐记第十九》)如果参照《孔子家语》的言论,我们将会发现王肃的注释颇有深意。《孔子家语》载:"哀公问:君子何贵乎天道也? 子曰:贵其不已也。如日月东西相从而不已也,是天道也。"王肃在注同篇"百姓之象也"时释曰:"言百姓之所法而行。"②由此可知,天所成之"象"是日月东西相从而不已的天道;地所成之"形"是山川群物自然而成之地道;百姓之象是人所法而行之人道。

在回答天道究竟为何的问题时,王肃与扬雄、王充的观点是一致的。"或问天。曰:吾子天与,见无为之为矣。或问:雕刻众形者,非天与? 曰:以其不雕刻也,如物刻而雕之,焉得力而给诸。"③王充在论天道无为、万物自生时也采用了与扬雄相似的方法。王肃在《孔子家语》中借孔子之口阐述了自己的天道观:"日月东西相从而不已也,是天道也;不闭而能久,是天道也;无为而物成,是天道也;已成而明之,是天道也。"④由此看来,王肃"天道无为"的思想是十分明确的。联系到他解释"百姓之象"的"百姓之所法而行"的议论,我们有理由确信王肃儒学在政治领域的倾向性。

前文已经说过,义理性易学兴盛的原因之一是人们对重构天人关系

---

① 扬雄:《太玄集释·玄图》卷十,中华书局 1998 年版。
② 王肃:《孔子家语·大婚解第四(注)》,上海古籍出版社 1991 年版。
③ 扬雄:《法言·问道》卷四,《诸子集成》本。
④ 王肃:《孔子家语·大婚解第四》,上海古籍出版社 1991 年版。

理论的需求,实际上,它受到重视还有一个重要原因,即政治需要。

王肃所生活的汉魏时期是"大姓名士处于左右政局的重要地位,……曹魏政权是一种贵族政权,西晋王朝则是以皇室司马氏为首的门阀贵族的联合统治。"①在贵族政权统治时期,只有反映贵族集团根本利益的思想体系才会受到统治者的支持。正是在此背景下,王肃易学得到长足发展。而这又与儒学中长期争论的"世卿制"问题有很大关系。

这场争论的焦点之一集中在春秋三传尤其是《左传》和《公羊传》上。一派以《公羊传》为依据,另一派则以《左传》为圭臬。他们争论的一个重要问题就是"世卿制"问题,即卿大夫的"世位"和"世禄"是否合理的问题。根据《诗经·大雅·文王疏》及《魏书·礼志》所引许慎《五经异义》佚文:"公羊、谷梁说,卿大夫世位则权并一姓,妨塞贤路,专政犯君,故经讥周尹氏、齐崔氏也。左传说,卿大夫皆得世禄,不得世位,父为大夫,死,子得食其故采。而有贤才,则复升父故位,故《左传》曰:官有世功,则有世族"。为了理解这一问题,我们不妨对比一下今古文经学所引经典分别是如何记载的:

(1)一派立论的根据是《公羊传》隐公三年条。

《公羊传》曰:尹氏者何? 天子之大夫也。其称尹氏何? 贬。何为贬? 讥世卿。世卿非礼也。

《左传》曰:夏,君氏卒,声子也。不赴于诸侯,不反哭于寝,不祔于姑,故不曰薨;不称夫人,故不言葬;不书姓,为公故曰君氏。

该派学者在反驳《左传》对此事的记载时谓其改经文之"尹氏"为"君氏"而强为之说。

(2)另一派立论的根据是《左传》隐公八年条。

《左传》曰:无骇卒,羽父请谥与族。公问族于众仲,众仲对曰:天子建德,因生以赐姓,胙之土而命之氏,诸侯以字为谥,因以为族。官有世

---

① 唐长孺:《魏晋南北朝隋唐史三论》,武汉大学出版社 1992 年版,第 47—50 页。

功,则有世族,邑以如之。公命以字为展氏。

《公羊传》曰:此展无骇也。何以不氏?疾始灭也,故终其身不氏。

此派学者以《左传》所载"官有世功,则有世族"为根据来论证世卿制度的合理性。

以《左传》和以《公羊传》为依据的两派经学围绕世卿制问题展开的激烈斗争从一定程度上反映了两派经学的政治倾向。这一政治倾向的差别导致以《左传》为依据的拥护世卿制的经学在魏晋时期的发展。王肃儒学继承了该派经学的学术传统和政治倾向,此点在其易学思想中也得到了反映。

王肃在《周易·震卦》卦辞"震惊百里,不丧匕鬯"的注中说:"在有灵而尊者莫若于天,有灵而贵者莫若于王;有声而威者莫若于雷,有政而严者莫若于侯。是以天子当乾,诸侯用震。地不过一同,雷不过百里,政行百里则匕鬯亦不丧;祭祀,国家大事,不丧,宗庙安矣。处则诸侯执其政,出则长子掌其祀。"①如果把这段文字与《孔子家语·大婚解》中"无为而物成是天道,已成而明之是天道"联系起来,我们不难推演出"天子当乾而无为,诸侯用震而有为"的主张,而"处则诸侯执其政"则说得再明确不过了。

王肃在《周易·睽卦》象辞"天地睽而其事同也"的注中说:"高卑虽异,同育万物。"他似乎在强调天地虽然高卑悬殊,在"位"的层面是不同的;然而它们同育万物,在"用"的层面却是相同的。所以,才有"睽之时用大矣哉"的赞叹。若将他解释震卦的言论与此卦相参照,似乎可以得出"天地之位睽而其用同,君臣之位睽而其用同。故君无为而臣有为,虽位睽而吉"的结论。

从上举两例来看,王肃的思想与支持世卿制、主张"官有世功,则有世族"的经学的政治思想是一脉相承的。这一政治思想顺应了论证门阀

① 张惠言:《易义别录》卷十一引《太平御览》,载阮元辑《皇清经解》,学海堂道光九年(1829)刊本。

士族的合法性、巩固贵族政权统治基础的时代要求。就儒学而言，王肃儒学在魏晋时期盛极一时，这与其政治倾向性是密切相关的。

《四库全书总目·经部总叙》曰："自汉京以后，垂二千年，儒者沿波，学凡六变。其初专门授受，递禀师承，非惟诂训相传莫敢问异。即篇章字句，亦恪守所闻，其学笃实谨严，及其弊也拘。王弼王肃稍持异议，流风以扇，或信或疑。"四库馆臣对王肃经学作用的提及是平实的。作为一个儒家学者，王肃的学术活动不仅使人们怀疑郑玄经学的权威性，更影响了王弼、何晏等魏晋玄学的代表人物。朱伯昆先生列举事例说明王弼易学受王肃易学的影响；[1]我们从何晏的《论语集解》中也可以发现许多采用王肃之说的地方；钟会受王肃的影响曾撰《易无互体论》。（《晋书·荀顗传》卷三十九）张惠言说：王弼注《易》，祖述肃说，特去其比附象象者。由此而论，则由首称仲子（宋衷），再传子雍（王肃），终有辅嗣（王弼），可谓一脉相传者也。[2]

应该强调的是，王肃毕竟是一个儒家学者，其学术核心是礼学而非易学。根据史料的记载，在王肃所注之经中，以三礼注数量最多，他在《孔子家语注》中也同样以礼学为重心。正由于此，王肃虽然提出了天道无为、诸侯用震的主张，却并没有加以系统化。这个任务将由摆脱了经学桎梏的玄学家来完成。

第三节　王肃礼学：达天道、顺人情之大宝

两汉儒学为维护大一统帝国提供了理论依据。但到东汉晚期时，动荡不安的社会状况和名存实亡的名教之治导致儒学的外部环境日趋恶化。更重要的是，两汉儒学中的今文经学、谶纬之学和古文经学无法适应

---

[1]　朱伯昆：《易学哲学史》第一卷，华夏出版社 1995 年版，第 247—248 页。

[2]　蒙文通：《经学抉原》，巴蜀书社 1995 年版。

社会现实的剧烈变化,他们或者严守家法师法、以烦琐的章句之学阐述一孔之见;或者专于考据,以训诂之学解释经典文献。这样一种局面使儒学与现实相脱节,导致儒学没有办法发挥其本应发挥的安身立命、经世致用即内圣外王的作用。

东汉末年的学者对礼十分重视。荀爽说:"昔者圣人建天地之中而谓之礼。礼者,所以兴福祥之本,而止祸乱之源也。人能枉欲从礼者,则福归之;顺情废礼者,则祸归之。"(《后汉书·荀淑传》卷六十二)郑玄多次强调:"为政在人,政由礼也。"(《礼记正义·中庸第三十一疏》引)"重礼所以为国本。"(《礼记正义·士冠礼疏》引)正是基于对礼的重视,郑学之核心实为礼学。孔颖达说得十分明白:"《礼》是郑学。"(《礼记正义·月令第六疏》)皮锡瑞也说:"郑学最精者《三礼》。"在荀爽看来,礼是兴福而止祸的本源。在郑玄眼中,礼是为政、治国的根本。它们虽然重要,却是礼在经世致用和外王层面的作用,而没有彰显其在安身立命和内圣层面可以发挥的作用。所以,尽管礼学确是郑学之核心和"最精者",但郑玄之礼学仍然拘泥于两汉儒学以有意志的、能够赏善罚恶的神性人格天为最终根据的礼学思想。

由于这一有意志的、能够赏善罚恶的神性人格天无法阻止自然灾害的频繁发生、现实社会的日趋腐朽等天灾人祸的反复出现,其赏善罚恶之神性必然受到人们的怀疑,而以这一有意志的、能够赏善罚恶的神性人格天为最终根据的礼学思想,自然成为一种毫无说服力的空洞理论。

正如王肃在《孔子家语序》中说:"郑氏学行五十载矣。……然寻文责实,考其上下,义理不安,违错者多。"

既然郑玄礼学"义理不安,违错者多",王肃自觉成为郑玄礼学的批判者。在批判郑玄礼学时,王肃主要是以《孔子家语》为立论根据,并结合自撰的《圣证论》以及对诸经的注释构筑自己的礼学思想。

王肃在谈到以《孔子家语》为自己礼学思想之立论根据的理由时说:

"孔子二十二世孙有孔猛者,家有其先人之书,昔相从学,顷还家,方取以来,与予所论,有若重规矩。……而予从猛得斯论,已明相与孔氏之无违也。"①在这里可以知道,王肃明确表达了自己与孔氏思想之无违,有若重规叠矩。也就是说,《孔子家语》的思想完全可以作为王肃本人的思想加以阐发。进而言之,王肃是以孔子思想正统继承者的身份批判郑玄礼学并阐发自己的礼学思想的。

实际上,作为魏晋时期儒学思想的代表人物之一,王肃之学的核心部分就是他的礼学思想。此点不仅在《孔子家语注》、《圣证论》等著作中十分明显,而且从他的遍注诸经当中可以发现其礼学注疏数量最多②,清人严可均所辑《全三国文》中王肃部分大多也是关于礼的议论。

王肃礼学是建立在其天道观基础之上的。《孔子家语》曰:"万物本于天,人本乎祖,郊之祭也,大报本反始也,故以配上帝。天垂象,圣人则之,郊所以明天道也。"王肃在注释"郊"之名时说:"筑为圜丘,以象天自然。"③此处所谓天性自然是就其表象而言的。天道自然是我们可以感觉得到的。而《孔子家语》中的孔子称赞圣人之德若天地,而天地之德"无他,好生故也"。④则是就天道之本性而言的。关于此点,王肃解释得十分明确:"五帝,五行之神,佐生物者。……上天以其五行佐成天事,谓之五帝。"⑤可以看到,"生物"和"天事"是同义语,"好生"是谓天道,只有"好生"的本性才会呈现"自然"的表象。所以,王肃才会说:"取天地之性,以自然也。"⑥

天道如何实现其"好生"之本性是王肃天道观的重要内容。他在《圣

---

① 王肃:《孔子家语·序》,上海古籍出版社1991年版。
② 章权才:《魏晋南北朝隋唐经学史》,广东人民出版社1996年版,第58—59页。
③ 王肃:《孔子家语·郊问第二十九》,上海古籍出版社1991年版。
④ 王肃:《孔子家语·好生第十》,上海古籍出版社1991年版。
⑤ 王肃:《孔子家语·五帝第二十四》,上海古籍出版社1991年版。
⑥ 王肃:《孔子家语·郊问第二十九》,上海古籍出版社1991年版。

证论》中引用汉代人伪造的孔子之言曰:"天有五行,木火金水土,分时化育,以成万物。"①他详细解释说:"一岁三百六十日,五行各主七十二日也。化生长育,一岁之功,万物莫敢不成。……五行更王,终始相生。始以木德王天下,其次以生之行转相承。"②他在另一处还补充说:"五行终则复始,故事可修复也。"③正是在上述思想的前提下,王肃才明确指出:"上天以其五行佐成天事。"④

我们从《孔子家语·本命解第二十六》中可以发现王肃对人道之性命观的阐释是与其天道观遥相照应的。从中可以看到作为规范人道的"礼"与彰显天道的"生"在本质上是一致的,原文云:"分于道,谓之命;形于一,谓之性。"王肃注曰:"分于道,谓始得为人。人各受阴阳以刚柔之性,故曰形于一也。"⑤

他在注释"故人者,天地之心,而五行之端"一句时说:"人,有生最灵;心,五藏最圣;端,始也,能用五行也。"⑥

由此可以得出这样一个判断:作为有生最灵的人能够认识并应用五行之道。而"上天以其五行佐成天事,谓之五帝","五帝,五行之神,佐生物者。"⑦我们可以将其简化为:

天——→五行——→生

人——→五行——→生

王肃将天人很好地结合起来了:"爱政而不能爱人,则不能成其身;不能成其身,则不能安其土;不能安其土,则不能乐天。"⑧王肃将"天"释为"天

---

① 马国翰:《玉函山房辑佚书》。
② 王肃:《孔子家语·五帝第二十四》,上海古籍出版社1991年版。
③ 王肃:《孔子家语·礼运第三十二》,上海古籍出版社1991年版。
④ 王肃:《孔子家语·五帝第二十四》,上海古籍出版社1991年版。
⑤ 王肃:《孔子家语·本命解第二十六》,上海古籍出版社1991年版。
⑥ 王肃:《孔子家语·礼运第三十二》,上海古籍出版社1991年版。
⑦ 王肃:《孔子家语·五帝第二十四》,上海古籍出版社1991年版。
⑧ 王肃:《孔子家语·大婚解第四》,上海古籍出版社1991年版。

道"①,将"成其身"释为"礼"②,将"爱"释为"不忘其所由生"③。在王肃
的语境中,我们可以将上述一段话译为:人能不忘生,则有礼;有礼,则乐
天道。由此可见,"礼"既是天与人的中介,也是认识天道与人道之本质
的方法。"礼"从根本上说亦为"生"。因此,使人们理解"生"义的礼应
当是礼学中最重要的内容。

《孔子家语》曰:"郊社之礼,所以仁鬼神也;禘尝之礼,所以仁昭穆
也;……明乎郊社之义、禘尝之礼,治国其如指诸掌而已。"④郊社是事天
之礼,禘尝是敬祖之礼。事天敬祖是礼的最重要的核心内容,体现了礼的
本质。唐人杜佑曾说:"故郊以明天道也。"⑤"缘生以事死,固天道之成而
设禘祫之享,皆合先祖之神而享之。"⑥所以,研究王肃关于郊社之礼和禘
尝之礼的观点可以帮助我们了解其礼学思想之主流。令人感兴趣的是,
儒学史上著名的"王郑之争"所争论的重点问题之一就是郊社之礼和禘
尝之礼。

第一,关于郊禘关系。郑玄在《礼记·祭法注》中说:"禘谓祭昊天于
圜丘也,祭上帝于南郊曰郊,祭五帝五神于明堂曰祖宗。"在郑玄看来,禘
祭是祭祀典礼当中最隆重的一种而高于郊、祖之祭,他还由此发挥:"冬
至圜丘名禘,配以喾。启蛰祈谷名郊、配以稷。"这就是"禘为祀天帝,郊
为祈农事"一说的由来⑦。

郑玄是"禘大于郊"之说的主要代表人物。王肃明确反对这一主张:
"郑玄以《祭法》禘黄帝及喾为配圜丘之祀。《祭法》说禘无圜丘之名,

① 王肃:《孔子家语·大婚解第四》,上海古籍出版社 1991 年版。
② 王肃曰:"礼之于人身,所以养成人也。"见《孔子家语·礼运第三十二》,上海古籍出版社 1991 年版。
③ 王肃曰:"民能不忘其所由生,然后能相爱也。"见《孔子家语·哀公问政注》,上海古籍出版社 1991 年版。
④ 王肃:《孔子家语·论礼第二十七》,上海古籍出版社 1991 年版。
⑤ 杜佑:《通典》卷四十二,中华书局 1984 年版。
⑥ 杜佑:《通典》卷四十九,中华书局 1984 年版。
⑦ 王葆玹:《今古文经学新论》,中国社会科学出版社 1997 年版,第 336 页。

《周官》圜丘不名为禘,是禘非圜丘之祭也。……按《尔雅》云:'禘,大祭也'绎,又祭也。皆祭宗庙之名,则禘是五年大祭先祖,非圜丘及郊也。……知禘配圜丘非也,又《诗·思文》后稷配天之颂,无帝喾配圜丘之文,知郊则圜丘,圜丘则郊。所在言之,则谓之郊;所祭言之,则谓之圜丘。"(《礼记正义·郊特牲第十一》引《圣证论》)

针对郑玄所说禘为祀天、郊为祈谷的观点,王肃认为"鲁以冬至郊天,至建寅之月又郊以祈谷,故《左传》云:'启蛰而郊'又云'郊祀以祈农事'。是二郊也"。"《郊特牲》云:周之始郊日以至。《周礼》云:冬至祭天于圜丘。知圜丘与郊是一也。言始郊者,冬至阳气初动,天之始也。对启蛰及将郊祀故言始。《孔子家语》云:……孔子对之与此《郊特牲》文同,皆以为天子郊祀之事。"(《礼记正义·郊特牲第十一》)

《孔子家语》对此的议论比较清楚:"郊之祭也,迎长日之至也。大报天而主日,配以月,故周之始郊,其月以日至,其日用上辛,至于启蛰之月,则又祈谷于上帝。此二者,天子之礼也。鲁无冬至大郊之事,降杀于天子,是以不同也。"①

王肃在现实生活中也坚持这一主张:"王者各以其礼制事天地。今说者据《周官》单文为经国大体,惧其局而不知弘也,……天地之性贵质者,盖谓其器之不文尔,不谓庶物当复减之也。《礼》:'天子宫县。舞八佾。'今祀圜丘方泽,宜以天子制,设宫县之乐、八佾之舞。"(《宋书·乐志一》卷十九)

根据《圣证论》及其所引《孔子家语》的说法,冬至之大郊、启蛰之祈谷均为天子之礼,而《左传》、《周官》所说鲁国行此二礼,所以王肃释"夫鲁之郊及禘皆非礼"曰"言失于礼而亡其义"。②

我们从《礼记正义·郊特牲第十一》疏引《圣证论》可以发现:郑学论证"禘大于郊"之说的经典根据十分庞杂,既包括《周礼》、《左传》等古文

① 王肃:《孔子家语·郊问第二十九》,上海古籍出版社1991年版。
② 王肃:《孔子家语·礼运第三十二》,上海古籍出版社1991年版。

经,也包括《公羊》、《谷梁》等今文经,甚至以《易纬》作为立论的根据。这种没有坚实基础的旁征博引将会导致其理论体系中矛盾的存在。尤其是郑玄以谶纬为根据推演论证,实为妄断。矛盾的存在和论据的虚妄使郑学"禘大于郊"的论点站不住脚。王肃在辩难时则以《周礼》、《左传》、《孔子家语》为根据,他站在新儒学的立场,揭露郑学的自相矛盾和荒诞论据,从根本上否定郑学"禘大于郊"的论点。

关于这一问题,后世仍有争论。刘宋时期的学者朱膺之同意王肃的观点:"案先儒论郊,其议不一。……诸儒云:圜丘之祭以后稷配,取其所在名之曰郊,以形体言之谓之圜丘。名虽有二,其实一祭。"(《宋书·礼志三》卷十六)萧梁时期的著名学者何胤则坚持郑玄郊丘是二非一的主张:"圜丘国郊,旧典不同。南郊祠五帝灵威仰之类,圜丘祠天皇大帝、北极大星是也。往代合之郊丘,先儒之巨失。今梁德告始,不宜遂因前谬。"(《梁书·何胤传》卷五十一)其议未被采纳。由此可以反证郊丘合一的制度不仅在两晋,而且在南朝时期也被采用。

有一段史料可以清楚地说明这一问题:北魏天平四年,李业兴出使萧梁,梁散骑常侍朱异与他有一段对话:"朱异问业兴曰:'魏洛中委粟山是南郊邪?'业兴曰:'委粟是圜丘,非南郊。'异曰:'北间郊、丘异所,是用郑义,我此中用王义。'业兴曰:'然,洛京郊、丘之处专用郑解'。"(《魏书·李业兴传》卷八十四)①我们从史籍中可以知道李业兴所言不虚,自北魏道武帝"亲祀上帝于南郊,……其后,冬至祭上帝于圜丘,夏至祭地于方泽,用牲币之属与二郊同"。(《魏书·礼志一》卷一百八)

第二,关于禘祫关系。根据郑玄《鲁礼·禘祫志》之说,郑玄认为禘祫为四时祭以外的大祭;禘祭分祭于各庙,祫祭将所有毁庙之主及未毁庙之主合祭于太祖庙;禘祭大于四时祭、小于祫祭。② 这一观点与古文经学

① 需要强调的是,我们在《隋书·礼仪志一》中看到这样的记载:"梁陈以减,以迄乎隋,……郊丘互有变易。"待考。

② 钱玄:《三礼通论》,南京师大出版社1996年版,第471—473页。

大相径庭,贾逵、刘歆曾曰:"禘祫,一祭二名,礼无差降。"①"左氏说及杜元凯皆以禘为三年一大祭在太祖之庙。《传》无祫文,然则祫即禘也,取其序昭穆谓之禘,取其合聚群祖谓之祫。"(《礼记正义·王制第五》)郑玄提出"禘小于祫"的前提是"三年一祫,五年一禘",但此前提不见于先秦经传和古籍而见载于《公羊传·文公二年》:"大祫者何? 合祭也。其合祭奈何? 毁庙之主陈于大祖,未毁庙之主皆升,合食于大祖。五年而再殷祭。"以及何休注:"殷,盛也,谓三年祫、五年禘。"《公羊传》和《何休注》均本《礼纬》之说,《南齐书·礼志上》卷九引《礼纬·稽命征》曰:"三年一祫,五年一禘。"《诗·商颂·长发》孔颖达疏:"郑《驳异义》云:三年一祫,五年一禘,百王通义。以为《礼谶》云:殷之五年殷祭,亦名禘也。"②

王肃对郑玄之说加以反驳说:"如郑元(玄)言,各于其庙,则无以异四时常祀,不得谓之殷祭,以粢盛百物,丰衍备具,为殷之者。夫孝子尽心于事亲,致敬于四时,比时具物,不可以不备,无缘俭于其亲累年,而后一丰其馈。夫谓殷者,因以祖宗并陈,昭穆皆列故也。设以为毁庙之主皆祭谓殷者,夫毁庙祭于太祖,而六庙独在其前,所不合宜,非事之理。……禘祫殷祭,群主皆合,举祫则禘可知也。《论语》孔子曰:'禘自既灌而往者,吾不欲观之矣'。所以特禘者,以禘大祭,故欲观其盛礼也。禘祫大祭,独举禘,则祫亦可知也。于《礼记》则以祫为大,于《论语》则以禘为盛,进退未知其可也。……郑元(玄)以为禘者各于其庙,原其所以,夏、商祭曰禘,然其殷祭亦名大禘,《商颂·长发》是大禘之歌也。至周改夏祭曰礿,以禘唯为殷祭之名,周公以圣德,用殷之礼,故鲁人亦遂以禘为夏祭之名,是以《左传》所谓'禘于武宫',又曰'蒸尝禘于庙',是四时祀非祭之禘也。郑斯失矣。至于经所谓禘者,则殷祭之谓,郑据《春秋》,与大义乖。"③

---

① 杜佑:《通典》卷四十九,中华书局 1984 年版。
② 钱玄:《三礼通论》,南京师大出版社 1996 年版,第 481 页。
③ 杜佑:《通典》卷四十九,中华书局 1984 年版。

　　两人在禘祫关系上的争论持续到南北朝时期。北魏王朝就曾对此进行过讨论，郑、王二派的学者互不相让，最后只好以皇帝的名义综合二派观点钦定禘祫之礼，从中可以了解郑玄、王肃的主张在现实中的影响："今互取郑王二义，禘祫并为一名，从王；禘是祭圜丘大祭之名，上下同用，从郑。若以数则黩，五年一禘，改祫从禘，五年一禘则四时尽禘，以称今情。禘则依《礼》文，先禘而后时祭。便即施行，著之于令，永为世法。"（《魏书·礼志一》卷一百八）

　　郑玄论述禘祫关系的经典根据是《公羊传》和《礼纬》，这里除去郑玄以谶纬为据而成妄言外，"禘大于郊"和"禘小于祫"之间难以自圆其说。他在《礼记注》中认为禘谓祭天，而在《禘祫志》中又认为禘祭是分祭于各庙，依此，在各庙中祭天是难以想象的。另外，若"禘小于祫"则祭天之礼势必低于祭祖之礼，这也是不合礼法的。王肃论证的根据则是古文逸礼《禘于太庙》（《礼记正义·王制》孔颖达疏引《圣证论》），他对郑玄"禘小于祫"论点的批驳是令人信服的。

　　综合以上所说可知，王肃反驳郑学在郊禘关系和禘祫关系上的虚诞，以郊、丘为一和禘祫合一之说贯彻其礼学的主张。他之所以与郑玄在郊禘关系和禘祫关系等问题上发生激烈争论，是因为祭天祀祖之礼乃礼学之核心问题和理论根据，任何礼学思想都能以此为依据而推演其体系。另一方面，祭天祀祖之礼又是现实政治活动中最重要的仪式之一，它的正确与否甚至关系到一个王朝是否为天之所命、国之正统，其政治意义是不言而喻的。

　　更具意义的是王肃的主张淡化了祭祀的宗教色彩，从而彰显了人道在祭礼中的重要性。这一点我们可以在南朝萧梁时期的著名礼学家何佟之的议论中得到印证："今之郊祭，是报昔岁之功，而祈今年之福。故取岁首上辛，不拘立春之先后。周冬至于圜丘，大报天也。夏正又郊，以祈农事，故有启蛰之说。自晋太始二年并圜丘、方泽同于二郊，是知今之郊禋，礼兼祈报，不得限于一途也。"（《隋书·礼仪志一》卷六引）

笔者认为,王肃反驳郑学在郊社之礼和禘尝之礼方面的观点是为其批判郑玄的六天说寻找根据,从而论证自己的天道观。《礼记正义·郊特牲》疏引《圣证论》以天体无二,郊即圜丘、圜丘即郊,……"郑氏(玄)谓天有六天。天为至极之尊,其体只应是一,而郑氏以为六者,指其尊极清虚之体,其实是一。论其五时,生育之功,其别有五,以五配一,故为六天,据其在上之天谓之天。天为体称。故《说文》云天体也;因其生育之功谓之帝,帝为德称也,故《毛诗传》云审谛如帝。"

如前已述,北朝始终遵循郑玄郊丘分离的主张。因大力推行汉化政策而名垂青史的北魏孝文帝就此所发议论可以反证笔者的观点:他认为六宗必是天皇大帝及五帝之神,"今祭圜丘,五帝在焉,故称'肆类上帝,埋于六宗',一祭而六祀备焉。"(《魏书·礼志一》卷一百八)

王肃通过对郊祀禘尝之礼的研究来论证天体无二、道性合一、天道无为好生的观点。另一方面,人道则天而行且"人道,政为大",他煞费苦心将天道之"好生"与人道之"重礼"联系起来,目的之一就是为其"无为之政"的主张提供依据。

王肃的政治观是其礼学思想的推展。

王肃在注释《家语》所谓"人生有气有魄。气者,人之盛也;魄者,鬼之盛也"时说:"合神鬼而事之者,孝道之至。孝者,教之所由生也。"①这是王肃对礼的现实作用的基本看法。

他进一步阐述自己的观点说:"礼以忠信为本。"②

对于"忠",他说:"情不相亲,则无忠诚。"③"奉祖庙弥近弥亲,弥远弥尊,仁义之道也。"④可见王肃将"忠"寓于亲亲尊尊的仁义之道中了。对于"信",他说:"夫信之于民,国家大宝也。仲尼曰:'自古皆有死,民非

---

① 王肃:《孔子家语·哀公问政第十七》,上海古籍出版社1991年版。
② 王肃:《孔子家语·致思第八》,上海古籍出版社1991年版。
③ 王肃:《孔子家语·致思第八》,上海古籍出版社1991年版。
④ 王肃:《孔子家语·礼运第三十二》,上海古籍出版社1991年版。

信不立'。"(《三国志·王朗传》卷十三)

王肃引经据典以论证自己的观点:"唐虞之设官分职,申命公卿,各以其事,然后惟龙为纳言,犹今尚书也,以出纳帝命而已。夏殷不可得而详。《甘誓》曰:'六事之人',明六卿亦典事者也。《周官》则备亦,五日视朝,公卿大夫并进,而司士辨其位焉。其《记》曰:'坐而论道,谓之王公;作而行之,谓之士大夫'。"(《三国志·王肃传》卷十三)

同样的观点也反映在他对《周易·震卦》卦辞"震惊百里,不丧匕鬯"的注中:"在有灵而尊者莫若于天,有灵而贵者莫若于王;有声而威者莫若于雷,有政而严者莫若于侯。是以天子当乾,诸侯用震。地不过一同,雷不过百里,政行百里则匕鬯亦不丧;祭祀,国家大事,不丧,宗庙安矣。处则诸侯执其政,出则长子掌其祀。"①

从以上的论述可以发现,王肃在强调天子当乾、王公坐而论道的同时,又主张诸侯用震、士大夫作而行之。换句话说,王肃在政治上是主张天子无为而诸侯士大夫有为的,这一观点用《孔子家语》中的说法就是"天子以德为车,以乐为御,诸侯以礼相与,大夫以法相序,士以信相考,百姓以睦相守,天下之肥也,是谓大顺。顺者,所以养生送死,事鬼神之常也"。②

综上所述,王肃的礼学思想主要是由其天道观、礼论和政治观三部分组成,是在与郑学相互辩难的过程中逐渐形成的。王肃之学在西晋时颇占优势,可以认为政治因素起了很大作用。但王肃之学的义理性特征、人文化倾向代表了儒学的历史发展方向,其学术成就是应当得到承认的。皮锡瑞所谓宋代以后的经学舍郑从王的事实就是最明显的一个例证。

---

① 张惠言:《易义别录》卷十一引《太平御览》,载阮元辑:《皇清经解》,学海堂道光九年(1829)刊本。

② 王肃:《孔子家语·礼运第三十二》,上海古籍出版社1991年版。

第四章　刘宋儒学探析:颜延之、宗炳思想

宋代学者叶适有一段十分深刻的议论:"汉兴,而天下之人意其有在于《六经》,孔氏之所录者,于是《礼》、《易》、《诗》、《书》分门为师,补续简编之断缺,寻绎章句之同异,因而为言者又数百家。当其时,大合诸侯于石渠、白虎之殿,九卿承制难问,天子称制临决,莫不自以为至矣,而道终不可明。故晋求之老庄,梁求之佛,其甚也使人主忘天下之富贵而听役于其言,忠智贤明之士因之以有得者,亦莫不自足于一世。"①

正如叶适所言,两汉儒学为维护大一统帝国提供了理论依据。但到东汉晚期时,动荡不安的社会状况和名存实亡的名教之治导致儒学的外部环境日趋恶化。更重要的是,以董仲舒的天人感应论、东汉的谶纬之学为代表的今文经学和以郑玄为代表的古文经学无法适应社会现实的剧烈变化,他们或者严守家法师法、以烦琐的章句之学阐述一孔之见;或者专于考据,以训诂之学解释经典文献。这样一种局面使儒学思想与现实相脱节,导致儒学没有办法发挥其本应发挥的安身立命、经世致用即内圣外王的作用。

另一方面,作为家族之德的孝义、对宗族乡党的友义、对上司的节义,这些德目都需要儒学赋予其伦理的基础才能成为支配现实的行为准

---

① 叶适:《叶适集·水心别集》卷七,中华书局1985年版。

则。^① 但是现实的情况是儒学思想自身都失去了道的根据,又何谈其他呢。

第一节　颜延之、宗炳和何承天之生平

南朝著名历史学家沈约在《宋书》中有一段"史臣曰",对刘宋时期儒学状况议论说:"自黄初至于晋末,百余年中,儒教尽矣。高祖受命,议创国学,宫车早晏,道未及行。迄于元嘉,甫获克就,雅风盛烈,未及曩时,而济济焉,颇有前王之遗典。天子鸾旗警跸,清道而临学馆,储后冕旒黼黻,北面而礼先师,后生所不尝闻,黄发未之前睹,亦一代之盛也。"(《宋书》卷五十五)

但是《梁书》却说:"以迄于宋、齐,国学时或开置,而劝课未博,建之不及十年,盖取文具,废之多历世祀,其弃也忽诸。乡里莫或开馆,公卿罕通经术。朝廷大儒,独学而弗肯养众;后生孤陋,拥经而无所讲习。三德六艺,其废久矣。"(《梁书·儒林传》卷四十八)

可以说,尽管当时的现实是"儒教尽矣",且统治者仍然试图振兴儒学,结果并不如人意。

作为当时士大夫阶层颇具代表性的人物,颜延之、宗炳和何承天的思想及其变化倾向颇具典型意义,从中可以窥见刘宋时期儒学思想之一斑。

颜延之(公元384—456年),字延年,琅琊临沂人。曾祖父颜含,被列入《晋书·孝友传》,以"儒素笃行"著称。祖父颜约"有声誉"。(《晋书·颜含传》卷八十八)父亲颜显早亡。故颜"延之少孤贫,居负郭,室巷甚陋。好读书,无所不览,文章之美,冠绝当时"。(《宋书·颜延之传》卷

---

① ［日］谷川道雄:《六朝时期的名望家支配》,载《日本学者研究中国史论著选译》(二),高明士、邱添生、夏日新等译,中华书局1993年版,第155页。

七十三)

颜延之在刘宋时期以文学著名,与谢灵运并称"颜谢",加上鲍照又被称为"元嘉三大家"。与此同时,颜延之在儒学思想方面同样造诣匪浅。史载"雁门周续之隐庐山,儒学著称。永初中,征诣都下,开馆以居之。武帝亲幸,朝彦毕至。延之官宫列卑,引升上席。上使问续之三义,续之雅仗辞辩,延之每以简要连挫续之。上又使还自敷释,言约理畅,莫不称善"。(《南史·颜延之传》卷三十四)

颜延之对玄学也颇有研究,尤其对王弼之玄学十分推崇:"《易》首体备,能事之渊。马陆得其象数,而失其成理;荀王举其正宗,而略其数象。四家之见,虽各为所志。总而论之,情理出于微明,气数生于形分。然则荀王得之于心,马陆取之于物,其无恶迄可知矣。夫象数穷则太极著,人心极而神功彰。若荀王之言易,可谓极人心之数者也。"①

但是颜"延之性既褊激,兼有酒过,肆意直言,曾无遏隐,故论者多不知云。居身清约,不营财利,布衣蔬食,独酌郊野,当其为适,旁若无人"。(《宋书·颜延之传》卷七十三)

由于颜延之负其才辞,不为人下,加上他好酒疏诞,不能斟酌当世,每犯权要。导致当时权臣傅亮"甚疾焉"、徐羡之等"意甚不悦",刘湛"深恨焉",从而远徙偏郡,时人议之为"所谓俗恶俊异,世疵文雅"。颜延之在《吊屈原文》中抒发自己的愤懑之情:"兰薰而摧,玉贞则折。物忌坚芳,人讳明洁。"他还作《五君咏》以述竹林七贤,山涛、王戎以贵显被黜,咏嵇康曰:"鸾翮有时铩,龙性谁能驯。"咏阮籍曰:"物故可不论,途穷能无恸。"咏阮咸曰:"屡荐不入官,一麾乃出守。"咏刘伶曰:"韬精日沉饮,谁知非荒宴。"此四句,盖自序也。(《宋书·颜延之传》卷七十三)

我们从颜延之的经历看,其仕途颇为坎坷,很长一段时间都陷入当时的政治漩涡中无法自拔。残酷的现实使之萌生退隐之意:"臣延之人薄

---

① 颜延之:《庭诰》,《太平御览》卷六百八,《四库全书》本。

宠厚,宿尘国言,而雪效无从,荣牒增广,历尽身彤,日叨官次,虽容载有途,而妨秽滋积。早欲启请余算,屏蔽丑老。但时制行及,归慕无赊。"(《宋书·颜延之传》卷七十三)

宗炳(公元375—443年),字少文,南阳涅阳人。根据《宋书·宗炳传》的记载,宗炳自始至终是一个隐士,所以《宋书》才将其归入《隐逸传》。但他"居丧过礼,为乡闾所称"、"妙善琴书,精于言理";自陈是"栖丘饮谷,三十余年"。曾经"入庐山,就释慧远考寻文义",最终虔信佛学。

尽管释慧远是当时的佛学领袖,但其始终主张儒、释、道三教合一、相得益彰,共同追求圣人之意:"因此而求圣人之意。则内外之道可合而明矣。"①

作为慧远的俗家弟子,宗炳同样主张儒释道三教殊途同归、习善共辙。他在《明佛论》中说:"彼佛经也,包五典之德,深加远大之实;含老庄之虚,而重增皆空之尽。"正因为此,"是以孔老如来虽三训殊路。而习善共辙也。"②

与宗炳交往密切且有史料可查者有周续之、雷次宗、何承天等人。《高僧传》记载:"彭城刘遗民、豫章雷次宗、雁门周续之、新蔡毕颖之、南阳宗炳、张莱民、张季硕等,并弃世遗荣依(释慧)远游止。"③

我们已经知道周续之以"儒学著称",而雷次宗更是当时名满天下的儒家学者。根据《宋书》的记载:雷次宗,字仲伦,豫章南昌人。少入庐山,事沙门释慧远,笃志好学。宋文帝元嘉年间立儒、玄、史、文等四学,以雷次宗主持儒学,开馆授徒。他尤明《三礼》,曾为皇太子、诸王讲《丧服经》,其礼学造诣与郑玄齐名。(《宋书·雷次宗传》卷九十三)

值得注意的是,雷次宗、宗炳等人的礼学思想似乎与释慧远颇有渊

---

① 释慧远:《沙门不敬王者论·体极不兼应第四》,《弘明集》卷五,四部丛刊本。
② 宗炳:《明佛论》,《弘明集》卷二,四部丛刊本。
③ 释慧皎:《高僧传·释慧远传》卷六,中华书局1992年版。

源,《高僧传》说:"时(释慧)远讲《丧服经》。雷次宗、宗炳等并执卷承旨。"[1]

何承天与宗炳曾经在儒家礼学方面有过探讨。《通典》记载,时人曾就降大功可嫁女有过讨论,何承天对此专门加以论述。宗炳在评价何承天之论时说:"何议降大功可嫁子,为人所疑。"[2]

另一方面,何承天与宗炳在神灭论问题上发生了激烈争论(对此,后有详论,这里不再赘述)。若非宗炳在儒学理论上有相当之造诣,何承天不会把反映自己儒学立场的文章寄给宗炳,后来关于神灭论的争论也就不会发生了。

综观上述这些零散的记载可以看出:虽然虔信佛学,宗炳在儒学思想方面同样具有相当高的造诣。推而言之,正是由于对儒、释、道三教都有全面且深刻的理解,宗炳才会认为:佛教之经典,既包儒家五典之德,又含道家老庄之虚;最终提出儒释道三教殊途同归、习善共辙的主张。

何承天(公元370—447年),东海郯人。"五岁失父,母徐氏,广之姊也,聪明博学,故承天幼渐训议,儒史百家,莫不该览。"(《宋书·何承天传》卷六十四)

何承天的母亲徐氏是儒学名门徐广之姊,所以东晋大儒徐邈,历史学家徐广俱为何承天舅父。根据《晋书》的记载,徐邈勤行励学,博涉多闻。以东州儒素,被招延为儒学之士。虽不口传章句,然开释文义,标明指趣,撰正五经音训,学者宗之,位列《儒林传》。(《晋书·徐邈传》卷九十一)徐广"世好学,至(徐)广尤为精纯,百家数术无不研览"。(《晋书·徐广传》卷八十二)

在如此儒学名门熏陶和聪明博学的母亲教育下,何承天才可以幼渐训议,儒史百家,莫不该览。

---

① 释慧皎:《高僧传·释慧远传》卷六,中华书局1992年版。
② 杜佑:《通典》卷六十,中华书局1984年版。

从《宋书》本传的记载可以发现,何承天是刘宋朝儒学思想的代表性人物。他经常在朝廷关于礼学问题的讨论中发表具有权威性的观点,且其观点也常被作为讨论的结果予以采纳。另一方面,何承天将先前的《礼论》八百卷,经过删减并合、以类相从,合为三百卷而传于世。根据《宋书·礼志》的记载,何承天在《礼论》中也采用郑玄注而斥王肃注。也就是说,何承天的礼学思想是继承以郑玄为代表的汉代传统儒学的思想。当然,最能体现何承天儒学思想的材料是他与颜延之、宗炳发生神灭之争时所撰写的诘难文章,对此下节会有详论。

第二节　儒道释:达见同善、至无二极

对颜延之而言,对现实的失望是其思想转向的重要诱因。按照传统儒学的理论,一个德才兼备的君子在于实现安身立命、经世致用即内圣外王的人生价值。然而,颜延之通过自己一生的实践证明:理想与现实之间存在着巨大的差异。他将这种差异归咎于构筑此理想的儒学理论存在问题。因为按照传统儒学的理论,上述理想源自人性中禀赋于天命的自觉,而且天命承担着保证理想能够实现的义务。换言之,天命是现实社会中赏善罚恶之正义的最终保证。在传统儒家的观念中,赏善罚恶之正义又是以气数为天命的表现形式:"福应非他,气数所生,若灭福应,即无气数矣。"[1]

承认气数就必然承认好生恶死之人欲的合理性:"夫生必有欲,欲必有求,欲歉则争,求给则恬。争则相害,恬则相安。网罟之设,将蠲害以取安乎?……好生恶死,每下愈笃。故宥其死者顺其情,夺其生者逆其性。至人尚矣,何为犯顺而居逆哉?"[2]

① 颜延之:《重释何衡阳》,《弘明集》卷四,四部丛刊本。
② 颜延之:《重释何衡阳》,《弘明集》卷四,四部丛刊本。

但是按此逻辑,人生注定是一场悲剧。因为"罪罚之来,将物自取之"。① 而人欲是天生就有的,则罪罚之来将是必然的。这也就是佛家所谓报应论的思路。

颜延之强调报应论在儒家思想中同样存在:"且信顺殃庆,咸列姬孔之籍。"②无论儒佛,对此都有相应的理论:"拯溺出隍,众哲所共,但化物不同,非道之异,不尽之让,亦如过当。"③

颜延之认为儒家思想在现实中已经出现了问题:"情仁义者寡,利仁义者众,闻之庄书,非直孤说,……夫在情既少,利之者多,不能遗贤,曷云忘报? 实吾前后勤勤以为不得配拟二仪者耳。"④

颜延之列举云:"世有位去则情尽,……又有务谢则心移,……或见人休事,则勤薪结纳,及闻否论,则处彰离贰,附会以从风,隐窃以成衅,朝吐面誉,暮行背毁,昔同稽款,今犹叛戾,斯为甚矣。……又蒙蔽其善,毁之无度,心短彼能,私树己拙,自崇恒辈,罔顾高识,有人至此,实蠹大伦。每思防避,无通间伍。"⑤

这种情况与儒家理论是相背离的:"若谓圆首方足,必同耻恻隐之实,容貌匪殊,皆可参体二仪。躠跂之徒,亦当在三才之数邪? 若诚不得,则不可见横目之同,便与大人同列? 悠悠之伦,品量难齐。既云仁者安仁,智者利仁。又云力行近仁,畏罪强仁。若一之正位,将真伪相冒。庄周云:'天下之善人寡,不善人多。'其分若此,何谓皆是?"⑥

所以,赏善罚恶的正义在现实中似乎总是水中之月:"罚慎其滥,惠戒其偏。罚滥则无以为罚,惠偏则不如无惠。虽尔眇末,犹扁庸保之上,

① 颜延之:《重释何衡阳》,《弘明集》卷四,四部丛刊本。
② 颜延之:《重释何衡阳》,《弘明集》卷四,四部丛刊本。
③ 颜延之:《重释何衡阳》,《弘明集》卷四,四部丛刊本。
④ 颜延之:《重释何衡阳》,《弘明集》卷四,四部丛刊本。
⑤ 颜延之:《庭诰》,《宋书·颜延之传》卷七十三。
⑥ 颜延之:《重释何衡阳》,《弘明集》卷四,四部丛刊本。

事思反己,动类念物,则其情得,而人心塞矣。"①现实中的罚惠之失让颜延之"事思反己,动类念物",联想到天命的罚惠之失,"而人心塞矣"。

在颜延之看来,现实社会和儒家思想既然不相符合,则问题一定出在后者。这就决定了颜延之对当时儒家思想的基本态度。

而儒家思想在刘宋时期的代表人物是何承天。颜延之评论他是:"足下连国云从,宏论风行。"②就是明证。何承天主张,周孔之道才是思想正宗,"佛经者,善九流之别家,杂以道墨,慈悲爱施,与中国不异。……至于好事者,遂以为超孔越老,唯此为贵,斯未能求立言之本,而眩惑于末说者也。"③

所以颜延之说他:"足下论挟姬释,吾亦答兼戎周。足下以此抑彼,谓福及高门,吾伸彼抑此,云庆周兆之物。"④

我们从颜延之的议论中可以发现其思想的一个重要特征,即儒释并重。实际上,何、颜二人对于儒、佛的态度是具有典型意义的,也就是说他们分别代表当时两种不同的思想倾向;而且他们的这种态度并非只是纯粹情感上的好恶,而是各自思想发展的必然结果。

颜延之认同传统儒学的思想,认为:"含生之氓,同祖一气";"人者兆气二德,禀体五常。二德有奇偶,五常有胜杀,及其为人,宁无叶渗。亦犹生有好丑,死有夭寿,人皆知其悬天。"⑤

但是这样的思想却导致与其本意相悖的情况:"且大德曰生,有万之所同,同于所方万,岂得生之可异? 不异之生,宜其为众。但众品之中,愚慧群差,人则役物以为养,物则见役以养人。虽始或因顺,终至裁残,庶端萌超,情嗜不禁,生害繁惨,天理郁灭。"⑥

---

① 颜延之:《庭诰》,《宋书·颜延之传》卷七十三。
② 颜延之:《重释何衡阳》,《弘明集》卷四,四部丛刊本。
③ 何承天:《答宗居士书(释均善难)》,《弘明集》卷三,四部丛刊本。
④ 颜延之:《重释何衡阳》,《弘明集》卷四,四部丛刊本。
⑤ 颜延之:《庭诰》,《宋书·颜延之传》卷七十三。
⑥ 颜延之:《释达性论》,《弘明集》卷四,四部丛刊本。

如果二德之奇偶、五常之胜杀是决定人之贤愚的原因,则这种原因明显是一种偶然因素。那么现实中人的善恶及其由此而来的祸福也就完全由偶然性来决定了,这和生之好丑、死之夭寿也就毫无区别了。如果真是这样的话,人的主体性价值又表现在哪里呢? 人追求内在德性的目的难道只是为了功名利禄吗? 这些疑问是当时的思想家们尤其是儒家学者需要思考的。

何承天对此问题的解决办法是:"人生虽均被大德。不可谓之众生,譬圣人虽同禀五常,不可谓之众人,奚取于不异之生,必宜为众哉。"①

颜延之则提出不同的看法:"人生虽均被大德,不可谓之众生,譬圣人虽同禀五常,不可谓之众人。夫不可谓之众人,以茂人者神明也。今已均被同众,复何讳众同,故当殊其特灵,不应异其得生。"②

这里,颜延之提出了一个重要的概念:圣人不同于众人处以其茂人之神明。而这个概念正是颜延之思想的关键,也是他解决儒家思想所面临现实问题的方向。

何承天认为:"夫特灵之神,既异于众,得生之理,何尝暂同,生本于理,而理异焉,同众之生,名将安附。"③

颜延之反驳说:"请问得生之理,故是阴阳邪? 吾不见其异,而足下谓未尝暂同。若有异理,非复煦蒸邪? 则阴阳之表,更有受生途趣,三世诅宜坚立,使混成之生,与物同气,岂混成之谓? 若徒假生名,莫见生实,则非向言之匹,言生非生,即是有物不物。"④

我们从上述辩论中可以看到:以颜延之、何承天为代表的学者们正在围绕着一个重要问题进行探索,即人禀气而生,得生之理为何? 如何认识之? 这个问题的答案又是前面人的主体性价值即人追求内在德性之意义

① 何承天:《答颜光禄》,《弘明集》卷四,四部丛刊本。
② 颜延之:《重释何衡阳》,《弘明集》卷四,四部丛刊本。
③ 何承天:《重答颜光禄》,《弘明集》卷四,四部丛刊本。
④ 颜延之:《重释何衡阳》,《弘明集》卷四,四部丛刊本。

的答案。

正是在这个问题上何、颜二人发生分歧。何承天认为:"凡讲求至理,曾不析以圣言,多采谲怪,以相扶翼,得无似以水济水邪?"①

按照何承天的理解,人虽禀气而生且得生之理,但人之贤愚即禀气中之理的多少则完全处于偶然。而颜延之恰恰对这种偶然性感到困惑。

在颜延之的思想观念中存在这样一种结构:"一曰言道,二曰论心,三曰校理,言道者本之于天,论心者议之于人。校理者取之于物,从而别之,由途参陈,要而会之,终致可一。"②

颜延之分别分析了此三种方法的优劣及其特点:"为道者盖流出于仙法,故以炼形为上,崇佛者本在于神教,故以治心为先。……物有不然,事无不弊,衡石日陈,犹患差忒,况神道不形,固众端之所假,未能体神,而不疑神无者。以为灵性密微,可以积理知,洪变欻恍,可以大顺待。照若镜天,肃若窥渊,能以理顺为人者,可与言有神矣。若乃罔其真而眚其弊,是未加心照耳。"③

可以发现,颜延之所谓三种方法的一个重要概念就是"神",认识"神"是玄学对儒家思想的新发展:"《易》首体备,能事之渊。马陆得其象数,而失其成理;荀王举其正宗,而略其数象。四家之见,虽各为所志。总而论之,情理出于微明,气数生于形分。然则荀王得之于心,马陆取之于物,其无恶迄可知矣。夫象数穷则太极著,人心极而神功彰。若荀王之言易,可谓极人心之数者也。"④

而能够最好"体神"的"穷明之说"、又"义兼三端"者则是佛学:"若夫玄神之经,穷明之说,义兼三端,至无二极。但语出梵方,故见猜世学,事起殊伦,故获非恒情。天之赋道,非差胡华,人之禀灵,岂限外内。"⑤

---

① 何承天:《重答颜光禄》,《弘明集》卷四,四部丛刊本。
② 颜延之:《庭诰》,《弘明集》卷十三,四部丛刊本。
③ 颜延之:《庭诰》,《弘明集》卷十三,四部丛刊本。
④ 颜延之:《庭诰》,《太平御览》卷六百八,《四库全书》本。
⑤ 颜延之:《庭诰》,《弘明集》卷十三,四部丛刊本。

颜延之认为"神"是超乎经验事物的形上概念："然神理存没,倘异于枯荄变谢,就同草木,便当烟尽,而复云三后升遐,精灵在天?"①

而认识"神"的中介则为"心识"："夫人之生,暂有心识,……进退我生,游观所达,得贵为人,将在含理。含理之贵,惟神与交,幸有心灵,义无自恶,偶信天德,逝不上惭。"②

颜延之说："含灵为人,毛群所不能同;禀气成生,洁士有不得异。象放其灵,非象其生。"③人与万物同者禀气之生,异者含灵之心。此二者虽同是天赋而得,却是天德(生)的不同层面。颜延之认为何承天的错误就是将二者混淆起来："若徒假生名,莫见生实,则非向言之匹,言生非生,即是有物不物。"④

这种观念导致的结果就是将外在现象凌驾于内在本质之上："浮华怪饰,灭质之具;奇服丽食,弃素之方。动人劝慕,倾人顾盼,可以远识夺,难用近欲从。若睹其淫怪,知生之无心,为见奇丽,能致诸非务,则不抑自贵,不禁自止。"⑤

欲之所贵者,"浮华怪饰"、"奇服丽食",此"生之无心"所致,即"生之名"的现象。明白这个道理,才能透过现象(生之名)看到本质(生之实)。

对于颜延之而言,所谓生之实,就是含灵之心即心识。它正是现实儒家思想所缺乏的成分,而且也正是佛家思想比较深刻的领域,即上面所说的"崇佛者本在于神教,故以治心为先"。

颜延之认为："人有贤否,则意有公私",⑥"若恻隐所发,穷博爱之量;耻恶所加,尽佑直之正,则上仁上义,吾无间然。但情之者寡,利之者众,

① 颜延之:《释达性论》,《弘明集》卷四,四部丛刊本。
② 颜延之:《庭诰》,《宋书·颜延之传》卷七十三。
③ 颜延之:《重释何衡阳》,《弘明集》卷四,四部丛刊本。
④ 颜延之:《重释何衡阳》,《弘明集》卷四,四部丛刊本。
⑤ 颜延之:《庭诰》,《宋书·颜延之传》卷七十三。
⑥ 颜延之:《释达性论》,《弘明集》卷四,四部丛刊本。

预有其分，而未臻其极者，不得以配拟二仪耳。"①当时以何承天为代表的儒家思想在颜延之看来存在理论和现实相脱节的问题，而其原因在于儒家思想的内在矛盾。

为解决这一内在矛盾，颜延之主张道、佛、儒三家同源："盖出乎道者无方，故刑于物者不一。伏惟道塞人神，信通期运，爱敬所禀，因心则远，英粹之照，正性自天。"②

十分明显，颜延之主张要认识至极大道，不应拘泥于固有的认识方法："权道隐深，非圣不尽。……何限九服之外，不有穷理之人？内外为判，诚亦难乎？"③

也正是在这一点上，他批评何承天："足下论挟姬释，吾亦答兼戎周。足下以此抑彼，谓福及高门，吾伸彼释此，云庆周兆之物。足下据此所见，谓祚止公侯。吾信彼所闻，云尊冠百神，本议是争，曷云不及？夫论难之本，以易夺为体，失之已外，辄云宏诞，求理之途，几乎塞矣。师遁言肆，或不在此。"④

如何将佛学和儒学结合起来，重构一个与现实相符的思想体系，是颜延之等人反思儒、佛的最终目的。所以，颜延之试图从经验层面入手，发现二者的相似之处；并由此思考在形上层面的契合点。

颜延之从现实中的施报之道入手："凡气数之内，无不感对，施报之道，必然之符。言其必符，何猜有望？故遗惠者无要，在功者有期，期存未善，去惠乃至。人有贤否，则意有公私，不可见物或期报，因谓树德皆要。且经世恒谈，贵施者勿忆，士子服义，犹惠而弗有。"⑤所谓"凡气数之内，无不感对"，无疑是传统儒学的天人感应论观念，其现实说服力可谓微乎

① 颜延之：《重释何衡阳》，《弘明集》卷四，四部丛刊本。
② 颜延之：《武帝谥议》，《艺文类聚》卷十三，《四库全书》本。
③ 颜延之：《重释何衡阳》，《弘明集》卷四，四部丛刊本。
④ 颜延之：《重释何衡阳》，《弘明集》卷四，四部丛刊本。
⑤ 颜延之：《释达性论》，《弘明集》卷四，四部丛刊本。

其微。但儒学对现实社会的价值导向又必须凭借具有理论说服力的思想来构筑制度体系。所以颜延之将更加巧妙的佛学的报应论引入，即"施报之道，必然之符"。但颜延之不是简单地以报应论代替感应论，而是探讨二者背后的根据有何区别。众所周知，天人感应论的根据是一个外在的人格天，即前述"天命是现实社会中赏善罚恶之正义的最终保证"，由这个人格天维护整个价值体系；这一理论的致命缺点在于，感应的实现必须发生在相当有限的时间段，而现实中满足这一条件的几率却不是很高。报应论则将其实现的可能推至一个较长的甚至无限长的时间段（彼岸），由此使报应论在逻辑上成为一个必然实现的理论，也是一个形而上的理论。

在此基础上，颜延之为改善儒家在现实中面临的"情仁义者寡，利仁义者众"的窘境，将形而上的报应论与儒学的核心概念仁义结合起来："若乐施忘报，即为体仁，忘报而施，便为合义。可去欲字，并除向名。在斯不远，谁不是慕？"①

无论是"体仁"抑或"合义"，关键就是"忘报"，也就是"去欲"。而"去欲"则是儒学经常探讨的问题："欲者，性之烦浊，气之蒿蒸，故其为害，则熏心智，耗真情，伤人和，犯天性。虽生必有之，而生之德，犹火含烟而烟妨火，桂怀蠹而蠹残桂，然则火胜则烟灭，蠹壮则桂折。故性明者欲简，嗜繁者气昏，去明即昏，难以生矣。"②

这里的"生之德"，即前述的"生之实"，也就是含灵之心即心识。这是一体两用的说法。"生之名"是禀气之生、是欲；"生之德"是含灵之心、是性。所以传统儒学所谓"性明者欲简"之"欲简"，就是"去欲"；若用佛学术语则是"忘报"。不管是"去欲"，抑或"忘报"，其目的都是为了避免"熏心智"，而达到"性明"即心识的澄明，这始终是颜延之希望达到的目标。因为这是贯穿整个颜延之的思想体系、打通儒佛的重要概念。

---

① 颜延之：《重释何衡阳》，《弘明集》卷四，四部丛刊本。
② 颜延之：《庭诰》，《宋书·颜延之传》卷七十三。

保持心识澄明的主要方法是："治心之术，必辞亲偶，闭身性，师净觉，信缘命，所以反壹无生，克成圣业，智邈大明，志狭恒劫，此其所贵。"①

保持心识的澄明，在玄学思想中是有其特色的："精理出于微明，气数生于形分。然则荀王得之于心，马陆取之于物，其无恶迄可知矣。夫象数穷则太极着，人心极而神功彰。若荀王之言易，可谓极人心之数者也。"②

虽然如此，颜延之认为"治心之术"的最大成就来自佛学，即"崇佛者本在于神教，故以治心为先"。但无论什么学问，不管是言道者、论心者、抑或校理者，最终结果都是"达见同善"、"至无二极。"③至于这个至极的同善为何，颜延之则始终语焉不详。我们依稀可以知道颜延之仍然认同儒学的天道观念，如他在《庭诰》中罗列许多人生箴言后说："此用天之善，御生之得也。"

另一方面，颜延之是著名高僧竺道生的弟子。④ 他受到竺道生佛性论思想的影响是毫无疑问的。尽管颜延之没有明确提到佛性的概念，但他对"神明"、"心识"的认识是逐渐趋近于佛性概念的。

第三节　刘宋朝的神灭之争

颜延之儒、佛兼备的思想除去为现实儒学寻找形上学根据的作用以外，还具有很强的现实意义。主要表现在两个方面。

第一，为日益抬头的君主专制提供理论支持。

颜延之反对何承天的禀气成性而有等级的理论："足下云：同体二

① 颜延之：《庭诰》，《弘明集》卷十三，四部丛刊本。
② 颜延之：《庭诰》，《太平御览》卷六百八，《四库全书》本。
③ 颜延之：《庭诰》，《弘明集》卷十三，四部丛刊本。
④ 释慧皎：《高僧传·竺道生传》卷七，中华书局 1992 年版。

仪,共成三才者,是必合德之称,非遭人之目。"①

"含生之氓,同祖一气,等级相倾,遂成差品。"②

我们知道,这种禀气成性的概念为门阀制度提供了合法性的理论基础。但在南朝的刘宋时期,门阀制度已趋式微,以君主独裁为特征的专制制度逐渐抬头。这种专制制度在理论上却表现为除君主以外的众生平等的特色。颜延之敏锐地在其思想中反映了这一变化。

颜延之认为:同祖一气而成差品的等级制度只会导致人物相残、天理郁灭的后果:"但众品之中,愚慧群差,人则役物以为养,物则见役以养人。虽始或因顺,终至裁残,庶端萌超,情嗜不禁,生害繁惨,天理郁灭。"③

能够改变这一现状的只有贤明君主:"皇圣哀其若此,而不能顿夺所滞,故设侯物之教,谨顺时之经,将以开仁育识,反渐息泰耳。与道为心者,或不剂此而止。又知大制生死,同之荣落,类诸区有,诚亦宜然。"④

颜延之在另一处说得更加明白:"三才之论,故当本诸三画,三画既陈,中称君德,所以神致太上,崇一元首。"⑤

颜延之的煞费苦心无疑得到了君主的认可。宋文帝在与侍中何尚之的谈话中认为颜延之的观点有很大作用:"颜延年之折达性,宗少文之难白黑,明佛法汪汪尤为名理,并足开奖人意。若使率土之滨皆纯此化,则吾坐致太平,夫复何事。"⑥

第二,为日益失去现实说服力的儒学提供新理论因素。

如前所述,由于儒学内在的理论缺陷导致其在理论和现实都发生危机。人性中本有之天识、性灵被人欲所遮蔽:"遂使业习移其天识,世服

---

① 颜延之:《释达性论》,《弘明集》卷四,四部丛刊本。
② 颜延之:《庭诰》,《宋书·颜延之传》卷七十三。
③ 颜延之:《释达性论》,《弘明集》卷四,四部丛刊本。
④ 颜延之:《释达性论》,《弘明集》卷四,四部丛刊本。
⑤ 颜延之:《重释何衡阳》,《弘明集》卷四,四部丛刊本。
⑥ 何尚之:《答宋文皇帝赞扬佛教事》,《弘明集》卷十一,四部丛刊本。

没其性灵。至夫愿欲情嗜,宜无间殊,或役人而养给,然是非大意,不可侮也。"①

颜延之在这里有一个重要转折,即"然是非大意,不可侮也"。实际上这是他在对晚辈的教诲中作为佛学受惠者的经验之谈。换言之,儒学导致天识、性灵被人欲所遮蔽,但天识、性灵并没有消失,我们可以凭借佛学智慧重现被遮蔽的天识、性灵。

这种思想在当时是颇具代表性的。宋文帝在与侍中何尚之谈话时也透露了这一点:"吾少不读经,比复无暇,三世因果未辨致怀而复不敢立异者,正以前达及卿辈时秀率皆敬信故也。范泰、谢灵运每云六经典文,本在济俗为治耳,必求性灵真奥岂得不以佛经为指南邪!"②

正是由于上述原因,一个贯穿六朝始终的争论即"神灭之争"在这个时代成为关注的焦点。"是时有沙门慧琳,假服僧次而毁其法,着《白黑论》。衡阳太守何承天与琳比狎,雅相击扬,著《达性论》,并拘滞一方,诋呵释教。永嘉太守颜延之、太子中舍人宗炳,信法者也,检驳二论各万余言。琳等始亦往还,未抵绩乃止。炳因著《明佛论》,以广其宗。"③

在刘宋时期关于"神灭论"的争论中,以何承天、慧琳为代表的"神灭论"派和以颜延之、宗炳为代表的"神不灭论"派进行了较为深刻的理论论争。我们从中可以发现儒、佛两家在当时达到的理论高度。

何承天从传统儒学禀气而生、气散而死的角度看待形神关系:"至于生必有死,形毙神散,犹春荣秋落,四时代换,奚有于更受形哉!"④

他也用薪火之喻解释形神关系:"形神相资,古人譬以薪火,薪弊火微。薪尽火灭,虽有其妙,岂能独传?"⑤

---

① 颜延之:《庭诰》,《宋书·颜延之传》卷七十三。
② 何尚之:《答宋文皇帝赞扬佛教事》,《弘明集》卷十一,四部丛刊本。
③ 何尚之:《答宋文皇帝赞扬佛教事》,《弘明集》卷十一,四部丛刊本。
④ 何承天:《达性论》,《弘明集》卷四,四部丛刊本。
⑤ 何承天:《答宗居士书》(释《均善难》),《弘明集》卷三,四部丛刊本。

何承天甚至以一种经验论来解释人性的不同:"中国之人禀气清和,含仁抱义,故周孔明性习之教。外国之徒,受性刚强,贪欲忿戾,故释氏严五戒之科。"①

可以说,何承天的"神灭论"是典型的形下层面的经验论儒学。由此也从一个侧面反映刘宋时期儒学思想缺乏形上学根据的窘境。

宗炳对何承天的"神灭论"儒学思想有一段形象的说法:"唯守救粗之阙文,以《书》《礼》为限断,闻穷神积劫之远化,炫目前而永忽,不亦悲夫。呜呼,有似行乎层云之下,而不信日月者也。"具体而言就是"体天道以高览,盖昨日之事耳。《书》称知远,不出唐虞,《春秋》属辞,尽于王业,《礼》《乐》之良敬,《诗》《易》之温洁,今于无穷之中,焕三千日月以列照,丽万二千天下以贞观,乃知周、孔所述,盖于蛮触之域,应求治之粗感,且宁乏于一生之内耳,逸乎生表者,存而未论也。若不然也,何其笃于为始形,而略于为神哉?"②

在宗炳看来,何承天的儒学思想是"笃于为始形"的宇宙论而非"笃于……为神哉"的形上学。所以"神"在何承天的儒学思想中并非是一个必不可少的概念,因而可以合乎逻辑地推出"神灭论"的思想。

但在宗炳的思想中,"神"是一个形上学的概念:"今称一阴一阳之谓道,阴阳不测之谓神者,盖谓至无为道,阴阳两浑,故曰一阴一阳也。自道而降,便入精神,常有于阴阳之表,非二仪所究,故曰阴阳不测耳。……神非形作,合而不灭,人亦然矣。神也者,妙万物而为言矣。若资形以造,随形以灭,则以形为本,何妙以言乎?"③

一阴一阳之道是至无之本体,阴阳不测之神是本体之妙化,所以是"自道而降,便入精神";形下之常有(现象)是阴阳变化的外在表现,而非阴阳不测之神。所以神是"妙万物而为言",形神虽合而神不灭。

---

① 何承天:《答宗居士书》(释《均善难》),《弘明集》卷三,四部丛刊。
② 宗炳:《明佛论》,《弘明集》卷二,四部丛刊本。
③ 宗炳:《明佛论》,《弘明集》卷二,四部丛刊本。

颜延之、宗炳等儒佛兼综派主张神不灭论的原因有二。

其一是以"神"为因果轮回理论的载体。

宗炳认为："夫生之起也，皆由情兆。今男女构精，万物化生者，皆精由情构矣。情构于己，而则百众神，受身大似，知情为生本矣。……况今以情贯神，一身死坏，安得不复受一身，生死无量乎。"①

因果轮回理论的成立必须以"神"为载体，而因果轮回理论的成立又是现实中赏善罚恶信念的条件："今以不灭之神，含知尧之识，幽显于万世之中，苦以创恶，乐以诱善，加有日月之宗，垂光助照，何缘不虚已钻仰，一变至道乎？"②

正是由于对神不灭论的坚持，颜延之才会理直气壮地说："长美遏恶，反民大顺，济有生之类，入无死之地，令庆周兆物，尊冠百神，安宜祚极子胤，福限卿相而已？"③

其二是以"神"为成佛成圣理论的前提。

宗炳以舜的事例说明神不灭、愚圣不同、积习可圣等观念："今虽舜生于瞽，舜之神也，必非瞽之所生，则商均之神，又非舜之所育。生育之前，素有粗妙矣，既本立于未生之先，则知不灭于既死之后矣。又，不灭则不同，愚圣则异，知愚圣生死不革不灭之分矣。……神之不灭，及缘会之理，积习而圣，三者鉴于此矣。"④

虽然圣明的舜生于愚顽的瞽叟，但舜之神必非瞽所生。所以神既然立于未生之先，则其必不灭于既死之后。神之不灭才是积习而圣的前提，而且是过去、现在、将来三世皆可成立的："今以不灭之神，含知尧之识，……自恐往劫之桀纣，皆可徐成将来之汤、武。况今风情之伦少，而泛心于清流者乎。由此观之，人可作佛，其亦明矣。"⑤

---

① 宗炳：《明佛论》，《弘明集》卷二，四部丛刊本。
② 宗炳：《明佛论》，《弘明集》卷二，四部丛刊本。
③ 颜延之：《重释何衡阳》，《弘明集》卷四，四部丛刊本。
④ 宗炳：《明佛论》，《弘明集》卷二，四部丛刊本。
⑤ 宗炳：《明佛论》，《弘明集》卷二，四部丛刊本。

在宗炳的思想中,所谓神为成佛成圣的前提是从认识论层面来说的:"识能澄不灭之本,禀日损之学,损之又损,必至无为,无欲欲情,唯神独照,则无当于生矣。无生则无身,无身而有神,法身之谓也。"①

作为人之能动性的"识"能够在内心呈现"不灭之本",也就是"唯神独照",则人无为,则无欲,则无生,则无身。至此都在论述"神"的认识论意义,直到"无身而有神"时,则转而论述"神"的本体论意义了,也就是宗炳所说的法身概念,这是用佛学术语论述成佛成圣问题。由此可以说,宗炳虽未明说,但他所谓"不灭之本"应该就是佛性了。

综上所述,以颜延之、宗炳为代表的儒佛兼综思想在继承传统儒学的合理成分的同时,又汲取外来佛学的深刻思想,试图将二者结合起来以一种崭新的思想体系应对日益变化的现实社会,从而实现内圣外王的士大夫理想人格。他们的努力虽然取得了一定的成就,但仍然处于初级阶段,有很多问题没有澄清。从历史发展的进程看,颜延之、宗炳代表的思想倾向无疑是正确的。

---

① 宗炳:《明佛论》,《弘明集》卷二,四部丛刊本。

第五章　南朝传统儒学之代表：
范缜的儒学思想

　　南北朝时期，正是佛教在中国广泛传播的重要阶段，其影响力也越来越大。萧梁朝的梁武帝更是大力提倡佛教，几乎把佛教变为国教。当时的大多数知识分子在思想上都采取兼容并包的态度。如梁人王褒在《幼训》中说："吾始乎幼学，及于知命，既崇周孔之教，兼循老释之谈。"（《梁书·王规传》卷四十一）同时代的颜之推也认为："万行归空，千门入善。辩才智惠，岂徒七经、百氏之博哉？明非尧舜周孔所及也。内外两教，本为一体。渐积为异，深浅不同。"①他们不仅相信儒家思想是真理，同时认为道家思想、佛教思想也是真理，儒释道三家是殊途同归的。

　　随着佛教影响力的逐渐增强，普罗大众对佛教的信仰也是与日俱增。根据记载，萧梁朝的佛寺是南北朝时期最多的，有 2846 所，仅在都城建康就有 500 余所。正如唐代诗人杜牧在《江南春绝句》中所描绘的那样："千里莺啼绿映红，水村山郭酒旗风。南朝四百八十寺，多少楼台烟雨中。"

　　与此同时，传统儒学对佛教势力的增强是有所抵触的。这种抵触表现为时常出现的儒佛双方在理论上的争论。

　　齐梁时期的著名僧人僧祐在其编撰的《弘明集》中收集了汉魏以来

---

　　① 　王利器：《颜氏家训集解·归心第十六》，中华书局 1983 年版。

到梁代儒佛争论的主要史料,大体上反映了当时双方争论的实际情况。僧祐概括时人针对佛教的六个方面的疑问:"一疑经说迂诞,大而无徵。二疑人死神灭,无有三世。三疑莫见真佛,无益国治。四疑古无法教,近出汉世。五疑教在戎方,化非华俗。六疑汉魏法微,晋代始盛。"①

这六个方面的疑问,是佛教思想试图融入中国传统文化时遭到后者质疑的结果。这些疑问大致分为两个层面:一是政治伦理层面的分歧,即佛教思想对国家和社会教化的利弊,表现为《夷夏论》之争和《三破论》之争;二是哲学层面的分歧,即报应问题、形神问题以及二者的关系,表现为《达性论》之争和《神灭论》之争。其中尤其以齐梁之际的范缜与佛教信徒对于形神关系的争论最具理论意义。它不仅反映了儒家思想对佛教的批判,更重要的是凸显了儒家思想自身所陷入的理论困境及其在现实中无法发挥价值导向作用的焦虑。

第一节　仕途坎坷的一代大儒

范缜,字子真,南乡舞阳(今河南省泌阳县西北)人,一说顺阳(今河南省淅川县南)人。他约生于宋文帝元嘉二十七年(公元 450 年),约卒于梁武帝天监十四年(公元 515 年),是南朝齐、梁时期著名的儒家学者。根据当代学者的考证,范缜的祖籍虽在今天的河南境内,但在西晋末年中原大乱、北方士族纷纷渡江避乱的背景下,其先祖范坚在西晋永嘉中就避乱江东;六世祖范汪,"六岁过江,后屏居吴郡";范汪之子范宁也"家于丹阳"。所以,范氏一族在东晋南朝时期一直是侨居江南一带的北方士族。②

范缜"少孤贫,事母孝谨"。(《梁书·范缜传》卷四十八)十八岁时

---

① 僧祐:《弘明集·后序》,四部丛刊本。
② 顿嵩元:《范缜生平事迹考辨》,《黄河科技大学学报》2000 年第 4 期。

拜著名学者刘瓛为师学习儒家学说。刘瓛，字子圭，沛国相人。生于刘宋元嘉十一年，卒于萧齐永明七年。《南齐书》称其"儒学冠于当时，京师士子贵游莫不下席受业。性谦率通美，不以高名自居"。（《南齐书·刘瓛传》卷三十九）可见刘瓛被认为是当时最著名的儒学大家。史书对刘瓛的这种评价不是没有根据的。较刘瓛稍晚的梁人刘孝标在《辨命论》中说："近代（世）有沛国刘瓛……则关西孔子，通涉六经，循循善诱，服膺儒行。"（《梁书·刘峻传》卷五十）将刘瓛视为当代的孔子，对他的赞誉是无以复加了。

　　另一方面，当时的最高统治者对刘瓛的学识同样极为重视。根据《南齐书·刘瓛传》的记载，南齐高帝萧道成一即位就在华林园向刘瓛询问："吾应天革命，物议以为何如？"这时的刘瓛只是一个没有任何官职的儒学家。这表明在萧道成眼中，刘瓛无疑是当时儒学的代表人物。他的意见将影响士大夫阶层对萧齐王朝取代刘宋王朝的态度。萧梁王朝建立后，梁武帝在"天监元年，下诏为（刘）瓛立碑，谥曰贞简先生"。（《南史·刘瓛传》卷五十）皇帝下诏为一个儒学家立碑加谥，这种非同一般的褒奖，进一步表明刘瓛在当时的儒学界所具有的地位和影响力。

　　尽管刘瓛的学术地位和政治影响力受到公认，但他自称："平生无荣进意。"（《南齐书·刘瓛传》卷三十九）故一生基本上以讲学授徒、弘扬儒学为主。根据史料的记载，刘瓛的学术思想大体上继承了东汉马融、郑玄的儒学体系。萧子显认为刘瓛的儒学是"承马、郑之后，一时学徒以为师范"。（《南齐书·刘瓛传》卷三十九）李延寿也说刘瓛"儒业冠于当时，都下士子贵游，莫不下席受业，当世推其大儒，以比古之曹、郑"。（《南史·刘瓛传》卷五十）可以说，刘瓛是南朝齐梁之际郑玄儒学的代表人物。

　　范缜在刘瓛门下求学多年。刘瓛对范缜甚为赏识，在范缜二十岁时亲自为之主持标志成年的冠礼。范缜在刘瓛门下发愤攻读，孜孜不倦，终于学业有成，"博通经术，尤精三礼。"（《梁书·范缜传》卷四十八）可以认为,作为刘瓛得意门生的范缜,其儒学思想与郑玄儒学则是一脉相承的。

范缜是一个相当有个性的人,其"性质直,好危言高论"。(《梁书·范缜传》卷四十八)所以不为周围的人们所喜欢。最能反映这一说法的是范缜在公元475年直接上书当时执掌刘宋朝实际权力的王景文,《艺文类聚》记载了上书的部分内容,文曰:"君侯匡辅圣朝,中夏无虞,既尽美矣,又尽善矣,唐尧非不隆也,门有谤木,虞舜非不盛也,庭悬谏鼓,周公之才也,乐闻讥谏。故明君贤宰,不惮谔谔之言,布衣穷贱之人,咸得献其狂瞽,先王所以有而勿亡,得而勿失,功传不朽,名至今者,用此道也。"①

范缜在这篇上书中提出:古代的圣贤尽管将天下治理成太平盛世,仍然表现得虚怀若谷,即使是普通百姓的意见也是从谏如流。所以,"明君贤宰"(王景文)应该效仿圣贤的做法,虚心听取"布衣穷贱之人"(范缜)的谏言。

从这篇上书可以知道,范缜确实是"好危言高论"。首先,他将刘宋朝誉为"圣朝",明显是溢美之词。众所周知,南朝刘宋王朝继承的是东晋所辖中国南方的土地和人口,只是相当于统一时期的半壁江山,且经常面临北魏王朝的威胁。以之为"圣朝",不知从何说起? 其次,范缜将王景文誉为尧舜周公,只能认为是进谏前的客套。根据《宋书》本传的记载,王景文属于当时最显赫的高门望族琅琊临沂王氏,是刘宋政权刻意拉拢的世家大族的代表人物。但他少年荣贵,不知进退之机,最终卷入皇权斗争的漩涡而不得善终。以之与尧舜周公相比拟,甚为可笑。再次,纳谏的议论历朝历代都俯拾皆是,前段的奉承若为王景文愉快地听取谏言作铺垫倒是情有可原,可惜范缜的谏言只是强调当权者应该虚心纳谏而已。这样的"危言高论"最终如石沉大海、杳无音讯也就毫不奇怪了。

范缜在萧齐朝的仕途经历是:起家齐宁蛮主簿,累迁尚书殿中郎,领

---

① (唐)欧阳询撰:《艺文类聚》卷二十三,《四库全书》本。

军将军长史，出为宜都太守（宜都郡治在今湖北宜都县），母忧去职，归居于南州。除宜都太守一职为州郡地方长官外，其余均为掌管文书、公函等的闲散职务。范缜任宜都太守时，发现所辖夷陵地方的百姓淫祀成风、神庙林立。范缜"性不信神鬼"（《南史·范缜传》卷五十），认为这不仅浪费了大量资财、破坏了当地的农业生产，而且有损于儒家教化和社会风俗。范缜一面向百姓宣传淫祀的危害，一面拆除境内所有的神庙，同时下令：今后在宜都境内，一律禁绝淫祀。可以推测范缜在宜都太守任内是以儒家思想为施政原则的。

范缜在《神灭论》中曾经谈到自己对鬼神的认识时说："有人焉，有鬼焉，幽明之别也。人灭而为鬼，鬼灭而为人，则未之知也。"（《梁书·范缜传》卷四十八）在范缜看来，人和鬼是两个不同世界的存在，至于人和鬼之间是否相互转化则是不知道的。然而，范缜的上述观点尽管符合人的常识经验，却与儒家经典的立场相冲突。当有人以此询问说："敢问经云，为之宗庙，以鬼飨之，何谓也？"范缜回答说："圣人之教然也，所以弭孝子之心，而厉偷薄之意，神而明之，此之谓矣。"（《梁书·范缜传》卷四十八）十分明显，范缜认为儒家经典中肯定鬼神的存在完全是圣人为神道设教，其价值不在于真假，"教之所设，实在黔首。黔首之情，常贵生而贱死，死而有灵，则长果敬之心，死而无知，则生慢易之意。……宗庙郊社，皆圣人之教迹，彝伦之道，不可得而废耳。"①

范缜在萧梁朝的仕途较之萧齐朝则顺利得多，主要原因在于他与萧梁朝的缔造者梁武帝萧衍有"西邸之旧"。所谓"西邸之旧"，是指南齐朝时期的竟陵王萧子良在自己位于鸡笼山的宅邸，召集学士抄《五经》、百家，招致名僧讲论佛法，成为当时的学术研究中心。名士文人云集，最负盛名的有范云、萧琛、任昉、王融、萧衍、谢朓、沈约、陆倕等，号为"西邸八友"。而范缜也经常参与在西邸的学术活动。梁武帝萧衍与范缜有"西

---

① 范缜：《答曹思文难神灭论》，《弘明集》卷九，四部丛刊本。

邸之旧"。

范缜在萧梁朝曾经担任晋安太守(今福建省福州),四年后为尚书左丞,职掌对百官的监察及其中央机构文书章奏的管理,这是范缜在仕途上达到的最高职位。可惜不到一年就因故远徙广州。最终回京任中书郎、国子博士的闲职而卒于官。

根据《梁书》的记载,范缜是在梁武帝建立萧梁朝以后被任命为晋安太守的。他在晋安郡的四年中"在郡清约,资公禄而已"。基本上采取无为而治的政策,依靠俸禄维持自己一家人的生活。这时的范缜与在宜都太守时锐意进取、追求政绩时的范缜判若两人,着实令人困惑。究其原因,范"缜自迎王师,志在权轴,既而所怀未满,亦常怏怏"。(《梁书·范缜传》卷四十八)原来,当萧衍率领军队夺取萧齐朝政权时,范缜主动投靠了萧衍。范缜的意图是希望凭借自己的主动效忠,加之与萧衍有"西邸之旧"的关系,为自己在新王朝的权力中枢获得一个重要的职位。不料萧衍称帝后,只是让范缜担任了一个不重要的晋安太守之职。这与范缜原来的希望大相径庭。满腔的希望化为泡影,导致范缜"亦常怏怏"也就毫不奇怪了。

范缜在晋安郡抑郁地生活了四年后,被梁武帝召回建康担任尚书左丞的职务。但是此时的范缜似乎仍未消除不满情绪。当他返回建康时,除已经赋闲在家的前尚书令王亮外,范缜没有给任何人送礼。王亮与范缜一样,都是没有得到梁武帝萧衍重用的士人。两人相识已久,在萧齐朝时"同台为郎",也是齐竟陵王萧子良"西邸"的旧友。现在两人同病相怜,交往频繁也是情理中事。而且范缜竟然在一次宴会上公开指责梁武帝没有重用王亮是不可理解的,言下之意梁武帝没有重用范缜也是不对的。言语中的不满之情溢于言表。由此,范缜担任尚书左丞不到一年就因替王亮说情而被远徙广州。

我们从其一生的经历来看,范缜在现实的政治生活中始终是一个郁郁不得志者,即使在有故旧之谊的梁武帝当政时期也不例外。所以,作为一个历史人物，范缜的成就主要表现在儒家思想领域。

第二节　灵与肉的对立

如前所述，南北朝时期的佛教势力在中国的影响越来越大。佛教势力的发展无疑会影响宗法社会结构和政治局势的稳定，导致政权的土崩瓦解；与此同时，无疑也会削弱儒家和道家思想的影响力。

作为一个正统的儒家思想家，范缜对这样的后果是不能接受的。正如范缜自己所言："浮屠害政，桑门蠹俗，风惊雾起，驰荡不休。吾哀其弊，思拯其溺。"（《梁书·范缜传》卷四十八）范缜的担心不是没有道理。同时代的郭祖深在呈给梁武帝的奏章中说："人为国本，食为人命。……（梁武帝）比来慕法，普天信向，家家斋戒，人人忏礼，不务农桑，空谈彼岸。……都下佛寺五百余所，穷极宏丽。僧尼十余万，资产丰沃。所在郡县，不可胜言。道人又有白徒，尼则皆畜养女，皆不贯人籍，天下户口几亡其半。"（《南史·郭祖深传》卷七十）如果在一个"人为国本"的社会里，人口的一半不归统治者管理，由此产生的支撑一个政权的赋税、兵役和劳役等都不复存在。这种现象对于一个政权意味着什么也就不言而喻了。范缜说"致使兵挫于行间，吏空于官府，粟馨于惰游，货殚于泥木（佛像与寺庙）"。（《梁书·范缜传》卷四十八）郭祖深也担忧地说，如果任由佛教肆意发展，"恐方来处处成寺，家家剃落，尺土一人，非复国有。"（《南史·郭祖深传》卷七十）

南齐时期的一位道士托名张融撰述了《三破论》。① 尽管它是一篇佛道之间的辩争文章，其观点和立场与范缜、郭祖深等人十分相近，在当时的思想领域仍然具有相当的代表性。《三破论》的主旨即佛教有三大危

---

① 释僧顺在《弘明集·析（释）三破论》卷八中认为《三破论》是某位道士假张融之名而作。

害：入国而破国，入家而破家，入身而破身，因此佛教"何可得从"。

首先，所谓"入国而破国者。诳言说伪，兴造无费，苦克百姓，使国空民穷，不助国，生人减损，况人不蚕而衣，不田而食，国灭人绝，由此为失。日用损废，无纤毫之益，五灾之害，不复过此"。①《三破论》认为佛教利用花言巧语欺骗百姓，使之沉湎彼岸的幸福而不事生产，人人不蚕而衣、不田而食，必然是"国灭人绝"，这是比天灾更可怕的人祸。

其次，所谓"入家而破家。使父子殊事，兄弟异法，遗弃二亲，孝道顿绝，忧娱各异，歌哭不同，骨血生仇，服属永弃，悖化犯顺，无昊天之报，五逆不孝，不复过此"。②《三破论》认为佛教的传播导致传统家庭结构的崩溃、纲常伦理的颠覆，最终导致家国一体的整个社会的毁灭，这是天下最大、也是不可饶恕的"不孝"之罪。

再次，所谓"入身而破身。人生之体，一有毁伤之疾，二有髡头之苦，三有不孝之逆，四有绝种之罪，五有亡体从诫。惟学不孝，何故言哉？诫令不跪父母，便竟从之。儿先作沙弥，其母后作阿尼，则跪其儿。不礼之教，中国绝之，何可得从。"③《三破论》认为佛教的传播将逐渐形成一种"不礼之教"，无疑会破坏人际的尊卑等级和伦常结构，从而导致人生的诸种违反人伦之罪恶。

既然佛教具有如此的危害性，为什么佛教在当时又会大受欢迎呢？用范缜的话说是：为什么人们宁肯"竭财以赴僧，破产以趋佛，而不恤亲戚，不怜穷匮者何？良由厚我之情深，济物之意浅"。(《梁书·范缜传》卷四十八)在范缜看来，人都是以"厚我"为主、以"济物"为辅的自私者，如果将财富用于帮助亲戚和穷人，还不如"竭财"、"破产"捐给佛教以帮助自己早日去往彼岸的极乐世界。所以，在现实中就表现为"务施阙于周急，归德必于在己"。(《梁书·范缜传》卷四十八)即财富的捐献并不

---

① 刘勰：《灭惑论》，《弘明集》卷八，四部丛刊本。
② 刘勰：《灭惑论》，《弘明集》卷八，四部丛刊本。
③ 刘勰：《灭惑论》，《弘明集》卷八，四部丛刊本。

表现为对社会急难的救济,善良的德行必须有所回报才肯履行。也就是说,善行的实施是以对自己有所裨益为条件的。

在这里,作为儒家信徒的范缜却将人视为"厚我"的自私者、"归德在己"的虚伪者。这与儒家的基本理念是相冲突的。笔者认为,范缜的上述主张只是看到了现实中的现象。我们必须进一步追问:人们为什么表现为"厚我"和"归德在己"? 如果一个社会表现出赤裸裸的"厚我"、"归德在己"的价值取向,那么这个社会离分崩离析也就不远了。所以,现实中的人们表现出"厚我"和"归德在己"的价值取向,应该是作为社会意识形态的儒学出了问题,导致维系社会的儒家价值取向受到人们的怀疑。史书中反映这种怀疑的材料很多。这种怀疑主要表现在:现实生活中若按照儒家的价值观生活,则可能导致人生的苦难而非幸福。但是儒家主流思想的一个基本理念就是"积善之家,必有余庆。积不善之家,必有余殃"。(《周易·坤·文言》)《续汉书》曾经记载了一段与此相关的材料:"太尉杨彪与袁术婚姻,术僭号,太祖与彪有隙,因是执彪,将杀焉。融闻之,不及朝服,往见太祖曰:杨公累世清德,四叶重光,……易称'积善余庆',但欺人耳。"(《三国志·魏志》卷十二注引《续汉书》)当孔融听说当朝最显赫的名士杨彪要被曹操杀害时,他劝阻曹操杀害杨彪的重要的理由之一就是"积善余庆"。换言之,"积善余庆"的观念是人们普遍认同的基本价值观。

然而,众所周知的是,让世俗社会的人们心悦诚服的接受"积善余庆"的观念是相当困难的。

东晋末年的名士戴逵曾经对有关"积善余庆"的问题发表过很多议论。而且戴逵与范缜都信奉儒家思想,彼此的观点颇有相似之处。根据《晋书》的记载,戴逵"少博学,好谈论,善属文,能鼓琴,工书画,其余巧艺靡不毕综"。但他"性不乐当世,常以琴书自娱"。似乎是一个出世的隐士。另一方面,戴逵又"常以礼度自处,深以放达为非道"。更重要的是,其授业老师是儒者范宣,戴逵"师事术士范宣于豫章"。(《晋书·戴逵传》卷九十四)而范宣是被收在《晋书·儒林传》之中,他"博综众书,尤善《三礼》。……著《礼》《易论难》皆行于世"。"宣言谈未尝及《老》《庄》。"在当时崇尚礼、玄双修的氛围中,范宣似乎属于纯粹的儒者。当另一位著名的儒者范宁为豫章太守时,两人都在当地推广儒学,"由是江州人士并好经学,化二范之风也。"(《晋书·范宣传》卷九十一)可以说,范宣是一位精通礼学的儒者。唐人杜佑在《通典》中保存了一篇戴逵答复范宁请教东汉大儒马融、郑玄有关礼制的问题,①表明戴逵在儒学尤其是礼学方面的造诣得到公认。而这样的知识背景与范缜如出一辙。有范宣这样的儒者为师,戴逵与范缜之间就颇有相契合的地方了。可以说,戴逵自始至终是一个出世的儒家。所以,他关于"积善余庆"的议论无疑凸显了儒家在此问题上具有代表性的看法。

戴逵曾在给当时著名的佛教领袖慧远法师的信中谈到自己对"积善余庆"观念的认识。他说自己"常览经典,皆以祸福之来,由于积行。是以自少束脩,至于白首,行不负于所知,言不伤于物类,而一生艰楚,荼毒备经,顾景块然,不尽唯己"。② 戴逵以自己的亲身经历与感受揭示了这样一个事实,即让人在现实社会中接受"积善余庆"的观念是非常困难的。如果只是脱离现实的"常览经典",则"积善余庆"的观念比较容易被认同。若是联系现实生活,发现自己自少至老"行不负于所知,言不伤于物类",可是得到的结果却是"一生艰楚,荼毒备经",生活的艰难和困惑导致戴逵开始怀疑"积善余庆"的观念。

在现实生活中,不仅是戴逵个人的经历不符"积善余庆"的观念,更有古往今来的事例说明此点,所谓"或恶深而莫诛,或积善而祸臻,或履仁义而亡身,或行肆虐而降福"。③ 以及这样让人困惑的现象:"蔡灵以善薄受祸,商臣宜以极逆罹殃,宋桓以愆微易唱,郏文应用行善延年,而罪同

---

① 戴逵:《答范宁问马郑二义书》,《通典》卷九十一,中华书局1984年版。
② 戴逵:《与远法师书》,《广弘明集》卷十八,四部丛刊本。
③ 戴逵:《答周居士难释疑论》,《广弘明集》卷十八,四部丛刊本。

罚异,福等报殊。"①发生在历史和现实中的上述现象的确让人无法理解。如果说"恶深莫诛"、"积善祸臻"的事例已经让人不知如何解释,那么"罪同罚异"、"福等报殊"的事例更加使人对"积善余庆"的观念产生怀疑。戴逵又考证了发生在尧、舜、颜回等圣贤以及商臣、盗跖、张汤等常人的并非"积善余庆"的事例后说:"验之圣贤既如彼,求之常人又如此,故知贤愚善恶,修短穷达,各有分命,非积行之所致也。"②

　　因此,戴逵顺理成章地得出这样的结论:"始知修短穷达,自有定分,积善积恶之谈,盖是劝教之言耳"。③ 戴逵还分析了将"积善积恶之谈"作为"劝教之言"的理论依据:"然则积善积恶之谈,盖施于劝教耳。何以言之? 夫人生而静,天之性也。感物而动,性之欲也。性欲既开,流宕莫检,圣人之救其弊,因神道以设教,故理妙而化敷,顺推迁而抑引,故功元而事适。"④戴逵根据儒家的传统人性论认为人性先天或善或恶,即所谓"夫善恶生于天理"⑤。但人性很容易被外在的事物触动情感而"流宕莫检",所以圣人"因神道以设教",这也就是"积善积恶之谈,盖是劝教之言耳"。因为"积善积恶之谈",可以使善性之人由于受到鼓舞而憧憬着"积善余庆"的未来;可以使恶性之人由于感到恐惧而竭力避免"积恶善余殃"的后果;进而达到"劝教之言"的效果。

　　戴逵的上述议论让人有似曾相识的感觉,因为范缜就说过几乎相同的观点。范缜对于同样让人产生怀疑的现象,也与戴逵一样认为是"圣人之教然也。"

　　当范缜一方面坚持对鬼神世界的存在持怀疑态度时,认为:"妖怪茫茫,或存或亡。……有人焉,有鬼焉,幽明之别也。人灭而为鬼,鬼灭而为

---

①　戴逵:《答周居士难释疑论》,《广弘明集》卷十八,四部丛刊本。
②　戴逵:《释疑论》,《广弘明集》卷十八,四部丛刊本。
③　戴逵:《与远法师书》,《广弘明集》卷十八,四部丛刊本。
④　戴逵:《释疑论》,《广弘明集》卷十八,四部丛刊本。
⑤　戴逵:《答周居士难释疑论》,《广弘明集》卷十八,四部丛刊本。

人,则未之知也。"(《梁书·范缜传》卷四十八)主张鬼神"或存或亡",其与人类社会的联系"未之知也"。另一方面,范缜对以鬼神世界的存在为前提的儒家宗庙郊社制度持肯定态度。他必须承认儒家经典的权威性,所以明确引用经典的观点说"故《经》云:为之宗庙,以鬼享之"。(《梁书·范缜传》卷四十八)

然而,范缜的这种立场从逻辑上看确实是自相矛盾的:如果说不能肯定鬼神世界的存在,却又肯定以鬼神为主角的宗庙郊社制度,那么这种肯定的根据又在哪里呢?有人对范缜的这种立场提出质疑:"《孝经》云:昔者周公郊祀后稷以配天,宗祀文王于明堂以配上帝。若形神俱灭,复谁配天乎?复谁配帝乎?"①

范缜十分巧妙地引用圣贤之言为自己辩护:"子贡问死而有知,仲尼云:吾欲言死而有知,则孝子轻生以殉死;吾欲言死而无知,则不孝之子,弃而不葬。子路问事鬼神,夫子云:未能事人,焉能事鬼?"②应该说,圣贤关于鬼神的立场无疑是对范缜观点的有力支持。但是范缜仍然必须正视自己的观点中存在的悖论。所以,范缜认为"宗庙郊社,皆圣人之教迹,彝伦之道,不可得而废耳"。③

对于宗庙郊社等儒家礼制而言,重要的不是其真实与否,而是其能否发挥儒家最为看重的道德教化的作用。换句话说,即使宗庙郊社等礼制所依据的鬼神世界并非真实存在,"苟可以安上治民,移风易俗,三光明于上,黔黎悦于下,何欺妄之有乎?"④可以说,宗庙郊社等礼制是"圣人之教然也,所以弭孝子之心,而厉偷薄之意,神而明之,此之谓矣"。(《梁书·范缜传》卷四十八)至于"安上治民,移风易俗"的作用则表现在"且忠信之人,寄心有地,强梁之子,兹焉是惧,所以声教昭于上,风俗淳于下,

① 范缜:《答曹思文难神灭论》,《弘明集》卷九,四部丛刊本。
② 范缜:《答曹思文难神灭论》,《弘明集》卷九,四部丛刊本。
③ 范缜:《答曹思文难神灭论》,《弘明集》卷九,四部丛刊本。
④ 范缜:《答曹思文难神灭论》,《弘明集》卷九,四部丛刊本。

用此道也"。①

　　尽管范缜没有如戴逵那样明确地怀疑"积善余庆"之类的观点,但从其对鬼神世界的怀疑来看,范缜应该是不支持"积善余庆"等观点的。然而,不管是鬼神世界抑或是"积善余庆"存在与否,它们都可以发挥"忠信之人,寄心有地,强梁之子,兹焉是惧"的道德教化作用。所以,无论是范缜还是戴逵都只是从作用层面肯定鬼神世界或"积善余庆"等观念的价值,由此避免了在存在层面之真实性的争论。道理很简单,对于一个儒家学者而言,上述观念所能发挥的社会作用是不容忽视的。

　　与戴逵不同的是,范缜是一个更为纯粹、且思想更为深刻的儒学思想家。如上所述,范缜不否认鬼神世界的存在有一个前提,即仅仅是在作用层面而已。一旦必须讨论存在层面的真实性问题时,结论就完全不同了。因为作用层面的结论所针对的是普罗大众,而存在层面的结论所针对的则是社会精英。普罗大众需要道德伦理的教化作用才能日趋向善,而洞悉天道人性的社会精英则不需要道德教化的熏陶。范缜在这一点上是非常明确的:"若均是圣达,本自无教,教之所设,实在黔首。"②所以,当范缜准备在存在层面探讨鬼神世界的真实性问题时,他就旗帜鲜明地否认鬼神世界的存在,公开提出了著名的神灭论思想,进而导致南朝时期关于神灭论的一场最大的争论。

第三节　神、灭之争

　　如果仅仅只是强调儒家的礼制和"积善余庆"观念的教化作用,则佛教对普罗大众所能发挥的教化作用似乎有过之而无不及。更有甚者,佛

---

①　范缜:《答曹思文难神灭论》,《弘明集》卷九,四部丛刊本。
②　范缜:《答曹思文难神灭论》,《弘明集》卷九,四部丛刊本。

教的因果报应理论和三世轮回理论完美地弥合了儒家礼制和"积善余庆"观念在存在的真实性与教化作用之间的悖论。

对此,戴逵的好友、大儒范宁门下"号曰颜子"(《宋书·周续之传》卷九十三)的高足、素以"儒学著称"(《宋书·颜延之传》卷七十三)的周续之在《难释疑论》中说得非常透彻。最初,周续之对于"积善余庆"等观念同样持怀疑态度:"福善莫验,亦仆所常惑,虽周览六籍,逾深其滞。"他也同意戴逵的结论,主张"余庆之言,存于劝教"。然而,比戴逵高明之处在于周续之发现将"积善余庆"等观念视为劝教之言必然导致对存在之真实性的困惑:"又劝教之设,必伤实而动直,为训之方,不可一涂而尽。"所以,儒家思想存在缺陷:"尧孔拯其粗,宜有未尽。"于是,周续之将解决这一悖论的希望寄托在佛教上:"及睹经教,始昭然有归。……故洗心以怀宗,炼形以闻道,拔无明之沈根,黳贪爱之滞网,不祈验于冥中,而影响自徵,不期存于应报,而庆罚已彰。"①周续之从一个著名的儒家学者转变为一个虔诚的佛教信徒的经历,正是其上述思想在现实中的反映。

作为一个生活在现实世俗社会的儒家学者,范缜如同《三破论》作者一样对佛教可能导致的破身、破家以及破国的后果充满了深切的担忧。即使佛教能够帮助解决自身思想中存在的真实性与教化作用之间的悖论,范缜也无法认同佛教思想。他认为,自己必须站在儒家理论的基础上应付佛教对中国传统文化的挑战,实现"乘夫天理,各安其性。小人甘其垄亩,君子保其恬素。耕而食,食不可穷也;蚕而衣,衣不可尽也。下有余以奉其上,上无为以待其下。可以全生,可以匡国,可以霸君"(《梁书·范缜传》卷四十八)的理想。范缜的决定导致了齐梁之际的神灭之争。

根据史料的记载,范缜与佛教势力之间在理论上的斗争主要有两次。一次是在南齐武帝永明(公元 483—493 年)间,主要对手是齐竟陵王萧子良。另一次是在梁武帝天监六年(公元 507 年),主要对手是梁武帝和

---

① 周续之:《难释疑论》,《广弘明集》卷十八,四部丛刊本。

东宫舍人曹思文等人。

　　与范缜发生第一次争论的南齐竟陵王萧子良是当时最著名的学术活动的赞助人。他"少有清尚，礼才好士，居不疑之地，倾意宾客，天下才学皆游集焉"。(《南齐书·萧子良传》卷四十)由此萧子良才有能力"集学士抄《五经》、百家，依《皇览》例为《四部要略》千卷。招致名僧，讲语佛法，造经呗新声。道俗之盛，江左未有也"。(《南齐书·萧子良传》卷四十)尽管萧子良支助学术活动时并没有厚此薄彼，但他个人则是一个"敬信尤笃"(《南齐书·萧子良传》卷四十)的佛教信徒。

　　有意思的是，敬信佛教的萧子良却在学术上持开放的态度。他认为各家思想之不同犹如人心之不同，而人心之不同犹若人的相貌之不同，所以对待不同思想的正确态度就应该是宽容和开放："良由彼我之见既异，幸可各保其方差，无须空构是非，横起谤议耳。"①各家立场不同，故见解相异，若彼此互不相容则必然导致"空构是非，横起谤议"的后果。所以，萧子良的这种宽容、开放的态度并非言行上的谦逊和大度，而是具有理论上的根据。他说："凡闻于言必察其行，睹于行必求于理，若理不乖而行不越者，请无造于异端，真殊途同归，未必屡然一贯。"②在萧子良看来，判断一种思想的是非主要不在于闻其言、察其行，而是求其理。若其理不乖，即使言行"未必屡然一贯"，也必然是与真理殊途同归。

　　就是在这样的学术思想指导下，萧子良才会提出儒释道三家应该共同"畴得写析深襟，辨明幽旨，迹生灭之中谈，究真俗之谛义"，③进而形成一种"此兰山桂水，既足逍遥，儒侣玄宗，复多朋往"④的关系。

　　萧子良还以内在的自我反思论证佛教对儒家思想的价值："孟子有云，君王无好智，君王无好勇，勇智之过，生乎患祸，所遵正当仁义为本。

---

① 萧子良：《与孔中丞书》，《弘明集》卷十一，四部丛刊本。
② 萧子良：《与孔中丞书》，《弘明集》卷十一，四部丛刊本。
③ 萧子良：《与南郡太守刘景蕤书》，《广弘明集》卷十九，四部丛刊本。
④ 萧子良：《与南郡太守刘景蕤书》，《广弘明集》卷十九，四部丛刊本。

今因修释训,始见斯行之所发,誓念履行,欲卑高同其美,且取解脱之喻,不得不小夫存其大,至于形外之间,自不足及言,真俗之教,其致一耳。"①儒家的宗旨是"仁义为本",而萧子良则是根据佛教理论发现儒家的宗旨源于内心的善性,儒家的目的在于卑高同美。佛教与儒家的关系是"真俗之教,其致一耳。"二者目的虽然一致,却各自在不同的领域发挥不同的作用。

范缜就是与这样一个在学术上持开放态度,而又笃信佛教的萧子良发生第一次争论的。当时,"于时竟陵王子良盛招宾客,缜亦预焉。"(《梁书·范缜传》卷四十八)范缜是萧子良"西邸"学术圈的活跃人物,但他们对于佛教的态度却是南辕北辙:"子良精信释教,而缜盛称无佛。"(《梁书·范缜传》卷四十八)萧子良虔信佛教而范缜主张无佛,两人由此产生一场围绕"因果报应"的争论。《梁书·范缜传》记载说:

子良问曰:"君不信因果,世间何得有富贵,何得有贫贱?"缜答曰:"人之生譬如一树花,同发一枝,俱开一蒂,随风而堕,自有拂帘幌坠于茵席之上,自有关篱墙落于溷粪之侧。坠茵席者,殿下是也;落粪溷者,下官是也。贵贱虽复殊途,因果竟在何处?"子良不能屈,深怪之。缜退论其理,著《神灭论》。……此论出,朝野喧哗,子良集僧难之而不能屈。(《梁书·范缜传》卷四十八)

萧子良反驳范缜无佛论的理由就是"因果报应"的存在。如同前述周续之的观点,萧子良也认为,"因果报应"是佛教思想最能打动人心、又是儒家思想不能很好解释的一个问题。而范缜在这里十分明确地表达了自己对于"因果报应"理论的批判态度,而这种态度与之对"积善余庆"理论的怀疑是相一致的。其不同之处只在于,范缜对佛教的"因果报应"理论是毫不客气的批判,而对儒家的"积善余庆"理论则是曲意维护。

范缜以先天偶然性为人的命运的决定力量,并以此否认因果报应的

---

① 萧子良:《与孔中丞书》,《弘明集》卷十一,四部丛刊本。

存在。由此可知,范缜基本上继承了两汉时期传统儒学的天命论和偶然论思想,认为人的命运是禀气所致的先天偶然性决定的,人们对命运的安排只能是心安理得的接受而已。与范缜同时的梁人刘孝标在《辨命论》中将这种观点表述得十分清楚:"命也者,自天之命也。定于冥兆,终然不变,鬼神莫可预,圣哲不能谋,触山之力无以抗,倒日之诚弗能感。"所以,对于信奉儒家思想的君子而言则应该"居正体道,乐天知命,明其无可奈何,识其不由智力,逝而不召,来而不拒,生而不喜,死而不戚,不充诎于富贵,不遑遑于所欲"。(《梁书·刘峻传》卷五十)

这种天命论和偶然论思想在皇帝钦定的作为汉代儒学法典的《白虎通德论》(又称《白虎通》、《白虎通义》)中多有论述。它说:"始起之天始起,先有太初,然后有太始,形兆既成,名曰太素。混沌相连,视之不见,听之不闻,然后剖判。清浊既分,精出曜布,庶物施生,精者为三光,号者为五行。"(《白虎通德论·天地》卷九)

"五行者,何谓也? 谓金木水火土也。言行者,欲言为天行气之义也。"(《白虎通德论·五行》卷四)

"性情者,何谓也? 性者,阳之施;情者,阴之化也。人禀阴阳气而生,故内怀五性六情,情者,静也;性者,生也。此人所禀六气以生也。"(《白虎通德论·情性》卷八)

可以看到,天地以太初之气,阴阳五行之化而生养万物,五行为天行气而人禀此气以内怀五性六情。汉儒以阴阳五行之说融入其天命论中而形成的这样一个贯通天人的模式就是汉代儒学的理论基础。

上述汉代儒学的理论基本上被范缜所继承。当范缜与他人辩论形神问题时就是以这种儒学理论为自己的神灭论进行辩护的:"人之生也,资气于天,禀形于地。是以形销于下,气灭于上,气灭于上,故言无不之。无不之者,不测之辞耳。"[1]

---

[1] 范缜:《答曹思文难神灭论》,《弘明集》卷九,四部丛刊本。

当以汉代儒学思想为背景的范缜和以佛教思想为背景的萧子良之间针对有佛无佛、因果报应等发生辩论时,二人的理论前提和逻辑结论都是互不相干的。由此才有萧"子良不能屈,深怪之"的记载。而范缜却将自己的观点加以系统化,进而形成著名的《神灭论》。

这篇文章的发表的结果是"朝野喧哗"。萧子良召集众多佛教高僧与范缜就《神灭论》的观点展开辩论,却始终不能让范缜屈服。名士王琰企图以儒家礼制嘲笑范缜的神灭论:"呜呼范子!曾不知其先祖神灵所在。"范缜则反唇相讥:"呜呼王子!知其祖先神灵所在,而不能杀身以从之。"(《南史·范缜传》卷五十七)从其咄咄逼人的气势来看,范缜颇有因为理直而气壮的感觉。

有鉴于在理论上不能说服范缜,萧子良仍然希望范缜能够放弃神灭论的思想。他让一位与自己一样主张儒、佛共处的秘书丞王融劝说范缜:"神灭既自非理,而卿坚执之,恐伤名教。以卿之大美,何患不至中书郎,而故乖刺为此,可便毁弃之。"范缜闻言大笑曰:"使范缜卖论取官,已至令仆矣,何但中书郎邪。"(《南史·范缜传》卷五十七)十分明显,以萧子良为代表的佛教势力无论从理论还是现实层面都没有让范缜屈服。

范缜与佛教势力之间关于神灭论的第二次争论发生在梁武帝萧衍建立梁朝,并取得了政局的相对稳定之后。与萧子良一样笃信佛教的梁武帝以皇帝的身份批判范缜的神灭论。在《敕答臣下神灭论》中,梁武帝认为儒、释、道三家都不主张神灭论,即使是范缜信仰的儒家经典也是屡言不灭:"观三圣设教,皆云不灭,其文浩博,难可具载,止举二事,试以为言,祭义云,惟孝子为能飨亲。礼运云,三日斋必见所祭。"如果对此表示怀疑,则范缜就是对儒家的背叛:"若谓飨非所飨,见非所见,违经背亲,言语可息。"①

与范缜的其他论敌不同的是,梁武帝除引经据典地指责范缜外,他更

---

①　梁武帝:《敕答臣下神灭论》,《弘明集》卷十,四部丛刊本。

从形而上的高度看待这一争论,进而提出人的认识有限性的结论:"沦蒙怠而争一息,抱孤陋而守井,岂知天地之长久,溟海之壮阔? 孟轲有云,人之所知,不如人之所不知。信哉!"在此结论的基础上,梁武帝终于提出了自己对范缜神灭论思想的处理办法:"位现致论,要当有体,欲谈无佛,应设宾主,标其宗旨,辨其短长。"①

根据《弘明集》的记载,梁武帝的这篇敕文在天监六年(公元507年)公布,于是王公大臣凡六十多人先后奉旨写出了七十多篇有关神不灭思想的文章,并以此对范缜的神灭论加以批判,由此产生了第二次关于神灭论的儒佛之争。双方你来我往、彼此论难,为我们留下了不少当时人们有关形神问题的哲学思考。由此也可以反映当时儒家、佛教的理论水平及其各自的发展趋势。

在这场关于形神问题的争论中,反映了儒、佛两家在人生问题上不同的理论导致不同的解释语境。范缜是以"积善余庆,积恶余殃"的观念为核心、以圣人"神道设教"和偶然命定论为补充来构建对于人生问题的解释系统的。尽管这样的理论存在缺陷,却是对先秦、两汉儒学传统的继承和发展,具有顽强的生命力。

佛教则是以因果报应论为核心、以三世轮回的理论为补充来构建对于人生问题的解释系统的。但佛教的因果报应论非常精深缜密,认为:"心以善恶为形声,报以罪福为影响,本以情感,而应自来,岂有幽司?"②即善恶祸福的因果报应不由外在的"幽司"主宰,而完全取决于自我的行为,因为自我行为所造之业与所得之祸福报应是相应的。这里,佛教将报应的主宰由外在的"幽司"内化为主体的"心",使报应的主宰与受报的主体合二为一:"受之无主,必由于心。心无定司,感事而应。应有迟速,故报有先后。先后虽异,咸随所遇而为对。对有强弱,故轻重不同。斯乃自

①　梁武帝:《敕答臣下神灭论》,《弘明集》卷十,四部丛刊本。
②　慧远:《明报应论》,《弘明集》卷五,四部丛刊本。

然之赏罚。"　①因心感事而有先后、强弱不同的报应,即"自然之赏罚",也就是自作自受。

佛教的这种自作自受的因果报应论同样存在与现实不符的问题:"世或有积善而殃集,或有凶邪而致庆。"②对这一现象的困惑以及由此产生的对因果报应论的怀疑都是合乎情理的反应。佛教对此的解释是:"由世异典以一生为限,不明其外。其外未明,故寻理者。自毕于视听之内,此先五即民心而通其分。以耳目为关键者也。"③这里暗中指责儒家经典以耳目视听所及之范围为限,即"以一生为限"。站在如此经验层面的立场,必然对先验层面的问题无法理解,即"不明其外",从而导致"故寻理者"的结果。

佛教提出的解决办法就是将因果报应的适用范围扩展至耳目视听所及以外的轮回的三世:"经说:业有三报。一曰现报,二曰生报,三曰后报。现报者善恶始于此身,即此身受。生报者来生便受。后报者或经二生、三生、百生、千生,然后乃受。"④

业报既然能够在过去、现在、未来三世中得以实现,则因果报应论就是成为超越时空的范畴。但是这样的观点存在一个问题,即业报究竟是如何在轮回的三世中实现的? 换言之,在轮回的三世中作为因果报应连续的中介或承载者是什么? 佛教认为这个中介或承载者就是"神",因为其具有承载业报"冥移"于三世的能力:"神也者,圆应无主,妙尽无名,感物而动,假数而行。感物而非物,故物化而不灭。假数而非数,故数尽而不穷。有情则可以物感,有识则可以数求。数有精粗,故其性各异。智有明暗,故其照不同。推此而论,则知化以情感,神以化傅。情为化之母,神

---

① 慧远:《三报论》,《弘明集》卷五,四部丛刊本。
② 慧远:《三报论》,《弘明集》卷五,四部丛刊本。
③ 慧远:《三报论》,《弘明集》卷五,四部丛刊本。
④ 慧远:《三报论》,《弘明集》卷五,四部丛刊本。

为情之根。情有会初之道,神有冥移之功。"①神非物,故不灭。神若受
情、识所染,则必然被物、数所束缚。但物是有限的存在,物化缘于"情"
感,神则由于化而彰显其"傅"的能力,这个"傅"就是"冥移"、有时也写
作"冥傅",意思是说"神"能够作为业报在轮回的三世"冥移"、"冥傅"的
中介,就像薪火由甲薪傅于乙薪一样,这个道理只能是那些具有先觉之明
的悟宗之匠可以理解:"向使时无悟宗之匠,则不知有先觉之明,冥傅之
巧没世靡闻。何者? 夫情数相感其化无端,因缘密构潜相傅写。自非达
观执识其变。请为论者验之。以实火之傅于薪。犹神之傅于形火之傅异
薪。犹神之傅异形。"②

　　佛教上述以"神"为因果报应在轮回三世中的中介或承载者的理论
尽管十分精致、巧妙,却有一个关键的前提即神不灭论。如果神不灭论不
成立,则因果报应论存在疑问,则整个佛教思想体系也存在疑问。

　　似范缜这样的儒家学者确实是目光如炬,知道佛教思想的基础就是
以神不灭论为前提的因果报应论。如果能够证明神不灭论的不成立,则
无异于对佛教思想釜底抽薪的致命一击;与此同时也是对传统儒家思想
的强有力维护。事实上,范缜也是这样做的。

第四节　神灭论的哲学思想

　　《南史》对范缜神灭论思想作了简明扼要的概括:"神即形也,形即神
也,形存则神存,形谢则神灭。形者神之质,神者形之用。是则形称其质,
神言其用,形之与神,不得相异。"(《南史·范缜传》卷五十七)

　　通观范缜的神灭论思想,可以发现自始至终围绕着"形神相即"这

---

① 慧远:《沙门不敬王者论·形尽神不灭》,《弘明集》卷五,四部丛刊本。
② 慧远:《沙门不敬王者论·形尽神不灭》,《弘明集》卷五,四部丛刊本。

一核心观念展开论证。范缜在《神灭论》中开宗明义地立论说："神即形也,形即神也;是以形存则神存,形谢则神灭也。"(《梁书·范缜传》卷四十八)

这里必须澄清其中的三个概念:形、神、即的含义。在范缜的神灭论思想中,"形"的含义是比较简单的。他在辩论中说:

"形者神之质。"

"是生者之形骸,变为死者之骨骼也。"

"又岂有圣人之神而寄凡人之器,亦无凡人之神而托圣人之体。"(《梁书·范缜传》卷四十八)

十分明显,"形"有质、形骸、器、体等含义,概括而言就是形体、身体之义。范缜对"形"的理解大体继承了传统意义上的含义,这里不妨略举几例:

"夫形者,生之舍也;气者,生之充也;神者,生之制也。"(董仲舒:《春秋繁露·深察名号》)

"精神居形体,犹火之然烛矣。"(桓谭:《新论·形神》,《弘明集》卷五)

"人之精神藏于形体之内,犹粟米在囊橐之中也。死而形体朽,(精气)散,犹囊橐穿败,粟米弃出也。"(王充:《论衡·论死》卷二十)

"人禀元气于天,各受寿夭之命,以立长短之形。"(王充:《论衡·无形》)

上述观点表明,"形"在传统意义上的含义,是"神"寄居的场所。而"神"才是人生的本质所在。因为"神"是人禀天之元气而成,故是"生之制"。如果结合范缜在辩论中所说:"人之生也,资气于天,禀形于地。是以形销于下,气灭于上,气灭于上,故言无不之。无不之者,不测之辞耳。"(范缜:《答曹舍人》,《弘明集》卷九)可以发现,在范缜的思想中,人的生命由粗糙的血肉形体和禀受于天的元气、精气之"神"构成。形与神之间的关系,除去形为神舍、形谢神灭等前人早已提出的观念外,他第一次提出了"形神相即"的命题。

所谓"形神相即"就是"神即形也,形即神也"。我们需要了解"即"

的含义以便搞清范缜所说"形神相即"的意思。范缜在提出"神即形也,形即神也"的命题之后解释说:"是以形存则神存,形谢则神灭也。"(《梁书·范缜传》)由此可知,范缜的意思似乎认为形、神是不可分离的一种存在。

神不灭论的代表人物曹思文反驳范缜的文字可以帮助我们更好地理解范缜的意思:"形非即神也,神非即形也。是合而为用者也,而合非即也。"(曹思文:《难范中书神灭论》,《弘明集》卷九)从曹思文的反驳中可以知道,范缜所说的"即"不是"合"的意思。换言之,在范缜的思想中,形与神不是二个独立的存在,而是一体两面的一个存在,就是所谓"名殊而体一也"。(《梁书·范缜传》)

另有一则材料可以佐证上述判断。范缜主张"神"由知(痛痒之知)和虑(是非之虑)构成。反对者问曰:"知之与虑,为一为异?"范缜答曰:"知即是虑。浅则为知,深则为虑。"(《梁书·范缜传》)知和虑的关系是"即",而"即"表明知和虑是"神"中的两个层次而非两个独立的存在。由此而推之,形与神的关系也是如此。

最能准确表达范缜"形神相即"意思是他自己所说的"刀利之喻"。当对手问范缜:为什么认为形与神是"名殊而体一"的关系?范缜答曰:"神之于质,犹利之于刀;形之于用,犹刀之于利;利之名非刀也,刀之名非利也。然而舍利无刀,舍刀无利。未闻刀没而利存,岂容形亡而神在?"(《梁书·范缜传》)他以刀喻形、以刀之锋利喻神,刀与刀之锋利相互依存、缺一不可,故形与神也是相互依存、缺一不可的关系。

综合上述列举的材料可以知道,范缜是以体用论来理解"形神相即"这一命题的。既然神与形、用与质都类似于利与刀之间的关系,则"形神相即"就是形质神用的体用关系。正如范缜所说:"形者神之质,神者形之用,是则形称其质,神言其用,形之与神,不得相异也。"(《梁书·范缜传》)形与神"不得相异"、而是一个"名殊而体一也"(《梁书·范缜传》)的独立存在,形是实有层面的具体存在,神则是形体在作用层面的一种呈

127

现状态。

看到范缜借助体用论来诠释形神关系,不禁让人感受到一股强烈的玄学气息。因为魏晋时期的玄学大家王弼、郭象等都以体用论作为自己玄学思想的一个重要部分。王弼有一段非常典型的体用论材料,他说:"天也者,形之名也。健也者,用形者也。夫形也者,物之累也。有天之形,而能永保无亏,为物之首,统之者岂非至健哉!"[1]在王弼看来,有形之天是实有层面(体)的万物之形名,并非万物之根据。真正能够为万物之本者天在作用层面(用)呈现的无形之至健。这是玄学利用体用论诠释超越本体的代表性材料。

与此同时,当有人问范缜:"神灭有何利用邪"时,范缜在认为佛教"其流莫已,其病无限",而自己的神灭论具有"思拯其溺"的功用之后,围绕着神灭论的理论基础有一段十分重要的材料:"若陶甄禀于自然,森罗均于独化,忽焉自有,恍尔而无,来也不御,去也不追,乘夫天理,各安其性,小人甘其垄亩,君子保其恬素,耕而食,食不可穷也,蚕而衣,衣不可尽也,下有余以奉其上,上无为以待其下,可以全生,可以匡国,可以霸君,用此道也。"(《梁书·范缜传》)万物之生均源于独化,无论其从无自有、抑或从有而无都禀于自然。如果万物顺乎自然之天理,就会各安其性。百姓安居乐业,君主无为而治,由此实现全生、匡国、霸君的目标。

这段材料具有浓郁的玄学气息,其中的"自然"、"独化"、"无为"和"全生"等观念无疑源自郭象的玄学独化论。例如郭象以"天地"为万物之总名,以"自然"为万物之正理:"天地者,万物之总名也。天地以万物为体,而万物以自然为正。自然者,不为而自然者也。"(郭象:《庄子·逍遥游注》)郭象还将"独化"诠释为从无生有:"夫生之难也,犹独化而自得之矣。"(郭象:《庄子·大宗师》注)这些说法与范缜的观点十分接近。可以说,范缜的神灭论是以玄学尤其是郭象的独化论为理论基础的。

---

① 王弼:《周易·象传·乾注》,载楼宇烈:《王弼集校释》,中华书局 1980 年版,第213页。

　　如果上述说法成立的话,则范缜的神灭论中一些语焉不详的内容和环节就逐渐具体、清晰了。与此同时,整个神灭论思想也就显得一以贯之、完整而有系统。

　　范缜的神灭论是以"气"为其思想基础的。他说:"是以形销于下,气灭于上,气灭于上,……岂必其有神与知邪?"(范缜:《答曹舍人》,《弘明集》卷九)十分明显,在范缜看来,神与知是以"气"的形式表现出来的,这无疑是从实有层面来理解"神"的。这一诠释方向是范缜继承传统儒学气论思想而来。如果结合他在解释形神关系时提出的"形者神之质,神者形之用"的说法,则以气释"神",使"形"、"神"都从实有层面加以理解,将导致二者在实有层面有彼此独立存在的可能,从而无法实现"形称其质,神言其用"的形神体用关系。

　　为了强调"形"在实有层面(体)尤其是"神"在作用层面(用)的不同的存在形式,范缜将"神"分疏为痛痒之知和是非之虑两个方面:"是非、痛痒虽复有异,亦总为一神矣。"(《梁书·范缜传》)所谓痛痒之知,无疑是指人对外界的感知能力,是"神"在形质(体)层面发挥的作用。尽管范缜也有"今人之质,质有知也"。"人无无知之质"等说法,但主要还是强调"神"的作用。所谓是非之虑,是指人的道德反思能力,无疑是"神"在作用层面存在的本质特征。至于痛痒之知和是非之虑之间的关系,范缜提出"知即是虑。浅则为知,深则为虑"。(《梁书·范缜传》)也就是说,"神"在作用层面具有浅层的感知作用和深层的道德反思作用。

　　当范缜提出"神"具有感知作用和道德反思作用的同时,又进一步主张:"是非之虑,心器所主。"(《梁书·范缜传》)通观上下文可以知道,范缜主张"是非之虑"是"心器"在作用层面的存在方式。范缜一方面承认"心器"这个概念是实有层面的具体存在,如"心器是五藏之心","比干之心,七窍列角;伯约之胆,其大若拳;此心器之殊也"(《梁书·范缜传》);另一方面又强调"心器"在作用层面的特殊存在:"五藏各有所司,无有能虑者,是以知心为虑本。"(《梁书·范缜传》)在这里,范缜首先是将"心器"视为人体（形）的一部分，如同手足、五藏等一样看待，即"手足虽异，总为一人"；作为形之一部分的"五藏各有所司。"如果说"心器"在实有层面表现为"五藏之心"这样具体的存在的话，则其在作用层面的表现方式就是"是非之虑"，正是在作用层面（而非实有层面）上可以说"心为虑本"。

综合上述说法，"神"表现为痛痒之知和是非之虑两个方面。而心器只是"神"中的"是非之虑"在实有层面的存在方式。换言之，"是非之虑"是心器在作用层面的存在方式。至于"神"中的"痛痒之知"，则是"形"中具有感知能力的部分在作用层面的存在方式，反之亦然，"形"中具有感知能力的部分是"痛痒之知"在实有层面的存在方式。

范缜将"神"具有的痛痒等感知能力和判断是非等的道德反思能力作了一种十分有意思的诠释，从而使"神"成为儒家思想体系中的一个不可或缺的重要观念。当神不灭论者以"虑思无方"为由提出"虑体无本"的观点时，范缜反驳说："苟（虑）无本于我形，而可遍寄于异地。亦可张甲之情，寄王乙之躯；李丙之性，托赵丁之体。然乎哉？不然也。"（《梁书·范缜传》）范缜说这段话的原意是要说明作为"神"之一部分的是非之虑本于我形，但其中却透露了另外一层意思。在范缜看来，如果说作为"神"之一部分的是非之虑本于我形，则作为"我形"（张甲、李丙）的情、性是不可能寄于"他形"（王乙、赵丁）的。换句话说，既然是非之虑与情、性有关，则"神"无疑与情、性有关。另有一条可资旁证的材料，玄学大家王弼说："善不善犹是非也。"（《老子》二章注）"善"与"不善"是人性的范畴，所以"是非"是与性有关的。

而范缜在另外一处表达了这样一种观点："今伤之则病，是形痛而神不痛也。恼之则忧，是形忧而神不忧也。忧虑痛废，形已得之如此，何用劳神于无事耶。"（《答曹舍人》，《弘明集》卷九）可以知道，范缜明确无误的将伤、痛、恼、忧等属于人之情感的观念植根于"形"。

结合上述两段材料，我们似乎可以得到这样一个结论：人之性、情与

"神"有非常密切的关系。进而言之,"神"具有的痛痒等感知能力与人情有密切关系,"神"具有的判断是非等的道德反思能力与人性有密切关系。

范缜利用体用论将"神"分疏为性、情两个层面。而作为一个玄学化的儒家学者,范缜必然将性、情建构于"自然"、"独化"的基础之上。在现有材料中,范缜只是简单的提到"若陶甄禀于自然,森罗均于独化"这样一段话。在范缜看来,上述说法在王弼、郭象的注疏中反复言说,已是众所周知、耳熟能详的观念。例如王弼主张:"万物以自然为性。"(《老子》二十九章注)郭象也说:"而万物以自然为正。"(《庄子·逍遥游注》)"自然耳,故曰性。"(《庄子·山木注》)玄学家王弼、郭象都将包括人性在内的万物之性的根据归结为"自然"。而根据王弼、郭象的这一思想,范缜才会提出"若陶甄禀于自然,森罗均于独化,……乘夫天理,各安其性"。(《梁书·范缜传》)也就是说,万物之性的本质表现为作用层面的"自然"而非实有层面之"气"性,这才是"天理"。只有"乘夫天理",才能"各安其性"。

然而,范缜在此问题上的确是语焉不详,而是将论证的重点放在圣人与凡人的同异上。他企图通过比较圣人与凡人的同异,证明人性的本质在于作用层面之"自然"。

圣人与凡人之间的区别在哪里?范缜认为圣人之形与圣人之神是相辅相成的,凡人亦然,他说:"岂有圣人之神,而寄凡人之器,亦无凡人之神,而托圣人之体。……是知圣人定分,每绝常区,非惟道革群生,乃亦形超万有。凡圣均体,所未敢安。"(《梁书·范缜传》)范缜秉承自己"形神相即"的基本观点,主张圣人之形神是相一致的,凡人之形神也是相一致的,且圣人、凡人彼此互不相干。所以圣人之形神是凡人不能企及的"定分",是与凡人之形神("常区")相互隔绝的。由此圣人之形神不仅"道革群生"即禀赋"道"之天理,而"道"之天理又是与凡人等群生相互隔绝的,只有这样,圣人才会"形超万有",当然也会神超万有。故而范缜认为

"凡圣均体,所未敢安"。

当人们困惑于圣人之形并非异于凡人之形的现象时,不禁要问:"敢问阳货类仲尼,项籍似大舜,舜项孔阳,智革形同,其故何邪?"范缜认为圣凡之形是有区别的:"珉似玉而非玉,鸡类凤而非凤,物诚有之,人故宜尔。项阳貌似,而非实似。"(《梁书·范缜传》)而凡圣之间"智革形同"的原因在于"心器不均,虽貌无益"。(《梁书·范缜传》)范缜在另一处也说到同样的意思:"圣同于心器,形不必同也,犹马殊毛而齐逸,玉异色而均美。是以晋棘、荆和,等价连城;骅骝、騄骊,俱致千里。"(《梁书·范缜传》)也就是说,圣人之形与凡人之形在本质上是不同的。如果彼此相同,也不过是貌似而已。其本质上的不同之处表现为"智革形同",而原因则在于"心器"的不同。圣人之"心器"无论从实有层面的外形还是从作用层面的知虑(情性)都与凡人之"心器"完全不同。所以,正是在"心器"的层面上,范缜认为圣人之形神与凡人之形神是完全不同的。

综合上述说法,范缜的圣人观大体有这样几层意思。

第一,"形超万有":圣人之形与凡人之形是截然不同的,圣人之形只能是圣人之神的载体;而凡人之形只能是凡人之神的载体;圣凡之间的所谓"形同"只是如同珉似玉、鸡类凤那样貌似而非实似。

第二,"圣同于心器":尽管存在凡圣之间貌似而非实似的现象,但导致凡圣之间"智革形同"的原因在于"心器"的不同。圣人与凡人的本质不同在于"心器"的不同;而圣人与圣人的相同之处在于"心器"的相同;简言之,圣同于心器。

第三,"圣人定分"、"道革群生":根据玄学思想,万物之性的本质呈现为作用层面的"自然"状态,即"陶甄禀于自然",只有真正能够将自己的本性呈现为"自然"状态的才是圣人。这就是圣人的"定分",而圣人呈现出来的"自然"状态就是"道"之天理。正是圣人所禀赋的"道"之天理使其不仅表现为"道革群生",而且表现为"形超万有"。

如果范缜主张"陶甄禀于自然"是说万物之性的本质呈现为"自然"

状态这一"道"之天理，那么他在另外一处又说"人之生也，资气于天，禀形于地。是以形销于下，气灭于上。"(《答曹舍人》，《弘明集》卷九)表明范缜将"神"理解为一种"气"的状态。那么，"自然"状态与"气"的状态之间明显是"道"在作用层面和实有层面的不同表现形式，是玄学利用一体两面的体用论对终极根据的典型诠释。"气"的状态是"道"在实有层面的表现形式，而"自然"状态则是"道"在超越的作用层面的存在形式。换句话说，以"自然"言说道，是从超越的作用层为实有层之"气"提供终极根据，从而使实有层之"气"超拔至作用层之"自然"，进而可以取代传统的"气"论而成为万物存在的最后依据。所以说，"自然"是从现实上有所依恃而然反上来的一个层次上的超越。

在范缜看来，作为万物存在最后依据的"自然"还有一个同样意义的概念即"独化"，也就是所谓"陶甄禀于自然，森罗均于独化"。范缜没有详细解释"独化"的含义，但从其简略的论述"忽焉自有，恍尔而无，来也不御，去也不追，乘夫天理，各安其性"。(《梁书·范缜传》)"自有"、"而无"是独化论的观念，是玄学的"天理"，从中我们可以明显的发现郭象的影子。

何谓"独化"? 郭象说："夫造物者，有耶无耶? 无也? 则胡能造物哉? 有也? 则不足以物众形。故明众形之自物而后始可与言造物耳。是以涉有物之域，虽复罔两，未有不独化于玄冥者也。故造物者无主，而物各自造，物各自造而无所待焉，此天地之正也。故彼我相因，形景俱生。虽复玄合，而非待也。明斯理也，将使万物各反所宗于体中而不待乎外，外无所谢而内无所矜，是以诱然皆生而不知所以生，同焉皆得而不知所以得也。"(《庄子·齐物论注》)郭象认为，万物不可能源于一个共同的造物者，万物的存在是自我创造的结果。从"有物之域"即物质世界来看，万物从"玄冥"中自我创造就是"独化"。而"玄冥者，所以名无而非无。"(《庄子·大宗师注》)所以，郭象的独化论仍然以"无"为最后的依据，只是强调"无"并非是万物的造物者。郭象主张"无"在作用层面表现出来的"自然"状态及其在万物本性中表现出来的自我创造即"独化"现象才使"无"成为万物最后的依据。而在这个意义上,"无"也可以被视为"玄冥",即"名无而非无"的境界。这是天地之正理。郭象之所以强调"独化"而没有将"无"视为万物的造物者,是希望"将使万物各反所宗于体中而不待乎外",也就是说万物存在的根据源于内在的本性而非外在的造物者。

能够达到这种"玄冥"境界、体认"无"及其所呈现的"自然"、"独化"等天地之正理的只能是圣人。因为圣人之所以为圣,关键就在于他能将"无"圆满而充尽地在自己的生命中体现出来,"无"只能被体现出来而不是可以用语言来加以训解的。[1] 具体而言,圣人在玄冥之境中体认"无",即在自己的生命中将"自然"、"独化"状态体现出来的方法是"外内相冥"。郭象说:"夫理有至极,外内相冥。未有极游外之致,而不冥于内者也;未有能冥于内,而不游于外者也。"(《庄子·大宗师注》)内外相冥是圣人在玄冥境界的圆融合一状态。

而范缜将郭象的上述说法概括为"夫圣人者,显仁藏用,穷神尽变"。(《答曹舍人》,《弘明集》卷九)言下之意,只有圣人才能在玄冥之境将内在的"神"与外在的"无"相互冥合,进而彰显"神"中内发的仁义、呈现"无"中无尽的变化。由此,圣人成为沟通天人之间的中介。换言之,圣人是天道在人间的人格化身,他替天行道、代天立教、是人间真正的主宰。

基于上述观点,范缜将圣人视为儒家礼学思想的根据。他说:"若均是圣达,本自无教,教之所设,实在黔首。黔首之情,常贵生而贱死,死而有灵,则长果敬之心,死而无知,则生慢易之意。圣人知其若此,故庙桃坛墠,以笃其诚心,肆筵授几,以全其罔己,尊祖以穷郊天之敬,严父以配明堂之享。且忠信之人,寄心有地,强梁之子,兹焉是惧,所以声教昭于上,风俗淳于下,用此道也。故经云:为之宗庙,以鬼享之。言用鬼神之道,致

---

① 牟宗三:《中国哲学十九讲》,上海古籍出版社 1997 年版,第 217 页。

兹孝享也。春秋祭祀,以时书之,明厉其追远,不可朝死夕亡也。……宗庙郊社,皆圣人之教迹,彝伦之道,不可得而废耳。"①

由于圣人设教的目的在于移风易俗,则圣人设教的内容是否真实反而成为一个无足轻重的问题。即使内容是虚假的也不认为是欺妄:"夫欺者,谓伤化败俗,导人非道耳。苟可以安上治民,移风易俗,三光明于上,黔黎悦于下,何欺妄之有乎? ……郊丘明堂乃是儒家之渊府也,而非形神之滞义。"②

范缜是当时"博通经术,尤精三礼"(《梁书·范缜传》)的礼学家。对于范缜的礼学思想,由于材料散佚殆尽,除去前面所述他将圣人视为礼学思想的根据以外,我们所知甚少。

根据《梁书》、《南史》和《弘明集》的记载,范缜在南朝齐、梁时期是一个儒家礼学的著名学者。他继承传统儒学的衣钵尤其对形神问题具有很高的造诣。

面对佛教在理论和实践方面的挑战,范缜将传统儒学的气论和郭象玄学的独化论相结合,形成一体两面的神灭论思想。并以儒家神灭论为武器,在理论上抗衡佛教对儒家思想的挑战,其表现形式就是儒家神灭论和佛教神不灭论之间的论争。但是,儒、佛双方分别从完全不同的思想体系出发,以己之是攻彼之非,其结果自然是各说各话,谁也无法说服对方。尽管范缜在气势上"辩摧众口,日服千人"。但在理论上仍然不能取得优势。最后梁武帝只能以范缜"灭圣"、"乖理"的钦定方式结束了这场辩论。

作为当时儒家思想的一个代表性人物,范缜以神灭论为核心的儒学理论有其客观的、理论上的特点和局限性。

第一,对佛教思想的有限了解。

范缜的理论核心是传统儒学的气论、魏晋玄学的体用论和郭象的独

---

① 范缜:《答曹舍人》,《弘明集》卷九,四部丛刊本。
② 范缜:《答曹舍人》,《弘明集》卷九,四部丛刊本。

化论,它们都是中国本土的传统思想资源。这种传统文化的知识背景决定了范缜的理论活动必然以维护传统儒家思想为目的。然而,这个目的导致范缜只是看到佛教文化对儒家思想、宗法社会和现实政权的威胁,却未曾意识到它对儒学理论的巨大的借鉴意义和对现实社会的道德教化作用。追根究底,对佛教思想的博大、深邃不甚了了应该是导致范缜思想局限性的主要原因之一。

第二,神灭论的理论悖论。

儒学在现实社会发挥道德教化作用的一个主要形式就是丧礼和祭祀制度,即曾子所谓"慎终追远,民德归厚矣"。(《论语·学而》)所以,儒家的礼教主张建立宗庙以祭祀祖宗。若以范缜神灭论的观念,去世的先人是形散神灭,则祭祀祖宗的意义何在呢? 如果祭祀祖宗没有意义,则儒家在现实社会的道德教化作用就无从谈起。范缜以圣人神道设教的方式为儒家的道德教化作用提供根据。也就是说,宗庙祭祀的规定并非承认鬼神的存在,其唯一的目的就是发挥道德教化作用。然而,正如神不灭论者所说的:既然祖宗的神灵早已不复存在,圣人只是为教化的目的而设计祭祀祖宗的制度,那么圣人的行为无疑是一种欺妄了。

实际上范缜的神灭论处于一种两难的境地:若坚持神灭论就必须背负欺妄蔑圣的骂名;若放弃神灭论则无异于向神不灭论举手投降;唯一的解决办法就是世俗中人都为圣贤君子,而这一要求又太不现实。梁朝司农卿马元和一语道破:"神灭之为论,妨政实多。非圣人者无法,非孝者无亲。二者俱违,难以行于圣世矣。"①宗庙祭祀、慎终追远是儒家思想为适应宗法社会"亲亲"、"尊尊"基本原则而建构的道德教化之法。如果神灭论妨碍了宗法社会的基本价值观,只能认为是理论本身存在问题。

第三,因果报应的困境。

神灭论在现实社会中令人沮丧的道德说服力是其无法广泛传播的重

① 马元和:《答释法云书难范缜神灭论》,《弘明集》卷十,四部丛刊本。

要原因。按照神灭论的逻辑,形体的死亡必然导致精神的湮灭。如此则人生的善恶是非及其由此导致的祸福吉凶必须在现世一一相应,才能符合儒家"积善余庆,积不善余殃"的道德教化原则。然而,我们的现实社会是无法满足严格意义上的赏善罚恶的教化原则的。正因为此,神灭论对现实社会的道德教化作用就显得相当脆弱。十分明显,如果为善反而得祸、为恶反而得福,则道德教化的合理性将受到质疑。

第四,形神体用论的局限性。

范缜的神灭论以传统儒学的气论为基础,又结合玄学体用论以说明形神关系,使儒学的气论思想从实有层面的存在超越至作用层面的"自然",为神灭论奠定了新的哲学基础。

范缜利用玄学体用论来解释形神关系,较之以往的神灭论有很大的理论上的深入。甚至范缜的对手曹思文都不得不承认在神灭论的论据中,唯有此一论证是可以接受的。

然而,神灭论以"自然"为终极根据容易使人走向清静无为的道家人生观,这与神灭论的儒家入世的初衷是背道而驰的。另一方面,当范缜将体用论作为神灭论的重要组成部分时,佛教的神不灭论同样在借助体用论完善自己的理论体系。所以,当双方站在各自立场相互争论时,范缜的神灭论是不能从理论上战胜佛教的神不灭论的。

第五,心为虑本的论证。

范缜将"神"的作用分疏为感性认知和理性的道德反思能力。并将其着落在五脏中的心器上,提出"心为虑本"的观点。这里的所谓"心",无疑是古人所说的思维器官。由此来看,范缜已经将"神"进一步内化为"心"中的具有认知和道德反思能力的概念。也就是说,"心"之所以是具有思维能力的器官,在于其中存在的具有认知和道德反思能力的"神"。

然而,范缜的神灭论一方面始终将自己的论证建立在有形的经验世界的基础之上,即始终坚持"形"的决定性作用;另一方面,他在讨论"神"的作用时逐渐将其内化、超越至无形的先验世界;与此同时,范缜又反复强调"形谢神灭"的观点。从本质上说是自相矛盾的。

可以认为,神灭论与神不灭论之间的争论是儒家文化与佛教文化相互交流过程中的一次理论对话。不管争论的结果如何,当时的儒家文化在理论和现实中均陷入自相矛盾的困境。范缜的神灭论对儒学理论的贡献是毫无疑问的,但其在神灭之争中暴露出来的儒家文化自身的困境却更加具有历史意义。因为上述事实为儒学的发展指明了方向,即充分汲取佛教文化的精华,促进儒释道三教合一,实现儒家文化否定之否定的涅槃重生。历史的发展证明,宋明儒学的出现正是上述趋势成为现实后顺理成章的结果。在此意义上说,范缜及其神灭论思想对于儒学历史的推动作用超过其对儒学理论的贡献。

第六章　梁武帝之新儒学思想

梁武帝时代是南朝的鼎盛期,也是南朝历史中颇为关键的一个阶段。作为这一阶段的最高统治者,梁武帝不仅在政治上,而且在思想文化领域发挥了重要的影响。

唐代历史学家、《南史》作者李延寿在谈到梁武帝时说:"梁武帝……制造礼乐,敦崇儒雅,自江左以来,年踰二百,文物之盛,独美于兹。然先王文武递用,德刑备举,方之水火,取法阴阳,为国之道,不可独任;而帝留心俎豆,忘情干戚,溺于释教,弛于刑典。既而帝纪不立,悖逆萌生,反噬弯弧,皆自子弟,履霜弗戒,卒至乱亡。自古拨乱之君,固已多矣,其或树置失所,而以后嗣失之,未有自己而得,自己而丧。追踪徐偃之仁,以致穷门之酷,可为深痛,可为至戒者乎!"(《南史·武帝纪下》卷七)

在漫长的中国历史上,从乱世之中缔造一个新王朝的开国之君并不算少,而从自己手上得到天下、又从自己手上失去天下的君王就屈指可数了,即"未有自己而得,自己而丧"。所以,从政治层面而言,梁武帝无疑是一个悲剧性人物。如果从思想文化层面来看,梁武帝弘扬儒家之礼乐、传播道家之有无、阐释佛家之精义,"自江左以来,年踰二百,文物之盛,独美于兹。"梁武帝统治时期的梁朝可以说是整个魏晋南北朝历史中思想文化最繁荣的时期。

不可否认,梁武帝是历史中对佛教最为虔信的一个皇帝,但他对儒、道、释三家思想的理解,在同时代人中罕有匹敌者。《梁书》的作者姚思

廉在论及梁武帝个人的道德学问时说："历观古昔帝王人君,恭俭庄敬,艺能博学,罕或有焉。"(《梁书·武帝纪下》卷三)

那么,梁武帝在南朝儒学发展史上发挥了什么作用?面对正在孕育着一场重大变化的儒学思想,梁武帝又扮演了什么角色?这是本章试图回答的问题。

第一节　思阐治纲,每敦儒术

梁武帝萧衍(公元464—549年),字叔达,南兰陵人,南齐高帝萧道成族孙。他自幼敏而好学,且受到儒学经典和礼法的严格教育。《梁书》和《南史》都说他"少而笃学",而且师从名儒。我们从《南史·刘瓛传》中可以发现:"梁武帝少时尝经伏膺",也就是说梁武帝少时曾经跟随刘瓛学习儒学经典,而刘瓛是"儒业冠于当时,都下士子贵游,莫不下席受业,当世推其大儒,以比古之曹、郑"。(《南史·刘瓛传》卷五十)

另一方面,儒学礼法对少年梁武帝的影响也是相当深的。根据《梁书·武帝纪下》的记载:梁武帝六岁时,母亲去世,他"水浆不入口三日,哭泣哀苦,有过成人"。当他为父亲扶桑时,"销毁骨立,亲表士友,不复识焉。望宅奉讳,气绝久之,每哭辄呕血数升。服内不复尝米,惟资大麦,日止二溢。拜扫山陵,涕泪所洒,松草变色。"

在严格的经典学习和礼法教化熏陶下,梁武帝逐渐成为一个信奉儒家思想的读书人,即时人所谓"诸生"。《梁书·武帝纪上》记载:当梁武帝已经实际上夺得南齐政权,百官固请其接受南齐皇帝的"禅让"时的一个冠冕堂皇的理由是:"且明公(梁武帝)本自诸生"。由此可见,梁武帝在儒学方面的修为和造诣是得到当时名士群体公认的。

梁武帝在谈到自己青少年时代的求学经历时也证实了上述看法:

"少时学周孔,弱冠穷六经。"①穷究六经的梁武帝"博学多通,好筹略,有文武才干,时流名辈咸推许焉"。当时的名士领袖、儒宗王俭见到梁武帝,深相器异,对庐江何宪说:"此萧郎三十内当作侍中,出此则贵不可言。"南齐竟陵王萧子良招集文学才俊并游,梁武帝与沈约、谢朓、王融、萧琛、范云、任昉、陆倕等并被选中,号曰"竟陵八友"。在王俭、萧子良等人眼中是人中龙凤的梁武帝,毫无疑问是当时名士群体中的佼佼者。

当深受儒学思想熏陶的梁武帝夺得政权并建立萧梁王朝后,他总结前朝治国理政的经验教训说:"二汉登贤,莫非经术,服膺雅道,名立行成。魏、晋浮荡,儒教沦歇,风节罔树,抑此之由。"(《梁书·儒林传》卷四十八)在汲取前朝经验教训的基础上,梁武帝提出了自己治国理政的纲领。他在初登帝位的天监元年即下诏为自己少年时期的儒学业师刘"瓛立碑,谥曰贞简先生。所着文集行于世"。(《南史·刘瓛传》卷五十)梁武帝为刘瓛立碑、赐予谥号并不完全是为了纪念自己的儒学业师,而是有更为深刻的政治原因。根据《南史·刘瓛传》的记载,齐高帝萧道成初创萧齐政权,即召刘瓛问以政道。刘瓛答曰:"政在《孝经》。宋氏所以亡,陛下所以得之是也。"齐高帝咨嗟曰:"儒者之言,可宝万世。"由此可见,齐高帝十分欣赏刘瓛以孝道治天下的治国理念。而梁武帝为刘瓛立碑、赐予谥号很可能是在宣示自己以孝道治天下的政治主张。这种政治主张实际上暗含了梁武帝试图全面复兴儒学思想的愿望。

《隋书·经籍志》在论述《孝经》的地位和作用时,间接透露了梁武帝的上述愿望:"夫孝者,天之经,地之义,人之行。自天子达于庶人,虽尊卑有差,及乎行孝,其义一也。先王因之以治国家,化天下,故能不严而顺,不肃而成。斯实生灵之至德,王者之要道。孔子既叙六经,题目不同,指意差别,恐斯道离散,故作《孝经》,以总会之。"

《梁书》的作者似乎也洞察了梁武帝上述主张:"经云:'夫孝,德之本

---

① 梁武帝:《述三教诗》,《广弘明集》卷三十,四部丛刊本。

也.'此生民之为大,有国之所先欤! 高祖(梁武帝)创业开基,饬躬化俗,浇弊之风以革,孝治之术斯著。每发丝纶,远加旌表。而淳和比屋,罕要诡俗之誉,潜晦成风,俯列逾群之迹,彰于视听,盖无几焉。"(《梁书·孝行传》卷四十七)

梁武帝自己也明确表明了这种想法,他在《孝思赋》中说:"身虽死而名扬,乃忠孝而两全。……治本归于三大,生民穷于五孝。置天地而德盈,横四海而不挠。履斯道而不行,吁孔门其何教。"①

根据《梁书·武帝纪下》的记载,梁武帝亲自注释《孝经》,阐发其微言大义,撰成《制旨孝经义》,并将之作为国子学的教材。载中大通四年"侍中、领国子博士萧子显上表置制旨《孝经》助教一人,生十人,专通高祖(梁武帝)所释《孝经义》"。言下之意,梁武帝的《制旨孝经义》具有与《五经》相同的重要地位,是培养和选拔人才的儒学经典之一。也就是说,梁武帝的《制旨孝经义》有专门的助教讲授、专门的生员研习。如果有精通《制旨孝经义》的儒生,则会在仕途上得到朝廷的重用。

在梁武帝率先垂范下,皇子、名士、博士等纷纷注释《孝经》、阐发大义,一时蔚为大观。根据《隋书·经籍志》的记载,梁武帝撰《孝经义疏》十八卷,昭明太子萧统有《孝经义》三卷,简文帝萧纲有《孝经义疏》五卷,国子学博士严植之撰《孝经》一卷,国子学博士萧子显撰《孝经义疏》一卷、《孝经敬爱义》一卷,国子学博士皇侃撰《孝经义疏》三卷,国子学博士周弘正撰《孝经私记》二卷,梁代名士曹思文、江系之、江逊等注《孝经》各一卷,扬州文学从事太史叔明撰《孝经义》一卷。

梁武帝不但亲自撰成《制旨孝经义》等著作,而且亲自带头讲授《制旨孝经义》:"高祖(梁武帝)自讲《孝经》,使(朱)异执读。"(《梁书·朱异传》卷三十八)皇太子也曾当众讲授《孝经》,天监八年九月,皇太子萧统"于寿安殿讲《孝经》,尽通大义。讲毕,亲临释奠于国学"。(《梁书·

----

① 梁武帝:《孝思赋》,《广弘明集》卷二十九,四部丛刊本。

昭明太子传》卷八）这次讲授就是《隋书·经籍志》中记录的"皇太子讲《孝经义》一卷"。第二任太子萧纲在东宫时曾围绕《孝经》讲题，和儒者论议往复。（《陈书·张讥传》卷三十三）

梁武帝不但亲自注释、阐发和讲授《孝经》，而且还亲自考核和提拔成绩优秀者。根据《梁书·朱异传》的记载，素有"遍治《五经》，尤明《礼》、《易》"之名的朱异，年逾二十就受到梁武帝的召见。梁武帝"使说《孝经》、《周易》义，甚悦之，谓左右曰：'朱异实异。'"命朱异直西省，兼太学博士，迁尚书仪曹郎，入兼中书通事舍人，累迁鸿胪卿，太子右卫率，寻加员外常侍。后朱异一直把持朝政，成为梁武帝晚年的权臣。

"梁世以经学闻"的岑之敬，"年五岁，读《孝经》，每烧香正坐，亲戚咸加叹异。年十六，策《春秋左氏》、制旨《孝经》义，擢为高第。御史奏曰：'皇朝多士，例止明经，若颜、闵之流，乃应高第。'梁武帝省其策曰：'何妨我复有颜、闵邪？'因召入面试，令之敬升讲座，敕中书舍人硃异执《孝经》，唱《士孝章》，武帝亲自论难。之敬剖释纵横，应对如响，左右莫不嗟服。乃除童子奉车郎，赏赐优厚。"（《陈书·岑之敬传》卷三十四）

除去上述一系列措施外，梁武帝"以孝治天下"之国策的一个重要表现是繁荣儒家之礼学及其礼制。梁武帝在《孝思赋》中说："治本归于三大，生民穷于五孝。"何谓"三大"？《孝经》中的《三才章》以天、地、人为三才。《孝经注疏》引《汉书·艺文志》云："夫孝，天之经，地之义，民之行也。举大者言，故曰《孝经》。"在梁武帝看来，所谓三大，即指天、地、人三才。何谓"五孝"？《孝经注疏》解释说："五孝者，天子、诸侯、卿大夫、士、庶人五等所行之孝也。言此五孝之用，虽尊卑不同，而孝为百行之源，则其致一也。"在梁武帝眼中，社会是以天子、诸侯、卿大夫、士、庶人等五个等级来划分的，这五个等级尽管贵贱尊卑不同，却有一个共性即孝道。

梁武帝还为三大、五孝等观念提供了理论论证。他说："《系辞》云：易有太极，是生两仪。元气已分，天地设位，清浮升乎上，沈浊居乎下。阴阳以之而变化，寒暑用此而相推，辩尊卑贵贱之道，正内外男女之宜。在天成象。三辰显曜,在地成形,五云布泽。斯昏明于昼夜,荣落于春秋。大圣之所经纶,以合三才之道。"①梁武帝认为天、地、人三才均由气生成,清者升而为天,次者凝而为人,浊者降而为地。气之清浊不仅创造天、地、人三才之不同,也是尊卑贵贱之道、内外男女之宜的天道根据。

以三大、五孝为根据可以建构一个"辩尊卑贵贱之道、正内外男女之宜"的礼制体系。这一体系又以夫妇、父子、君臣为纲,梁武帝时的国子博士皇侃曰:"夫妇、父子、君臣也,三事为人生之纲领。"②而此三纲必以礼统之。与梁武帝同为"竟陵八友"之一、梁时著名学者沈约就说:"原夫礼者,三千之本,人伦之治道。故用之家国,君臣以之尊,父子以之亲;用之婚冠,少长以之仁爱,夫妇以之义顺;用之乡人,友朋以之三益,宾主以之敬让。所谓极乎天,播乎地,穷高远,测深厚,莫尚于礼也。"(《宋书·傅隆传》卷五十五)

礼治的基础是以亲亲之义为核心的宗统和以尊尊之义为核心的君统所构成的宗法社会的存在。宗统表现为亲疏、长幼等关系,君统则表现为贵贱、尊卑等关系。礼治的作用就是确认并维护这些关系,而发挥这种作用的基本方式就是规定亲与疏、长与幼、贵与贱、尊与卑之间的差别。礼通过规定差别而将亲亲、尊尊等抽象的意义落实为具体的外在现象,而表现为一种等级制度,即《礼记·丧服小记》所谓"亲亲、尊尊、长长、男女之有别,人道之大者也"。而《中庸》则引孔子答鲁哀公的话说:"仁者人也,亲亲为大;义者宜也,尊贤为大。亲亲之杀,尊贤之等,礼所生也。"

礼被视为治理国家的大纲和根本。梁武帝时名臣徐勉在给梁武帝的表中说:"夫礼,所以安上治人,弘风训俗,经国家、利后嗣者也。"(《梁书·徐勉传》卷二十五)梁武帝更是将礼视为治国之大要,他在天监元年即位初就下诏曰:"礼坏乐缺,故国异家殊,实宜以时修定,以为永

①　梁武帝:《天象论》,《全梁文》卷六,载严可均辑:《全上古秦汉三国六朝文》,中华书局1958年版。
②　皇侃:《论语集解义疏·为政》,世界书局1935年版。

准。……此既经国所先,外可议其人,人定,便即撰次。"(《梁书·徐勉传》卷二十五)

《隋书》载云:"梁武始命群儒,裁成大典。吉礼则明山宾,凶礼则严植之,军礼则陆琏,宾礼则贺玚,嘉礼则司马褧。帝又命沈约、周舍、徐勉、何佟之等,咸在参详。"(《隋书·礼仪一》卷六)徐勉在普通六年的《上修五礼表》中对此说得更为具体详细。根据《梁书·徐勉传》中《上修五礼表》的记载,梁武帝在天监元年诏命修定五礼,以明山宾掌吉礼,严植之掌凶礼,后以《五经》博士缪昭掌凶礼,贺玚掌宾礼,陆琏掌军礼,司马褧掌嘉礼。何佟之总参其事,何佟之亡后以沈约、张充及徐勉同参厥务。

五礼修定完成后,《嘉礼仪注》一百一十六卷,五百三十六条;《宾礼仪注》一百三十三卷,五百四十五条;《军礼仪注》一百八十九卷,二百四十条;《吉礼仪注》二百二十四卷,一千五条;《凶礼仪注》五百一十四卷,五千六百九十三条:大凡一千一百七十六卷,八千一十九条。又列副秘阁及《五经》典书各一通,缮写校定,以普通五年二月始获洗毕。

在五礼修定的过程中,凡是存在疑问之处,依前汉石渠、后汉白虎,随源以闻,请旨决断。或者所掌学士当职先立议,通谘五礼旧学士及参知,各言同异,条牒启闻,决之制旨。疑事既多,岁时又积,制旨裁断,其数不少。从这些叙述来看,梁武帝是修定五礼的最后裁决者。凡是五礼修定中诸臣无法决断的问题,则由梁武帝最后裁断之。而梁武帝最后裁断的结果,是"莫不网罗经诰,玉振金声,义贯幽微,理入神契。前儒所不释,后学所未闻。凡诸奏决,皆载篇首,具列圣旨,为不刊之则。洪规盛范,冠绝百王;茂实英声,方垂千载"。

五礼修定完成后,梁武帝认为,经礼大备,政典载弘,宪章孔备,功成业定,可以光被八表,施诸百代,俾万世之下,知斯文在斯。于是诏命天下,根据修定后之五礼的规定和原则按以遵行,勿有失坠。

后世学者对梁武帝修定五礼之事不乏赞美之言。唐代史家李延寿说:梁武帝"制造礼乐,敦崇儒雅,自江左以来,年踰二百,文物之盛,独美于兹"。(《南史·武帝纪下》卷七)清代礼学家秦惠田评价说:"五礼之书,莫备于梁天监,时经二代,传分数贤,汇古今而为一本,宸断以决疑,卷帙逾百,条目八千,洋洋乎礼志之盛也。"①

梁武帝繁荣儒家礼学及其礼制的目的固然在于推行"以孝治天下"的政治主张。然而,这些举措从客观上导致了南朝社会的内部整合以及南北朝之间文化正统的争夺。这主要表现在以下几个方面。

第一,社会整合的意义。

礼学和礼制在南朝的隆盛,是社会重新整合的需要。南朝时期社会的重新整合,分裂战乱之后重新恢复秩序,一定要有社会层面等级关系的调整、甚至为等级关系提供理论根据的礼学和礼制的重建。整个魏晋南北朝时期是以门阀世族为统治核心的、具有宗法色彩的社会结构。在南朝时皇权虽有一定的强化,但已处于衰落趋势的世家大族在思想、文化领域仍具有强大的影响力。他们为了维护自己的切身利益,加强对礼学和礼制的研究成为当然的选择。因为礼学和礼制是以宗法等级制度为基础,通过研究宗族远近、血缘亲疏并以严格、细琐的礼仪来强调并维持本阶层的利益。世家大族通过对礼学、礼制的研究以强化宗族向心力、家族的凝聚力,最大限度地维护本阶层的既得利益,进而从客观上实现南朝社会各个阶层的内部整合。

梁武帝对礼学和礼制的提倡确乎顺应了历史的潮流,从而也得到世家大族的强烈支持。对于社会关系、社会秩序的调整与重组,梁武帝只有借重于传统文化的资源,于是礼学和礼制,在这种社会需要面前得到了长足地发展。

天监七年,在梁武帝亲自主持下曾对皇子为慈母服制问题展开争论。梁武帝认为:"《礼》言'慈母'凡有三条:一则妾子之无母,使妾之无子者养之,命为母子,服以三年,《丧服》齐衰章所言'慈母如母'是也;二则嫡

① 秦惠田:《五礼通考》卷三,引自胡戟:《中国文化通志·礼仪志》,上海人民出版社2010年版,第115页。

妻之子无母,使妾养之,慈抚隆至虽均乎慈爱,但嫡妻之子,妾无为母之义而恩深事重,故服以小功,《丧服》小功章所以不直言'慈母'而云'庶母慈己者',明异于三年之'慈母'也;齐三则子非无母,正是择贱者视之,义同师保而不无慈爱,故亦有'慈母'之名,师保既无其服,则此慈母亦无服矣。"(《梁书·司马筠传》卷四十八)

梁武帝分慈母为三,引《曾子问》载孔子答子游之问,证明《内则》义同师保之慈母无服,然后批评郑玄不辨三慈,混为训释,言之有据。如果细加揣摩,他似乎想从慈母之"恩"中分离出贵贱之义、师保之名,而它们已经是尊尊之义的范畴。换言之,梁武帝试图从亲亲之恩中分疏出尊尊之义,因而彰显正嫡庶、别亲疏、辨贵贱的宗法等级制度,进而调整社会关系和社会秩序。站在这个角度来看,梁武帝大动干戈、详细讨论丧服的良苦用心,也就昭然若揭了。

第二,文化认同的意义。

南朝诸代偏安江南,文化重心也随之南移。南朝政权的正统性及其政治制度、礼乐文化的正宗性极易招致怀疑。世居江南的土著汉人和未曾迁徙的北方汉人是南朝诸代迫切需要得到他们支持的重要力量。而要得到他们的拥护,强化其文化认同感和民族归属感,不失为最好的办法之一。另一方面,拥有强大军事实力的北方少数族统治者对于汉族高度发达的礼乐文化始终怀有慕化之心,使他们因钦慕而逐渐汉化则是维护南朝政权生存的重要手段。因此,从文化上凸显自己的正宗地位成为南朝政权迫切需要加强且关乎生死存亡的重要任务。而作为传统文化根本标志的礼学和礼制,必然成为梁武帝首选的领域。

北齐统治者高欢就曾不无嫉妒、又无可奈何地说:"江东复有一吴儿老翁萧衍者,专事衣冠礼乐,中原士大夫望之以为正朔所在。"(《北齐书·杜弼传》卷二十四)

萧梁王朝草创之时,百废待兴,包括礼学在内的整个儒学也呈现衰颓不堪的现状:"江左草创,日不暇给;以迄于宋、齐。国学时或开置,而劝课未博,建之不及十年,盖取文具,废之多历世祀,其弃也忽诸。乡里莫或开馆,公卿罕通经术。朝廷大儒,独学而弗肯养众;后生孤陋,拥经而无所讲习。三德六艺,其废久矣。"(《梁书·儒林传》卷四十八)南朝刘宋、萧齐两朝开办国子学均不足十年,徒具形式而已。地方州郡更是没有办学的可能。朝中大臣通晓儒经者含有其人。朝廷大儒只是独学而没有公开讲授儒经。儒学后继乏人,儒学教育几乎荒废。

为了更好地推行以孝道治天下的政治主张,梁武帝开始有步骤地恢复儒学之繁荣。建国伊始,梁武帝就恢复了国子学和太学。根据《梁书·武帝纪》、《南史·梁本纪》和《梁书·儒林传》的记载:

天监四年,梁武帝决定设立五个学馆,每个学馆设置《五经》博士一人,以精通儒学的著名学者明山宾、沈峻、严植之、贺瑒为博士,每个博士各主持一个学馆。每个学馆有学生数百人,给其饩廪。

天监四年六月庚戌,立孔子庙。

天监五年,梁武帝设立集雅馆以招收边远地区的学生。

天监七年,诏曰:"建国君民,立教为首,砥身砺行,由乎经术。朕肇基明命,光宅区宇,虽耕耘雅业,傍阐艺文,而成器未广,志本犹阙。非以熔范贵游,纳诸轨度;思欲式敦让齿,自家刑国。今声训所渐,戎夏同风。宜大启痒教,博延胄子,务彼十伦,弘此三德,使陶钧远被,微言载表。"

天监九年,诏令皇太子、王侯之子等适宜就学者均在国子学接受儒学教育。

同年,梁武帝亲自到国子学视察,亲临讲肆,赐国子祭酒以下帛各有差。

大同七年,梁武帝设立士林馆,让朝廷官员在此公开讲学、编校典籍。

梁武帝还选派学生受业于著名大儒庐江何胤。与此同时,分派博士、祭酒到州郡立学。地方官员上行下效,建立学校,鼓励儒学讲授。

《陈书》总结梁武帝提倡儒学的成就说:"梁武帝开五馆,建国学,总以《五经》教授,经各置助教云。武帝或纡銮驾,临幸庠序,释奠先师,躬

亲试胄,申之宴语,劳之束帛,济济焉斯盖一代之盛矣。"(《陈书·儒林传》卷三十三)

在逐渐恢复中央官学以及推广地方儒学教育的同时,梁武帝将自己对儒学经典的新义撰成义疏。根据《梁书·武帝纪下》和《隋书·经籍志》的记载,梁武帝的儒学经典义疏有:《周易大义》、《周易讲疏》、《周易系辞义疏》、《尚书大义》、《毛诗答问》、《毛诗发题序义》、《毛诗大义》、《礼记大义》、《中庸讲疏》、《制旨革牲大义》、《乐社大义》、《乐论》、《乐义》、《黄钟律》、《钟律纬》、《春秋答问》、《孝经义疏》、《孔子正言》等,凡二百余卷。这些经典义疏"并正先儒之迷,开古圣之旨",在当时造成很大影响,"王侯朝臣皆奉表质疑,高祖(梁武帝)皆为解释"。

梁朝国子学公开讲授的内容主要有:《周易》、《尚书》、《毛诗》、三礼、《春秋》三传各为一经、《论语》和《孝经》为一经,共计十经。其中《周易》有郑玄注和王弼注、《尚书》有孔安国传和郑玄注、《孝经》有孔安国传和郑玄注、《论语》有郑玄注和何晏集解等并立为国子学。

为了繁荣官方的儒学教育,同时也为了传播自己的儒学新义,梁武帝逐渐将自己的儒学经典义疏定为官方儒学的教学内容。中大通四年,梁武帝将自己的《制旨孝经义》作为国子学的讲授内容,并设立《制旨孝经义》助教一人,学生十人。(《梁书·萧子显传》卷三十五)大同八年,梁武帝将自己所撰的《孔子正言章句》颁示于国子学,使之成为国子学的讲授内容。(《陈书·袁宪传》卷二十四)与此同时,梁武帝接受国子祭酒到溉的建议,设立《孔子正言》助教二人、学生二十人。后又接受尚书左丞贺琛的建议,增设《孔子正言》博士一人。(《南史·到溉传》)

与此同时,梁武帝还经常亲自讲授自己的儒学经典义疏,例如:"高祖(梁武帝)自讲《孝经》,使(朱)异执读。"(《梁书·朱异传》卷三十八)

梁武帝有时还让皇子、大臣讲授自己的儒学新义。"时城西又开士林馆以延学士,(朱)异与左丞贺琛递日述高祖(梁武帝)《礼记·中庸义》,皇太子又召(朱)异于玄圃讲《易》。"(《梁书·朱异传》卷三十八)简

文帝萧纲在玄圃讲授梁武帝的《五经讲疏》,听者倾朝。(《梁书·简文帝纪》卷四)

梁武帝甚至鼓励国子学师生公开讨论自己的儒学观点。例如:国子博士周弘正希望和梁武帝探讨《周易》中的有关问题,并就此向梁武帝提出《周易》疑义五十条。当周弘正在国子学讲授梁武帝《周易大义》时,听讲的国子学诸生也就《周易大义》中有疑义的问题希望得到梁武帝的答复,梁武帝回复说可以就此加以讨论。(《陈书·周弘正传》卷二十四)

梁武帝在文德殿考核国子学诸生,就《乾》、《坤》和《文言》等中的有关问题加以探讨,诸儒莫敢先出,作为国子学生的张讥"乃整容而进,谘审循环,辞令温雅。梁武帝甚异之,赐裙襦绢等"。(《陈书·张讥传》卷三十三)可以发现,梁武帝的儒学著述在国子学中受到博士和诸生的关注和探讨。且这一现象也受到梁武帝的鼓励。当然,所有这些言行都是为了弘扬儒学思想、传播自己的儒学新义。

总而言之,凭借自己深厚的学识和显赫的地位,梁武帝身体力行、长期不懈地提倡儒学。正是在梁武帝统治时期,儒学达到其在六朝时期发展的高峰。清代学者皮锡瑞概评述这一时期的状况时说:"南朝以文学自矜,而不重经术。宋、齐及陈,皆无足观。惟梁武起自诸生,知崇经术;崔(灵恩)、严(植之)、何(佟之)、伏(暅)之徒,前后并见升宠,四方学者靡然向风;斯盖崇儒之效。"[1]

唐代名臣魏征总结梁武帝在儒学方面的贡献时说:"高祖(梁武帝)固天攸纵,聪明稽古,道亚生知,学为博物,允文允武,多艺多才。爰自诸生,……开荡荡之王道,革靡靡之商俗,大修文教,盛饰礼容,鼓扇玄风,阐扬儒业,介胄仁义,折冲樽俎,声震寰宇,泽流遐裔,干戈载戢,凡数十年。济济焉,洋洋焉,魏、晋已来,未有若斯之盛。"(《梁书·敬帝纪》卷六)

---

[1] 皮锡瑞:《经学历史》,中华书局1959年版,第179页。

第二节　玄学化的性道思想

如前所述,梁武帝推行"以孝治天下"的治国之道,而其核心内容就是对儒学的隆兴。除去体制上的弘扬和建构外,儒学的繁荣在理论反思及其合法性的论证方面同样重要。梁武帝在这一方面的思考和论述无疑构成其儒学思想的主要内容。

作为两汉儒学法典的《白虎通德论》在两汉乃至魏晋南北朝儒学思想上具有典范和权威的意义。根据《白虎通德论》的观点,天地以太初之气,阴阳五行之化而生养万物,五行为天行气而人禀此气以内怀五性六情。这样一个贯通天人的性道模式是汉代儒学的理论基础。

儒家传统以"天"来负责万物的存在,即所谓"天道生化",天道是一切价值的最高准绳和终极根据,对天道的认识是儒学的最高追求,天道的知识就是儒家的真理,但人的生命在宇宙中却是一个有限的存在,它必须服从生老病死等自然规律的制约,它是一个有七情六欲的有血气之知的感性存在。感性即《白虎通德论》所谓人禀气而生之性。

人所面临的问题就是:必须以生命的有限存在去认识天道的无限真理。在儒家看来:天道的真理必然要凭借生命的气性来表现。气性虽然是形而下的有限存在,却同时也是人表现天道真理之无限存在的基础。

在南朝儒家学者中,比较接近这个贯通天人之性道模式的有梁武帝时期的神灭论者范缜、礼学家皇侃等人。当范缜与他人辩论形神问题时就是以这种儒学理论为自己的神灭论进行辩护的:"人之生也,资气于天,禀形于地。是以形销于下,气灭于上,气灭于上,故言无不之。无不之者,不测之辞耳。"①皇侃释天道为:"元亨日新之道"②、"人俱禀天地之气

---

① 范缜:《答曹思文难神灭论》,《弘明集》卷九,四部丛刊本。
② 皇侃:《论语集解义疏·公冶长》,世界书局1935年版。

以生,虽复厚薄有殊,而同是禀气"。① 两人关于禀气而成人性的观点,几乎没有什么不同。

在这样的性道思想中,将天道视为一有意志的、能够赏善罚恶的神性之天。天以阴阳五行之气显现其道。天人之间的联系是通过气来实现的。阴阳之气有善恶之性,人禀阴阳之气而成己性,则性亦有善恶。人之性源于天道,而天道又通过阴阳五行之气来显现。则人在认识天道时也可以气为根据,通过彰显性中之善、消解性中之恶,呈现天道之大德。

在这样一个理论框架中,人禀天地之气而成的性中并非纯然至善而是有善有恶。一个有善有恶的人性不足以成为儒家纲常名教的内在根据。所以需要存在一个有意志的、能够赏善罚恶的神性之天。这个神性天无疑具有宗教中提供终极关怀的最高人格神的作用,同时又能够以赏善罚恶的形式保证人们相信儒家思想的一个基本理念即"积善之家,必有余庆。积不善之家,必有余殃"。(《周易·坤·文言》)一个能够赏善罚恶的神性之天足以弥补由于人性不是纯然至善而导致的纲常名教之内在根据的不足。只要这种理论在现实中没有受到怀疑,人们就能够心安理得地生活在由这种理论支配的社会中。

另一方面,神性之天的这一保证在现实中却显得非常脆弱。因为人生的善恶是非及其由此导致的祸福吉凶必须在现世一一相应,才能符合儒家"积善余庆,积不善余殃"的道德教化原则。然而,我们的现实社会是无法满足严格意义上的赏善罚恶的教化原则的。十分明显,如果为善反而得祸、为恶反而得福,则道德教化的合理性将受到人们的质疑。

事实上,当时的儒学思想既缺乏神性之天道赏善罚恶的外在保证,又缺乏践履儒家人生之纯然至善的内在道德根据。一个既无外在保证、又无内在根据的儒学思想,势必成为一种虚伪的、外在的、毫无说服力的道德说教。在这样的儒学理论指导下的名教社会,只会涌现无数口头标榜

----

① 皇侃:《论语集解义疏·阳货》,世界书局 1935 年版。

仁义道德、实际却追逐人欲满足的伪君子。

梁元帝萧绎在谈到这种现象时说:"夫挹酌道德、宪章前言者,君子所以行也。是故言顾行,行顾言。原宪云:'无财谓之贫,学道不行谓之病。'末俗学徒,颇或异此。或假兹以为伎术,或狎之以为戏笑。若谓为伎术者,黎眩人皆伎术也。若以为戏笑者,少府斗获皆戏笑也。未闻强学自立、和乐慎礼若此者也。口谈忠孝,色方在于过鸿。形服儒衣,心不则于德义。"①

颜之推生动描绘了亲眼目睹的这种伪君子之现实嘴脸:"近有大贵,以孝著声,前后居丧,哀毁喻制,亦足以高于人矣。而尝于苫瑰之中,以巴豆涂脸,遂使成疮,表哭泣之过。左右童竖,不能掩之,益使外人谓其居处饮食,皆为不信。"②

根据以上所述,我们知道:天道始终是性道思想的终极根据,气则扮演一个沟通天道与人性的中介作用,人性之善恶的原因要从气中去寻找。

然而,禀气而生之性则为气性,此种气性不论禀自元气、阴阳之气、还是五行之气,均是在实有层面处说,而实有层面之气性不可能成为人存在的根据。原因很简单,实有层面之气性无超越的终极意义,也无道德准则以便为人的存在提供价值标准。而一个社会能够正常运行的必要条件之一就是人们对道德伦理的共识,产生这种共识的前提就是理论为道德的存在提供内在的根据,这一内在根据必须具有超越的终极意义。正如汤用彤先生所言:"汉代之天道指祸福吉凶,谓一切事象必有所由,顺之则祥,逆之则殃。……其立言全囿于形器之域。汉代人所谓天所谓道,盖为有体之元气,故其天道未能出乎象外。"③

曹魏时期出现的以抽象思辨为特征的玄学思想,为儒学之性道思想摆脱理论困境开辟了一个崭新的领域。以王弼为代表的玄学思想家汲取

---

① 萧绎:《金楼子·立言篇》,《四库全书》本。
② 王利器:《颜氏家训集解·名实第十》,中华书局1983年版。
③ 汤用彤:《魏晋玄学论稿》,上海人民出版社2015年版,第75页。

道家的体用论方法来论证性道思想。王弼认为，天道的意义并不在其本身而在其所呈现，因为天道本身是我们可以感知的有形之物，是形而下之器，而天所呈现之用才是本之所在。

王弼有一段非常典型的材料，他说："天也者，形之名也。健也者，用形者也。夫形也者，物之累也。有天之形，而能永保无亏，为物之首，统之者岂非至健哉！"①在王弼看来，有形之天是实有层面（体）的万物之形名，并非万物之根据。真正能够为万物之本者，是天在作用层面（用）呈现的无形之至健。有形之天以无形之至健为本，换句话说是："道不违自然，乃得其性，法自然也。"②

以"自然"言说"道"，是从超越的作用层为实有层之"道"提供终极根据，从而使实有层之"道"超拔至作用层，进而可以取代神性的天道而成为万物存在的最后依据。所以说，"自然"是从现实上有所依恃而然反上来的一个层次上的超越。

"自然"是天道在作用层面的一种呈现，但在作用层面并不是最高境界，因为它仍然表现为一种动、一个过程。所以王弼又说："凡动息则静，静非对动者也……然则天地虽大，富有万物，雷动风行，运化万变，寂然至无，是其本矣。"③

在此意义上，他强调："天下万物皆以有为生，以无为本，将欲全有，必反于无也。"④"以无为本"才是王弼玄学思想的核心。

综上所述，王弼是从作用层的本无论来说明自己的天道观的，他承认万物生于有，这是实有层的命题，他提出道不违自然乃得其性，则将实有层与作用层联系起来，他由"自然"到"寂然至无"再到"以无为本"则是在作用层面的境界升华。

<hr>

① 王弼：《周易·象传·乾注》，载楼宇烈：《王弼集校释》，中华书局1980年版，第213页。
② 王弼：《老子·二十五章注》，载楼宇烈：《王弼集校释》，中华书局1980年版，第65页。
③ 王弼：《周易·复卦注》，载楼宇烈：《王弼集校释》，中华书局1980年版，第336页。
④ 王弼：《老子·四十章注》，载楼宇烈：《王弼集校释》，中华书局1980年版，第110页。

王弼对人性论的论述与其天道观有许多相似的特点。他在强调"以无为本"的同时,又指出万物出于气:"万物万行,其归一也。何由致一?由于无也。由无乃一,一可谓无……故万物之生,吾知其主;虽有万形,冲气一焉。"①"(天地)二气相与,(万物)乃化生也。"②

万物以气而生,人性亦然。人性之所以有所不同,在于性禀之气"有浓有薄,则异也"。③

以上是王弼从实有层面论述人性的材料,此是对传统气性论的直接继承。但王弼并未就此止步,他认为人性的价值并非在实有层面的气性本身,而是其在作用层面呈现的自然:"万物以自然为性,故可因而不可为也,可通而不可执也。"④

如前所述,自然并非作用层面的最高境界,也不是人性的最终根据,人性与万物之性一样都是"以无为本",王弼在比较孔老之境界高低时曾说:"圣人体无,无又不可以训,故不说也。老子是有者也,故恒言无所不足。"(《三国志·钟会传》注卷二十八)

圣人之所以为圣,关键就在于他能将"无"圆满而充分地在自己的生命中体现出来,"无"只能被体现出来而不是可以用语言来加以训解的,所以圣人不说,老子则是站在"有"的境界对"无"加以言说。⑤

人在自己的生命中体现"无",就是人性对天道的体现。所以说"体无"就是"性"在作用层面的最高境界将"无"呈现出来。则性的最终根据也必然归诸"无"。在"本无"之性中,性表现为一种无善恶之性。⑥ 这是在作用层面言说"性",它较前述有浓薄不同的气性分属不同的层面,无

① 王弼:《老子·四十二章注》,载楼宇烈:《王弼集校释》,中华书局 1980 年版,第 117 页。

② 王弼:《周易·象传·咸》,载楼宇烈:《王弼集校释》,中华书局 1980 年版,第 373 页。

③ 王弼:《论语释疑·阳货》,载楼宇烈:《王弼集校释》,中华书局 1980 年版,第 632 页。

④ 王弼:《老子·二十九章注》,载楼宇烈:《王弼集校释》,中华书局 1980 年版,第 77 页。

⑤ 牟宗三:《中国哲学十九讲》,上海古籍出版社 1997 年版,第 217 页。

⑥ 王弼:《论语释疑·阳货》,载楼宇烈:《王弼集校释》,中华书局 1980 年版,第 632 页。

善恶之性在气性的实有层面就表现为有善恶之性情。他说:"美恶犹喜怒也,善不善犹是非也。喜怒同根,是非同门,故不可得而偏举也。"①在此基础上,"以善为师,不善为资,移风易俗,复使归于一也。"②从气性的善恶上相师相资,复归于无善恶之性,最终达致能够呈现"无"(体无)的圣人之性。

纵观王弼的性道思想,他在诠释自己的天道观和人性论及其相互关系时,会通儒道两家的方法,分别从实有层面和作用层面加以展开,以无、自然、有等阐释天道,以无善恶之性、自然、气性等解释人性,无论天道还是人性最后都归趣于"无"。

十分明显,玄学思想借助体用论方法使儒学的性道关系摆脱了缺乏超越之根据、道德之保证的困境。所以,由何晏、王弼开启的玄学思想确实弥补了当时儒学面临的理论困境,导致南朝时期的很多儒学思想家借助玄学体用论完善各自的儒学理论。包括本书重点论述的范缜、皇侃都在这一方面借助玄学体用论方法使自己的儒学理论有了很大的发展。由于范缜、皇侃都有专章论述其思想,此处不再赘述。而梁武帝在这一领域所发挥的作用及其理论贡献是值得我们加以关注的。

玄学思想在南朝时期虽然不如在魏晋时期那样隆盛,却仍然是一股不可或缺的思潮。当时的名士颜之推在《颜氏家训》中描述了玄学在萧梁时期的现状:"何晏、王弼,祖述玄宗,递相夸尚,景附草靡。……直取其清谈雅论,剖玄析微,宾主往复,娱心悦耳,非济世成俗之要也。泊于梁世,兹风复阐,《庄》、《老》、《周易》总谓三玄。武皇(梁武帝)、简文亲自讲论,周弘正奉赞大猷,化行都邑,学徒千余,实为盛美。元帝在江、荆间复所爱习,召置学生亲自讲授,废寝忘食,以夜继明,至乃倦剧愁愤,辄以讲自释。"③

---

① 王弼:《老子·二章注》,载楼宇烈:《王弼集校释》,中华书局1980年版,第6页。
② 王弼:《老子·二十八章注》,载楼宇烈:《王弼集校释》,中华书局1980年版,第75页。
③ 王利器:《颜氏家训集解·勉学第八》,中华书局1983年版。

以"清谈雅论、剖玄析微"为特征的玄学清谈之风在萧梁时期又繁荣起来。梁武帝亲自讲论"三玄",其子简文帝萧纲、梁元帝萧绎也都亲自讲授、废寝忘食,使玄学清谈成为一时之时尚。

关于梁武帝的玄学思想,我们很难从现存文献的一鳞半爪而窥其全貌。但可以肯定的是,梁武帝在玄学思想方面具有相当高的造诣。

《梁书》就直截了当地说梁武帝"洞达儒玄。"(《梁书·武帝纪下》卷三)言下之意是说梁武帝儒、玄双修、且都取得了很高的成就。梁武帝在《会三教诗》中说得更加具体而明确:"中复观道书,有名与无名。"①

他自己也说:"弟子经迟迷荒,耽事老子,历叶相承,染此邪法。"②这里梁武帝将老庄之玄学称为"邪法",是因为他已准备皈依佛教,且将老庄视为佛陀的弟子使然。

梁武帝曾经在宴席上与大臣探讨玄学问题:"高祖尝于宴席问群臣曰:'朕为有为无?'(王)份对曰:'陛下应万物为有,体至理为无。'高祖称善。"(《梁书·王份传》卷二十一)梁武帝对王份的应答深表赞赏,因为这个应答相当深刻地体现了玄学思想的真谛。

梁武帝曾在宫中设立讲座,亲自阐释《老子》之义:"武帝尝于重云殿自讲老子,仆射徐勉举(顾)越论义,越抗首而请,音响若锺,容止可观,帝深赞美之。"(《南史·顾越传》卷七十一)

根据《魏书》的记载,梁武帝曾在亲自接见北魏使臣、儒家学者李业兴时询问道:"闻卿善于经义,儒、玄之中何所通达?"李业兴回答说:"少为书生,止读五典,至于深义,不辨通释。"梁武帝又问:"《易》曰太极,是有无?"李业兴回答:"所传太极是有,素不玄学,何敢辄酬。"(《魏书·李业兴传》卷八十四)

从上述例证来看,梁武帝在玄学论说中对有、无的理解和诠释相当感兴趣。这一现象很可能是王弼贵无论思想的表现形式。另一方面,梁武

---

① 梁武帝:《会三教诗》,《广弘明集》卷三十,四部丛刊本。
② 梁武帝:《舍事李老道法诏》,《广弘明集》卷四,四部丛刊本。

帝深表赞赏的王份对有、无的诠释也明显体现了王弼的思想。我们从梁武帝与北魏使臣李业兴的谈话中可以明显看出他倾向于认为太极是无的观点。综合以上各点，我们认为梁武帝在玄学上是十分接近王弼的贵无论思想的。

梁武帝在天道观上秉承六朝乃至两汉的传统思想，以太极、元气说为主，梁武帝根据《易传》来构筑天道思想："《系辞》云：易有太极，是生两仪。元气已分，天地设位，清浮升乎上，沈浊居乎下。阴阳以之而变化，寒暑用此而相推，辩尊卑贵贱之道，正内外男女之宜。在天成象，三辰显曜。在地成形，五云布泽。斯昏明于昼夜，荣落于春秋。大圣之所经纶，以合三才之道。清浮之气升而为天，天以妙气为体，广远为量，弥覆无不周，运行来往不息，一昼一夜圆转一周，弥覆之广，莫能测其边际，运行之妙，无有见其始终。不可以度数而知，不可以形象而譬，此天之大体也。沈浊之气下凝为地。地以土水为质，广厚为体，边际远近，亦不可知。质常安伏，寂而不动，山岳水海，育载万物，此地之大体。天地之间，别有升降之气，资始资生，以成万物。《易》曰：'大哉乾元，万物资始。至哉坤元，万物资生。'资始之气，能始万物，一动一静，或此乃天之别用，非即天之妙体。资生之气，能生万物，一翕一辟，或此亦地之别用，非即地之妙体。"①

从上述一段材料来看，梁武帝的天道观存在这样几层意思。

第一，先于天地而存在的是太极、元气。太极、元气是先天且形而上者。

第二，元气中的清气升而为天，元气中的浊气降而为地。

第三，清气为阳而尊，浊气为阴而卑，圣人按照这一先天根据创造人类社会尊卑贵贱之道、内外男女之别的秩序，共同构成天、地、人的三才之道。

第四，天之大体既无边际、又无始终。地之大体与天相接、故无边际，

---

① 梁武帝：《天象论》，《全梁文》卷六，载严可均辑：《全上古秦汉三国六朝文》，中华书局1958年版。

寂而不动、故无始终。

第五，天地之间的清浊之气升降混杂，以成万物。

第六，太极、元气在作用层表现为资始万物之乾元、资生万物之坤元，均以气为质。

综合梁武帝上述几个层次的意思，可以发现梁武帝的天道观杂糅了两汉儒学之元气论和王弼的玄学本体论思想。

首先，梁武帝根据《易传》的说法，将天地形成之前的存在称为太极和元气。

根据现有文献可知，汉唐时期的学者将太极、太一、大一、一、道等概念视为对"天道"这一终极根据的不同说法。而将天地形成之前的存在称为元气则是两汉儒学元气论的典型观点。

三国吴时易学大家虞翻曰："太极，太一。"①

魏晋时儒学大家王肃在《孔子家语·礼运》中解释说："太一者，元气也。"

唐代孔颖达等人撰成的《五经正义》是对汉唐时期儒学思想的总结性著作。他在《礼记正义·礼运》的注疏中说："必本于大一者，谓天地未分，混沌之元气也。极大曰大，未分曰一，其气既极大而未分，故曰大一也。"

孔颖达在《周易正义·系辞上》"是故易有太极"条中说："太极谓天地未分之前，元气混而为一，即是太初、太一也。故《老子》云：'道生一'，即此太极是也。"

十分明显，如果梁武帝将太极直接等同于元气，则其天道思想与两汉儒学元气论毫无二致了。但从梁武帝的字里行间似乎无法得出这一结论。

其次，梁武帝将天地形成之前的存在称为太极，且将太极直接认为是

———————————

① 李道平：《周易集解纂疏》，中华书局1994年版，第600页。

形而上之"无",这一说法则是王弼玄学的典型观点。梁武帝认为,天地既无边际、又无始终,且天地之间的清浊之气升降混杂、以成万物。既然如此,则天地为时空中最大、最尊者,而创生天地之太极则是超越时空之上的本体。且天地及其万物构成时空内之全有,玄学家王弼认为:"将欲全有,必反于无也。"(《老子》四十章注)王弼还直接将"一"(太极、道)等同于"无",他说:"万物万行,其归一也。何由致一? 由于无也。由无乃一,一可谓无。"(《老子》四十二章注)

东晋玄学家韩康伯注《易·系辞》曰:"道者何,无之称也。无不通也。无不由也。"①

梁武帝认为,天地之先的太极是超越于时空之上的形上概念。在玄学思想中,时空之内的天地万物为"有",而在时空之上的太极则是"无"。

有一条史料可以佐证这一观点,根据《魏书》的记载,梁武帝在接见北魏儒家学者李业兴时询问道:"《易》曰太极,是有无?"李业兴回答:"所传太极是有,素不玄学,何敢辄酬。"(《魏书·李业兴传》卷八十四)梁武帝尽管没有直接说太极是无,但从两人交谈的场合、内容以及上述《天象论》的文字来看,梁武帝认为太极是"无"。

再次,梁武帝运用玄学之体用论方法诠释其天道思想中关于太极、元气的不同意义。从实有层面而言,"一"、"道"表现为元气,其中的清、浊之气构成天地及其万物,形成全有之大体;从作用层面而言,"一"、"道"呈现为太极、无,表现为资始、资生之别用。

这一诠释模式在玄学思想中是非常典型的。王弼在《周易注》中说:"天也者,形之名也。健也者,用形者也。夫形也者,物之累也。有天之形,而能永保无亏,为物之首,统之者岂非至健哉!"(《周易·象传·乾》注)在王弼看来,有形之天是实有层面(体)的万物之形名,并非万物之根据。真正能够为万物之本者在作用层面(用)呈现为无形之至健。

① 李道平:《周易集解纂疏》,中华书局1994年版,第558页。

梁武帝继承了王弼上述玄学体用论方法,将《易传》中的"乾元"、"坤元"分别诠释为天地之德行。以刚健之德解释"乾元",能够资始万物,乃天之别用,是万物生成的根源。以柔顺之德解释"坤元",能够资生万物,乃地之别用,是生养万物的根源。根据这种解释,乾元为肇始万物的德行,坤元为生长万物的德行。万物依赖于天地生成长养,也就是梁武帝所谓资始万物、资生万物,即"生生之德"。

最后,梁武帝将作用层面的资始、资生之别用落实在实有层面的气上而成为"资始之气"、"资生之气",致使太极、天道的超越性丧失殆尽,导致其天道观回归两汉儒学的元气论,使《易传》中具有超越性的"生生之德"只能借助实有层面之气性禀授于人。这一模式只会使人性禀受之善不具超越性而无法成为人生道德之根据。另一方面,梁武帝主张:清浮之气升而为天,沈浊之气下凝为地,天地之间的清浊之气升降混杂以成万物。这一观点与两汉元气论毫无二致,而后者认为人性禀受之善恶源于清浊之气的厚薄。由此看来,梁武帝借助《易传》中具有超越性的"生生之德"并没有导致人性禀受之善同样具有超越性。

梁武帝在《净业赋序》中也谈到他对人性的看法:"《礼》云:'人生而静,天之性也。感物而动,性之欲也'。有动则心垢,有静则心净,外动既止,内心亦明,始自觉悟,患累无所由生也。乃作净业赋云尔。观人生之天性,抱妙气而清静。感外物以动欲,心攀缘而成眚。"①

在梁武帝看来,人之本性表现为"静",而天之本性同样表现为"静"。另一方面,"天以妙气为体"(《天象论》),人生之天性在"抱妙气而清静",也就是说人性禀受天之妙气而表现为天性之清静。所以,人之本性源于天之本性。

进而言之,构成天之体者为"清浮之气",即元气中的纯清之气,若人能够禀受纯清之气而为性,则此人性必然是至善之性即圣人之性。这种

---

① 梁武帝:《净业赋》,《广弘明集》卷二十九,四部丛刊本。

至善之性无疑可以作为现实社会的道德根据。然而,梁武帝的尝试仍然归于失败,因为他在这一诠释模式中仍然将具有超越性的天性之"静"落实在实有层面的"清浮之气"上,从而导致人性禀受而成的至善之性不具超越性,故这种至善之性无法成为内在的道德根据。

总之,"洞达儒玄"的梁武帝在玄学方面造诣颇深。他运用《易传》思想、玄学体用论将天道、无、太极等同起来,并将其形上层面的超越性揭示得相当清楚。另一方面,梁武帝在人性论中同样企图运用玄学体用论论证人性中存在具有超越性的至善之性。由于受到儒学元气论的桎梏,梁武帝在人性论上的论证是不成功的。

第三节　佛学化的心性论

如上节所述,梁武帝借助玄学的体用论将天道呈现为太极、无的形上之本体,彰显了其天道观中具有超越性的生生之德。但是,没有彻底摆脱元气论桎梏的梁武帝却无法将天道之超越性贯通于人性之中。这一局面的形成,不只是儒学理论本身之问题使然,也是玄学思想内在的局限性所致。

王弼贵无论玄学的核心是肯定现象背后之本体"无"的存在,同时又将"无"视为万物存在的根源。尽管贵无论玄学并不看重现象界万物之存在,但还是肯定现象界万物的客观实在性。"无"的超越性与"有"(万物)的实在性之间无法相互贯通,梁武帝的性道观困境正是这一理论局限性的很好例证。郭象的独化论玄学凭借独化论贯通性道,欲以崇有之论纠正贵无之失。然而,这种显体于用的崇有之说必然趋于对万物之客观实在性的肯定,从而导致天道"无"之超越性被"有"(万物)之客观实在性所淹没。范缜的神灭论思想正是继承了郭象的独化论和传统儒学的元气论而成的儒学理论。这一理论将郭象的崇有之说发展到极致而有神

灭之论,使传统儒学和独化论玄学都陷入理论困境。正如汤用彤先生说:
"夫玄学者,乃本体之学,为本末有无之辨。有无之辨,群义互殊。学如
崇有,则沉沦于耳目声色之万象,而所明者常在有物之流动。学如贵无,
则流连于玄冥超绝之境,而所见者偏于本真之静一。于是一多殊途,动静
分说,于真各有所见,而未尝见于全真。"①

　　所以,梁武帝借助玄学思想建构自己儒学理论的努力并没有获得成
功。因此,梁武帝需要寻找能够帮助自己重构儒学性道思想的理论资源。
最后,他认定能够帮助自己的只有佛学:"晚年开释卷,犹月映众星。苦
集始觉知,因果方昭明。不毁惟平等,至理归无生。"②

　　佛学在中国的传播和发展,始终与中国传统的儒学和道家思想密不
可分。魏晋南北朝时期风靡一时的般若学思想就是印度大乘中观佛学与
玄学相互影响的产物。作为现实中传统思想资源的玄学本体论对般若学
的传播作出重要贡献,进而形成具有玄学特色、独立的佛学体系即所谓般
若学的六家七宗。

　　根据般若学的观点,万物都是因缘而生,处于不断生灭中而非永恒存
在,故并非实有;但万物又是依据因缘而存在,看上去又似乎是有,所以不
能说是无。也就是说,般若学一方面否认万物之外存在一个本体。另一
方面就万物的现象而言,不能说无,从其存在条件而言又是虚假不真的。
所以在反思现象与本质的关系时,应当同时破除对无、有两边的执着,即
用非有非无、亦有亦无的般若学方法来把握本体与现象的关系。可见,在
对现象与本体的关系问题上,般若学较玄学具有更为辩证、多元的认识。

　　梁武帝认为般若学非有非无、亦有亦无的辩证思维是论说本体与现
象关系问题的最擅之胜场。他说:"般若波罗蜜者,洞达无底,虚豁无边,
心行处灭,言语道断。不可以数术求,不可以意识知。非三明所能照,非
四辨所能论,此乃……还源之真法,出要之上首。本来不然,毕竟空寂,寄

————————

① 汤用彤:《魏晋玄学论稿》,上海人民出版社2015年版,第48页。
② 梁武帝:《述三教诗》,《广弘明集》卷三十,四部丛刊本。

南朝儒学思想研究

大不能显其博,名慧不能庶其用,假度不能机其通,借岸不能穷其实。若谈一相,事绝百非,补处默然,等觉息行,始乃可谓无德而称。以无名相,作名相说,导涉求之意,开新发之眼,故有般若之字,彼岸之号。"①

文中所说的"波罗蜜",即到达彼岸之意。这里所谓彼岸,并非是与纷繁万有之现象存在的此岸截然对立的另一个世界,而是与此岸是不可分离的、一体两面的关系,此岸以现象的形式反映彼岸的永恒存在。所以,这里所说的存在于此岸中之彼岸才是梁武帝追寻的具有超越性的人性根据。

如何才能认识存在于此岸中之彼岸? 答案就是"般若波罗蜜",即通过般若智慧从万有生灭的此岸发现永恒存在的彼岸。换句话说,梁武帝认为只有借助般若学非有非无、亦有亦无的认识智慧,才能发现具有超越性之彼岸的存在。所以,这种非有非无、亦有亦无的般若学智慧,是一种最妙的认识论,是不能用数术和意识去认识和表达的最高智慧。这也就是梁武帝在文中所说的"故有般若之字,彼岸之号。"

在赞赏般若学智慧为"第一义谛"、"无上法门"的同时,梁武帝还以般若学来认识现实世界之现象的虚幻无常:"但般若之说,唯有五时,而智慧之旨,终归一趣,莫非第一义谛,悉是无上法门。弟子颇学空无,深知虚假。王领四海,不以万乘为尊;摄受兆民,弥觉万几成累。每时不显,嗟三有之洞然,终日乾乾,叹四生之俱溺。常愿以智慧灯,照朗世间,般若舟航,济渡凡识。"②

梁武帝以自己的亲身体验来论说现实世相之虚假不真。作为一个凡俗之人,能够荣登九五之尊,享尽人间荣华富贵,夫复何求。但梁武帝却不以为尊,反以为累,因为世间万物皆虚幻不真,若逐欲流迁于此不实之世,只会陷入"轮回火宅,沉溺苦海,长夜执固,终不能改"。③ 既然般若学

① 梁武帝:《注解大品序》,《出三藏记集》卷八,中华书局1995年版。
② 梁武帝:《摩诃般若忏文》,《广弘明集》卷二十八,四部丛刊本。
③ 梁武帝:《净业赋》,《广弘明集》卷二十九,四部丛刊本。

能够论说世间一切皆不真、进而认识彼岸真正的永恒存在,故梁武帝将般若之说喻为照朗凡世之智慧灯、济渡凡识之大明舟。梁武帝最后对般若学评价说:"般若识诸法之无相,见自性之恒空,无生法忍,自然具足。"①

由般若智慧而见自性之恒空,所谓自性空就是"诸法无自性"。佛学"三法印"即诸行无常,诸法无我,涅槃寂静。无常、无我就是无自性,就是空,但佛学正是从"无自性"中认识真性,从"无常"中认识"常",从"无我"中认识"无我相之我",只有将此"常"、"真我"呈现出来,才能使"无常"、"空"等般若智慧有了基础。

依般若之说,世间一切皆空,与此同时,"空"即一切,"空"既可论证万有之虚假,又可为"无常"之"常"、"无我相之我"。而此"常"、"我"只能得之于"心"。梁武帝说:"以四十年中所说般若,本末次第,略有五时。大品小品,枝条分散;仁王天王,宗源派别。金刚道行,随义制名,须真法才,以人标题。虽复前说后说,应现不同。至理至言,其归一揆,莫非无相妙法,悉是智慧深经。以有取之,既为殊失;就无求也,弥见深乖。义异去来,道非内外。遣之又遣之,不能得其真,空之以空之,未足明其妙。真俗同弃,本迹俱冥,得之于心,然后为法。"②

在梁武帝看来,般若智慧同时破除对有、无两边的执着,是至理至言,其归一揆,莫非无相妙法,悉是智慧深经。般若智慧可以发现万物自性之恒空,即"诸法无自性"。然而,般若智慧又是从何而来?梁武帝很肯定的回答说:"得之于心,然后为法。"

根据梁武帝的观点,诸法无自性,而具有般若智慧之"心"却好像不属于无自性之存在。他论证说:"如前心作无间重恶,后识起非想妙善,善恶之理大悬,而前后相去甚迥,斯用果无一本,安得如此相续?是知前恶自灭,惑识不移,后善虽生,暗心莫改。故经言若与烦恼诸结俱者,名为无明;若与一切善法俱者,名之为明。岂非心识性一,随缘异乎?故知生

① 梁武帝:《摩诃般若忏文》,《广弘明集》卷二十八,四部丛刊本。
② 梁武帝:《金刚般若忏文》,《广弘明集》卷二十八下,四部丛刊本。

灭迁变,酬于往因,善恶交谢,生乎现境。而心为其本,未曾异矣。"①

如果一个人,在心中先产生一个恶念,后又产生一个善念,善恶之理相去悬殊,前后也迥然相异。如果在这两个前后相续的善恶之念的背后,没有一个共同的"本",这两个善恶之念又怎么能够贯通起来呢?所以前恶虽灭,而惑识却没有变;后善虽生,而暗心却没有改。所以,如果与烦恼结合,就是无明;如果与善法结合,就是明。可见,心、识从本质说就是一个,根据条件的不同而有所不同。所以,生灭迁变是前因所致,善恶交谢是现境所生。尽管有这些不同的现象,以"心"为其"本",这是没有不同的。所以,在梁武帝看来,"心"是先天、内在的,其表现之生灭、善恶均为无自性的假象,只有作为生灭、善恶之体的"心"才是常在、永恒的根本。

这种诸法无自性、而"心"为有自性之存在的观点在般若学六家七宗中十分常见。汤用彤先生指出:"即色言色不自色,识含以三界为大梦,幻化谓世谛诸法皆空。三者之空,均在色也。而支公力主凝神,于法开言位登十地,道壹谓心神尤真。三者之空,皆不在心神也。"②

根据汤用彤先生的观点,在般若学六家七宗中的即色宗、识含宗和幻化宗这三家之空均在色而皆不在心神。换言之,现象界之万物是无自性之空,而心神则是有自性之真。

汤用彤先生进一步认为,梁武帝的般若学主要来自于六家七宗中的识含宗之观点。他说:

《中论疏》曰:"三界为长夜之宅,心识为大梦之主,今之所见群有,皆于梦中所见。其于大梦既觉,长夜获晓,即倒惑识灭,三界都空。是时无所从生,而靡所不生。"《中论疏记》曰:"《山门玄义》第五云,第四于法开者著《惑识二谛论》曰,三界为长夜之宅,心识为大梦之主。若觉三界本空,惑识斯尽,位登十地。今谓以惑所睹为俗,觉时都空为真。"据唐均正

---

① 梁武帝:《立神明成佛义记》,《弘明集》卷九,四部丛刊本。
② 汤用彤:《汉魏两晋南北朝佛教史》,商务印书馆 2015 年版,第 221 页。

《四论玄义》述梁武帝之说,与上言相同。"彼(梁武帝)明生死以还,唯是大梦,故见有森罗万象。若得佛时,譬如大觉,则不复见有一切诸法。"按梁武帝作《神明成佛义记》,渭神明未成佛时,惑识未尽,谓之无明神明。既成佛,则无明转变成明。于法开之说,似亦可引此为连类,盖当时于精神与心识之关系,已为研讨之问题。如陆澄《法论目录》载有王稚远问罗什精神、心、意、识,慧远辩心、意、识等,想均论此。而法开所谓识者与神明分为二事。神者主宰,识者其所发之功用。"识含"一语,据宗少文《明佛论》,乃谓"识含于神"。宗氏文中有数语,或可发明法开识含二字之用意。其言曰:"然群生之神,其极虽齐,而随缘迁流,成精妙之识。"于法开说,或即谓三界本空。然其所以不空者,乃因群生之神,随缘迁流,可起种种之惑识。当其有惑识时,即如梁武帝所谓之无明神明,所睹皆如梦中所见。及神既觉,知三界本空,则惑识尽除,于是神明位登十地,而成佛矣。宗少文《明佛论》,谓群生之神均相同,而惑倒乃识所化生(三界本空,因此颠倒,而万象森罗)。此类学说悉根据神识之划分,而诠释本空之外象所以幻为实有也。[1]

纵观汤用彤先生的说法,可以概括为以下几点。

第一,识含宗之空在色而不在心,即色空而心有。

第二,隋代吉藏在《中观论疏》[2](吉藏:《中观论疏》卷第二,《大正藏》卷四十二)中引用识含宗的于法开之观点认为,三界的一切现象都是无自性的假象,如同长夜梦中所见之幻象,而心识是"大梦之主",即一切无自性之假象的根源。一旦"大梦既觉",即当觉悟一切现象都是无自性的假象时,则如同"长夜获晓",其结果是"倒惑识灭,三界都空"。

第三,日僧安澄在《中论疏记》[3]中引用于法开之《惑识二谛论》的议论,认为三界本空,然所以不空者,以众生有诸种惑识。及惑识尽灭,则登

---

① 汤用彤:《汉魏两晋南北朝佛教史》,商务印书馆 2015 年版,第 211—212 页。
② 吉藏:《中观论疏》卷第二,《大正藏》第四十二册。
③ 安澄:《中论疏记》卷第三,《大正藏》第六十五册。

位十地而觉三界都空为真。这里,于法开将空、有作为真、俗二谛的根据,又从真、俗二谛的角度来认识心识。

第四,唐代均正在《四论玄义》中述梁武帝之说,众生由于神明不觉,如陷梦境,以森罗万象为有。及神明觉悟,譬如大觉,则以三界为空。

第五,梁武帝的神明观与于法开之说,似亦可引此为连类。

第六,根据宗炳的解释,"识含"之义即"识含于神"。将神、识分别为二,以神为主宰,以识为功用。

第七,梁武帝汲取"识含于神"的论证方法,构建自己以神明为成佛根据的涅槃学思想。

一方面梁武帝借助般若学智慧,发现"心"是具有超越性之彼岸的存在,另一方面他又从识含宗的思想中汲取"识含于神"的观念,那么梁武帝是如何利用心、神、识等概念来构筑自己的涅槃学思想的?

梁武帝说:"夫心为用本,本一而用殊。殊用自有兴废,一本之性不移。一本者,即无明神明也。"①这段话是说,"心"是有自性之常在、是"用"之"本",不同的"用"是无自性、有生灭的假象,而为"本"的"心",其本性仍然是不变的。这个"本"就是无明神明。

在梁武帝看来,心之本是不迁不移,心之用则有种种兴废,心即无明神明。

何谓无明神明? 梁武帝解释说:"故知识虑应明,体不免惑。惑虑不知,故曰无明。而无明体上,有生有灭,生灭是其异用,无明心义不改。将恐见其用异,便谓心随境灭,故继无明名下加以住地之目,此显无明即是神明,性不迁也。"②

梁武帝认为,人因识虑而以所认识之现象为真,且不自知其为假,就是无明。在无明的立场认识的对象就是有生灭的现象。这种现象是无明之"用"。而无明之"本"是无生灭之"心"。如果因为"心"之"用"有生

① 梁武帝:《立神明成佛义记》,《弘明集》卷九,四部丛刊本。
② 梁武帝:《立神明成佛义记》,《弘明集》卷九,四部丛刊本。

灭,便以为"心"随其"境"而也有生灭。为避免这种误解,佛经在无明之后加上"住地"二字,所以无明就是神明,神明之性是不迁不变的。

梁武帝特别强调,作为"心"之"用"的无明及其认识对象是有生灭的,而"心"本身是无生灭的。所以,佛经在无明之后加上"住地"二字,就是为了彰显"心"是无明之体。作为无明之体的"心"就是神明。

"神明"之本性如何?梁武帝说:"源神明以不断为精,精神必归妙果。妙果体极常住,精神不免无常。无常者前灭后生,刹那不住者也。若心用心于攀缘,前识必异后者。斯则与境俱往,谁成佛乎?《经》云:心为正因,终成佛果。又言:若无明转,则变成明。"①根据梁武帝的观点,神明之本性是不断的,即无生灭之常。而精神是指识虑等心理现象,简称识。如果无生灭之神明能够呈现于心,精神必然得到妙果,这个妙果就是佛果。当精神为妙果而与"极"一体时,则也是无生灭之常。当精神为识虑等心理现象时,则是有生灭之无常。所谓无常,是指前识灭而后识生,这样的生灭永远没有止境。如果心攀缘于识虑及其认识对象"境"时,则心就与识虑、境一样成为有生灭之无常。

如何解释"心"既是无生灭之常、又是有生灭之无常了?梁武帝引用佛经的说法以论证自己的观点。他说:当心呈现为神明之时,才是成就佛果的真正原因。②而实现"心为正因"的方法就是将无明转化为神明。

综合以上几段文字,梁武帝认为,在心、神(神明)、识(无明)三者之间,存在以下几层含义:

第一,心是有自性之常在的本体,即"心为用本"、"一本之性不移。"

第二,作为本体之心含有神、识,所以神明、无明具有同一本体,即"一本者,即无明神明也"。

第三,心若与烦恼结合就是无明,心若与善法结合就是明。即"若与烦恼诸结俱者名为无明,若与一切善法俱者名之为明"。

---

① 梁武帝:《立神明成佛义记》,《弘明集》卷九,四部丛刊本。
② 沈绩注曰:正者神识是也。神识是其正本,故曰正因。

第四,心的本体性即有自性之常在体现在神明的恒常不变性中,即"神明性不迁也"。故从本体性上说,心与神明是同一存在。

第五,心的功用性即无自性之生灭体现在无明的无常生灭性中,即"无明体上,有生有灭,生灭是其异用"。故从功用性上说,心与无明是同一存在。

第六,人生的意义在于成就佛果,使心从功用性的无明之生灭中解脱出来,进而使心呈现为本体性之神明,即"心为正因"、"若无明转,则变成明。"

如果说呈现神明之心是成就佛果的正因,则梁武帝所谓"神明"无疑就是涅槃学中的"佛性"概念了。汤用彤先生认为梁武帝所说的神明就是佛性:"按梁武帝作《神明成佛义记》,渭神明未成佛时,惑识未尽,谓之无明神明。既成佛,则无明转变成明。"[1]他进一步引证说:

唐人均正(慧均僧正)《四论玄义》卷七载:"第四梁萧天子义,心有不失之性,真神为正因体。已在身内,则异于木石等非心性物。此意因中已有真神性,故能得真佛果。故大经《如来性品》初云:'我者即是如来藏义,一切众生有佛性,即是我义。'"新罗元晓《涅槃宗要》说:"第四师云:心有神灵不失之性,如是心神已在身内,即异木石等非情物,由此能成大觉之果,故说心神为正因体。……《师子吼》中言:'非佛性者,谓瓦石等等无情之物,离如是等无情之物,是名佛性故'。此是梁武帝萧衍(原文为萧焉)天子义也。"[2]

梁武帝的意思是说:人与土石等无情物不同,人具有内在的真神性(神明),它就是佛性,而佛性就是成就佛果的正因,即成佛的根本原因和根据。

梁武帝以内在的"神明"为人之本,即人之本是内在于心的"佛性",这就是梁武帝心性论的归宿。他指出:"涅槃是显其果德,……显果则以

---

① 汤用彤:《汉魏两晋南北朝佛教史》,商务印书馆 2015 年版,第 212 页。

② 汤用彤:《汉魏两晋南北朝佛教史》,商务印书馆 2015 年版,第 573—574 页。

常住佛性为本。"①也就是说,涅槃是彰显成就佛果的功德,而佛果的成就则必须以佛性之常住为本。而"常住佛性"在梁武帝的涅槃学中被称为"用本不断",即所谓"以其用本(神明)不断,故成佛(涅槃)之理皎然"。②这样的涅槃学说在南北朝时期具有相当的代表性。

能否成佛是宗教问题,姑且不论。梁武帝对佛性概念的论证和诠释却具有重要的思想意义。所谓佛性,并非仅对佛教信众而言。一切众生皆有佛性,所以说佛性是一切众生先天而有且为后天存在的根据和意义。所以说,佛性从实质上讲是以佛教的语言来阐释人性本质的所以然,与儒学之心性论处于同一层面。正是在此一意义上,佛性与梁武帝苦苦追寻的儒学之先天善性具有了相互契合的地方。

梁武帝说:"佛性开其本有之源,涅槃明其归极之宗。非因非果,不起不作,义高万善,事绝百非,空空不能测其真际,玄玄不能穷其妙门。"③

内在于人心的佛性是先天本有的,且摆脱了因果的束缚,是此岸之"万善"的根据,是衡量此岸之"百非"的标准。具有如此超越意义的佛性观念难道不是儒学性道关系中所缺乏的内在超越之根据以及现实道德之保证吗?

梁武帝在这一问题上表现得十分明显,当他强调"神明"是人之本性(佛性),"无明"是人之本性攀缘凡尘、受现境染累而表现的与生灭相俱之假象时,他径直以儒家经典对此加以说明。

梁武帝在《净业赋·序》中引用《礼记·乐记》的一段话说:"《礼》云:人生而静,天之性也。感物而动,性之欲也。"他解释说:"有动则心垢,有静则心净,外动既止,内心亦明。始自觉悟,患累无所由生也。"④梁武帝认为:人生之本,同于天性之静。人生之用,在于感物而动。被外物

---

① 梁武帝:《注解大品序》,《出三藏记集》卷八,中华书局 1995 年版。
② 梁武帝:《立神明成佛义记》,《弘明集》卷九,四部丛刊本。
③ 梁武帝:《为亮法师制涅槃经疏序》,《广弘明集》卷二十,四部丛刊本。
④ 梁武帝:《净业赋序》,《广弘明集》卷二十九,四部丛刊本。

所感,则心受染累。无外物所感,则心澄明清静。内心澄明清静,则患累无所由生。

他在《净业赋》中进一步论证说:"观人生之天性,抱妙气而清静。感外物以动欲,心攀缘而成眚。过恒发于外尘,累必由于前境。"①按照梁武帝的论述,他主张:人性之本在追求内心的澄明清静,心极易攀缘于外尘而生惑识,因惑识而以无自性之生灭为真实存在,导致"随逐无明,莫非烦恼。轮回火宅,沉溺苦海"。②

这样两层意思就是"若与烦恼诸结俱者名为无明,若与一切善法俱者名之为明"。③ 内心的澄明清静就是"神明",就是"佛性";而心生惑识就是"无明。"

如何才能化无明而为神明、实现内心的澄明清静了? 梁武帝提出了"既除客尘,反还自性"④的主张。具体而言,他说:"为善多而岁积,明行动而日新。常与德而相随,恒与道而为邻。见净业之爱果,以不杀而为因。离欲恶而自修,故无障于精神。"⑤

在梁武帝看来,"客尘"是无明,是导致惑识、心生烦恼的原因,故为恶。"自性"是神明,是内心澄明清静的结果,故为善。所以,具体而言就是为善而日新,随德而邻道,离恶而自修。这种为善去恶的"返性"说几乎与儒学人性论没有什么不同。

值得注意的是,梁武帝的"返性"说有一个不证自明的前提,即"自性"是具有超越性的无生灭之常在。只有这样的"自性"才能够成为人性论中内在超越的根据和现实道德的保证。即梁武帝所说的"上善既修,行善无缺。"⑥

----

① 梁武帝:《净业赋》,《广弘明集》卷二十九,四部丛刊本。
② 梁武帝:《净业赋》,《广弘明集》卷二十九,四部丛刊本。
③ 梁武帝:《立神明成佛义记》,《弘明集》卷九,四部丛刊本。
④ 梁武帝:《净业赋》,《广弘明集》卷二十九,四部丛刊本。
⑤ 梁武帝:《净业赋》,《广弘明集》卷二十九,四部丛刊本。
⑥ 梁武帝:《净业赋》,《广弘明集》卷二十九,四部丛刊本。

　　既然"自性"是神明、佛性,则"自性"无疑是具有超越性的无生灭之常在。而与"自性"同义的"人生而静"、"人生之天性"则同样是具有超越性的先天善性,即内在超越的根据(上善)和现实道德的保证(行善)。

　　从儒学思想史的角度看,集中探究先天善性及其内在超越根据的儒学经典就是《乐记》和《中庸》了。唐代的李翱在其《复性书》中解释《中庸》之"天命之谓性"一语时,就直接引用《乐记》曰:"人生而静,天之性也。性者,天之命也。"以此说明"性"所具有的内在超越性。后来的儒者就常常引用《乐记》中的这段话作为论证复性说的根据。

　　梁武帝的"返性"说应该是儒学复性说比较早的理论范式。正如汤用彤先生所说:"武帝有《中庸讲疏》,今佚,不详其说。然《中庸》诚明之体,天命之性,帝或取以比附其所谓立神明之说。《中庸》一篇,前人罕有注意者。帝或有见于此,而有所发挥欤。"①

　　综观梁武帝在心性论层面的理论建构,概括而言有以下几个方面的贡献。

　　首先,梁武帝认为,人心是有自性之常在的本体。作为本体之心,与烦恼结合则为无明,与善法结合则为神明,故神明、无明具有同一本体。心有体、用两个层面。就心之体言,心即神明。神明以不断为精,不断则可归妙果,妙果常住者即言其性不断,故神明可谓佛性、或云心性。就心之用言,心即无明。如果精神涉行未满,则不免于无常,无常即生灭,若心攀缘外境则陷入生灭之轮回火宅,遂使神明为无明所遮而成无明。

　　其次,神明是心之体,是人能够在现世存在的价值根据。无明是心之用,是人在现世生活中的外在表现形式。即:

　　神明(体)←心→无明(用)

　　人生的意义在于成就佛果,使心从功用性的、有生灭的无明中解脱出来,进而使心呈现为本体性的神明(佛性)。

────────────

　　①　汤用彤:《汉魏两晋南北朝佛教史》,商务印书馆 2015 年版,第 575 页。

佛性与无明虽同处于人的内在心中，却是不同的两个层面，或者说分属彼岸和此岸。如其所言："生死是此岸，涅槃是彼岸，生死不异涅槃，涅槃不异生死，不行二法是彼此岸义。"①涅槃与生死是佛性与无明的归宿，但无论是涅槃还是生死，都以心之体不灭为基础。所以说，心之体本常住，而无明则有生灭，生灭者是心之体为无明所蔽之象，心之体仍为湛然不动之佛性，只有作为心之体的佛性才是常在、永恒的根本。

最后，如果说心是先天而有且内在于身的话，佛性则为心在超越层面之呈现，无明则为心在现实世界之存在。梁武帝在其儒学天道观中是以清浊气性来说明人所禀之性的，综合上述内容可以认为梁武帝主张现实世界的人性是禀自清浊之气而表现为无明，但一切众生若虔修般若智慧，觉悟现实世界之虚幻无常，摆脱生灭轮回，化无明为神明而使自身内在心性呈现佛性，这才是世俗生活的意义。

如何以般若智慧觉悟世间一切皆空，这是佛学问题，姑且不论；虔信佛教是否为人生意义，这是宗教问题，也与本文无关。但梁武帝认为心性是先天而内在的却具有重要价值。

如前所述，梁武帝继承了前代的元气生成天道观，这种元气论只能为禀清浊之气而成的气性论提供依据，而以气性导致的后果是心性在经验层面外在地存在。元气生成的天道观和经验层面的气性论根本无法满足人们内在而超越的形上需求，使儒学的发展在六朝时期显得相对缓慢。梁武帝将先天而内在的佛性观念引入儒学的心性论中。其理论意义在于使佛性所具有的内在超越性融摄于儒学之心性之中，从而导致后者具有内在超越的先天善性，使儒学的天道观和心性论相互贯通。正如有的学者所言，佛性论在中国哲学史尤其是在心性论层面的理论发展中扮演了一个重要的角色。六朝时期人性与佛性的互摄为后来理学中的义理之性和气质之性的分疏提供了契机。

---

① 法彪：《发般若经题论义》，《广弘明集》卷十九，四部丛刊本。

　　进而言之,梁武帝对儒学的理论贡献主要表现在他援佛入儒、将佛学的佛性融入儒学的心性之中。作为外来文化的佛学思想和中国传统文化的儒学思想在什么层面可以有机地结合起来始终是六朝学术界所面临的时代课题。针对这一问题,梁武帝提出了在两种文化的人性论层面进行理论融合的解决办法。从历史的发展来看,这一解决办法是相当有意义的,完全值得我们认真思考和借鉴。

第七章　皇侃的新儒学:礼学思想

　　皇侃是南朝儒学的代表人物之一,他充分继承了六朝时期的知识背景。一方面,皇侃是南朝儒学的一个典型代表,在其思想中可以发现六朝儒学的所有重要理论;另一方面,他是儒家文化的一个传承者,其思想中既有旧传统的继承,又有新理论的洞见,更有新旧思想之间的内在矛盾所造成的紧张关系,正是这种紧张关系孕育着新儒学的诞生。所以说,皇侃的儒学思想是南朝儒家思想中不可缺少的一个环节。

第一节　皇侃的思想渊源

　　皇侃的儒学十分庞杂,此为其思想渊源复杂所致。若要了解皇侃的儒学思想,必然要从其生平和著作入手。

一、皇侃的生平、著作

　　皇侃(公元 488—545 年),南朝萧梁时吴郡(今江苏吴县)人。根据史料的记载,皇侃"少好学,师事贺玚,精力专门,尽通其业,尤明《三礼》、《孝经》《论语》。起家兼国子助教,于学讲说,听者数百人。撰《礼记讲疏》五十卷,书成奏上,诏付秘阁。顷之,召入寿光殿讲《礼记义》,高祖善之,拜员外散骑常侍,兼助教如故"。(《梁书·皇侃传》卷四十八)

　　根据记载可知,皇侃主要是一个儒家学者,尤以对《三礼》、《论语》、《孝经》的研究而闻名。他对当时及后世的影响主要体现在其所撰的儒学著作中。根据《隋书·经籍志》的记载,皇侃的著作有:《丧服文句义疏》十卷、《丧服问答目》十三卷、《礼记义疏》九十九卷、《礼记讲疏》四十八卷、《孝经义疏》三卷、《论语义疏》十卷等。可惜这些著作至南宋时已全都散佚而未流传下来。皇侃的《礼记义疏》有赖孔颖达的《礼记正义》而保存了不少佚文,清人马国翰从中辑出四卷,另外还从《孝经注疏》中辑出一卷《孝经义疏》,都保存在《玉函山房辑佚书》中。

　　在皇侃的著述中最著名者当为《论语义疏》,而此书之失而复得,又为儒学之一大幸事。《论语》一书自从扬雄"传莫大于《论语》"的评价之后逐渐为人所重视。六朝时期对该书进行注释的学者很多,如何晏的《论语集解》、王弼的《论语释疑》、郭象的《论语体略》、江熙的《论语集解》等。皇侃的《论语义疏》就是以何晏的《论语集解》为依据,兼采江熙的《论语集解》所录十三家注,即卫瓘、缪播、栾肇、郭象、蔡谟、袁宏、江淳、蔡系、李充、孙绰、周瑰、范宁、王珉,其余有扬雄、马融、郑玄、苞咸、王朗、王肃、孔安国、缪协、何晏、王弼、季彪、顾欢、沈居士、张凭、殷仲堪等,共约三十余家,其中尤以王弼、郭象、李充、孙绰、范宁等人经注最受重视。

　　因此,皇侃的《论语义疏》基本上保存了六朝《论语》学研究之成果。由于它引证广博,论述客观简练,而"见重于世,学者传焉"。(《梁书·皇侃传》卷四十八)

　　然而,自邢昺《论语正义》出,遂使皇侃《论语义疏》逐渐散佚而失传。[①] 只到清康熙九年(公元1670年)日本山井鼎著《七经孟子考文》,在《凡例》中称日本存有唐代传入、后由足利学以活版印刷的皇侃《论语义疏》。[②]

---

　　① (清)永瑢等撰:《经部·四书类》一,载《四库全书总目提要》,中华书局1965年版。

　　② (清)永瑢等撰:《经部·五经总义类》、《七经孟子考文补遗》,载《四库全书总目提要》,中华书局1965年版。另见皮锡瑞:《经学历史》,中华书局1959年版,第176—177页注[6]。

又过百余年,浙江余姚汪翼伦将它从日本携回,于乾隆五十三年(公元1788 年)由新安鲍以文校订刊行,于是此书得以佚而复传,"存汉晋经学之一线"。①

总之,该书是南朝诸多经疏中保存至今的最完整的一部书,其疏文于"名物制度,略而弗讲,多以老、庄之旨,发为骈俪之文,与汉人说经相去悬绝,此南朝经疏之仅存于今者,即此可见一时风尚。……此等文字,非六朝以后人所能为也"。②"其有训释儒书,特下新意者,则王、韩之《周易》,皇侃之《论语》,虽经籍附庸,实自成一家之言也。"③

实际上,皇侃的学术地位早在唐朝初年就已经得到了承认,唐太宗李世民在贞观十四年的诏书中说:"梁皇侃……前代名儒,经术可纪,加以所在学徒,多行其疏,宜加优异,以劝后生。可访其子孙见在者,录名奏闻,当加引擢。"(《旧唐书·儒学上》卷一百八十九上)

二、皇侃的思想渊源

皇侃的思想来源十分庞杂。概括而言,大体有以下几个方面。

首先,从其《孝经义疏》佚文可知他与梁武帝的观点基本一致。④ 史传记载其讲《礼记义》受到梁武帝称赞,可见二人的思想十分接近。梁武帝是南朝儒、释、道三教合流思想的代表人物,皇侃与之相近,则其思想倾向不言而明。史家谓皇侃"性至孝,常日限诵《孝经》二十遍,以拟《观世音经》"。(《梁书·皇侃传》卷四十八)作为南朝的一位著名儒家学者,皇侃将儒经与佛经相比拟,可见其并不排斥佛学思想。

其次,皇侃受到佛学的影响十分明显,我们不妨举几个例子以窥其一斑。

① (清)永瑢等撰:《经部·四书类》一,载《四库全书总目提要》,中华书局 1965 年版。
② 皮锡瑞:《经学历史》,中华书局 1959 年版,第 176 页。
③ 章太炎:《章太炎学术史论集》,中国社会科学出版社 1997 年版,第 263 页。
④ 任继愈主编:《中国哲学发展史》(魏晋南北朝),人民出版社 1988 年版,第 639 页。

皇侃在注释《论语·先进篇》"季路问事鬼神"时说:"外教无三世之义,见乎此者也。周孔之教唯说现在,不明过去未来。"这完全是以佛学口吻贬周孔为识见不广的外教。

他在评论《论语·述而篇》"子钓而不纲"时云:"周孔之教不得无杀,是欲因杀止杀,故同物有杀也。"

他在疏解《论语·微子篇》"我则异于是,无可无不可"时引江熙注曰:"夫迹有相明,教有相资。……然圣贤致训相为内外,彼协契于往载,我拯溺于此世。不以我异而抑物,不以彼异而通滞,此吾所谓无可无不可者耳。岂以此自目己之所以异哉。我迹之异盖著于当时,彼数子者亦不宜各滞于所执矣。故举其往行而存其会通,将以导夫方类所抱仰乎。"

他在诠释《论语·子罕篇》"智者不惑"和《论语·阳货篇》"可谓智乎"时指出:"智以照了为用",明显以佛学般若智慧的观照作用来疏通儒学之智。

皇侃受佛学影响最明显处是他采用"义疏"体解释《论语》。所谓"义疏",是指训诂学中疏解类的一种体例。义指说明义理,疏指疏通,故义疏体重在疏通义理,即对经典应举其大义而不拘滞于文字,从而深达经典的玄奥。正如马宗霍先生所说:"缘义疏之兴,初盖由于讲论。两汉之时,已有讲经之例,魏晋尚玄谈,而讲经之风亦盛。南北朝崇佛教,敷坐说法,本彼宗风,从而效之,又有升坐说经之例。初凭口耳之传,继有竹帛之著,而义疏成矣。"[1]

皇侃的《论语义疏》还效法佛教譬喻诸经的体例,引用神话物语来诂释《论语》。如《公冶长篇》"子谓公冶长可妻也"条,皇侃疏云:"别有一书,名为《论释》,云公冶长从卫还鲁,行至二界上,闻鸟相呼往清溪食死人肉。须臾,见一老妪当道而哭,冶长问之,妪曰:'儿前日出行,于今不反,当是儿已死亡,不知所在'。冶长曰'向闻鸟相呼往清溪食肉,恐是妪

---

① 马宗霍:《中国经学史》,商务印书馆 1937 年版,第 85 页。

儿也'。妪往看,即得其儿也,已死。即妪告村司,村司问妪:'从何得知之?'妪曰:'见冶长道如此。'村官曰:'冶长不杀人,何缘知之?'囚录冶长付狱。主问冶长:'何认杀人?'冶长曰:'解鸟语,不杀人。'主曰:'当试之,若必解鸟语,何相放也。若不解,当今偿死。'驻冶长在狱六十日。卒日,有雀子缘狱栅上相呼,喷喷雀雀,冶长含笑。吏启主:'冶长笑雀语,是似解鸟语。'主教问冶长:'雀何所道而笑之?'冶长曰:'雀鸟喷喷雀雀,白莲水边有车翻,复黍粟,牧牛折角。收敛不尽,相呼往啄。'狱主未信,遣人往看,果如其言。后又解猪语及燕语,屡验,于是得放。"皇侃采录这一生动故事以喻公冶长"行正获罪,罪非其罪"。此为佛经中之譬喻法。陈寅恪先生曾论及皇侃的这段疏文:"南北朝佛教大行于中国,士大夫治学之法亦有受熏习者,""惟皇侃《论语义疏》引《论释》以解'公冶长章',殊类天竺《譬喻经》之体,殆六朝儒学之士渐染于佛教者至深,亦当袭用其法,以达孔氏之书耶?"①

再次,皇侃的《论语义疏》"从多方面阐发了王弼的贵无思想、郭象的独化思想以及玄学家得意忘形的方法论"。②

《论语·学而篇》"行有余力则以学文",有人问:"四教"中"文"在前,则"文"或先或后,何也?皇侃答曰:"《论语》之体,悉是应机适会,教体多方,随须而与,不可一例责也。"此即玄学所谓道无常体、应感而显的思想。

《论语·先进篇》"颜渊死,子哭之恸",皇侃引郭象释曰:"人哭亦哭,人恸亦恸,盖无情者与物化也。"

《论语·为政篇》"导之以德,齐之以礼,有耻且格",皇侃引郭象释曰:"德者,得其性者也;礼者,体其情也。情有所耻而性有所本,得其性则本至,体其情则知耻。知耻则无刑而自齐;本至则无制而自正。"看来皇侃十分赞成郭象的独化之论和无为之政。

---

① 陈寅恪:《论语疏证序》,载《金明馆丛稿二编》,上海古籍出版社 1980 年版,第 232 页。
② 唐长孺:《魏晋南北朝隋唐史三论》,武汉大学出版社 1992 年版,第 213—214 页。

皇侃在疏解《论语·子罕篇》"子曰：吾有知乎哉，无知也"时说："知谓有私意于其间之知也。圣人体道为度，无有用意之知。……知意谓故用知为知也，圣人忘知，故无知知意也。若用知者则用意有偏，故其言未必尽也。我于不知知，故于言诚无不尽也。"可以看到皇侃对玄学以无为本、举本而末显的精髓体会颇深。

《论语·公冶长篇》"子贡曰：夫子之文章可得而闻也，夫子之言性与天道不可得而闻也已矣。"皇侃云："文章者六籍也，六籍是圣人之筌蹄，亦无关于鱼兔矣。"此与玄学言意之辩相吻。

《论语·先进篇》"屡空"，皇侃曰："空犹虚也，言圣人体寂而心恒虚无累，故几动即见，而贤人不能体无，故不见几，但庶几慕圣，而心或时而虚，故曰屡空。"这已经离开了《论语》原义而作纯粹玄理的发挥。

最后，皇侃的儒学思想主要源自他的老师贺瑒。《梁书》记载曰："贺瑒，字德琏，会稽山阴人也，祖道力，善三礼。……瑒少传家业，齐时沛国刘瓛为会稽府丞，见瑒深器异之。尝与俱造吴郡张融，指瑒谓融曰：'此生神聪敏，将来当为儒者宗。'（刘）瓛还，荐之为国子生。举明经，扬州祭酒，俄兼国子助教。……天监初，有司举治宾礼，召见说《礼》义，高祖异之。……（天监）四年，初开五馆，以瑒兼五经博士，别诏为皇太子定礼，撰《五经义》，瑒悉礼旧事，时高祖方创定礼乐，瑒所建议，多见施行。……（天监九年卒，）时年五十九。所著《礼》、《易》、《老》、《庄》讲疏，《朝廷博议》数百篇，《宾礼仪注》一百四十五卷。瑒于礼尤精，馆中生徒常百数，弟子明经对策至数十人。"（《梁书·贺瑒传》卷四十八）

会稽贺氏在六朝是一个十分有名的家族，其学术渊源甚至可以追溯到西汉。贺氏家族在东晋时的贺循是东晋建国初年的著名礼学家，"其先庆普，汉世传《礼》，世所谓庆氏学。族高祖纯，博学有重名，汉安帝时为侍中，避安帝父讳，改为贺氏。曾祖齐，仕吴为名将。祖景，灭贼校尉。父邵，中书令，为孙皓所杀。"（《晋书·贺循传》卷六十八）

贺氏家族以礼学为家学，六朝时期贺氏礼学名家辈出，其中贺道力

"善三礼,有盛名",贺玚"亦传家业",贺革"就父受业,遍治《孝经》、《论语》、《毛诗》、《左传》",侄贺琛"尤精《三礼》"。皇侃师从贺玚而"尽通其业",可谓礼学之嫡传。

另一方面,贺玚年轻时曾经得到刘瓛的赞赏,谓之"将来当为儒者宗"。而刘瓛"当世推其大儒,以比古之曹、郑"。(《南史·刘瓛传》卷五十)而"(刘)瓛儒学冠于当时,京师士子贵游莫不下席受业。所著文集,皆是《礼》义,行于世。(其)承马、郑之后,一时学徒以为师范"。(《南齐书·刘瓛传》卷三十九)传载他与张融书,而后者三教皆修,二人交好,必有相契之处。《高僧传·释慧基传》载二人师从慧基,可能佛学对刘瓛有一定影响。①

刘瓛与贺玚是南朝齐、梁两代儒学的领袖人物,他们的思想、言行均对皇侃产生了重要影响。我们仅从历史记载的只言片语中就可以发现他们之间的传承关系,不妨举出几例。

齐高帝萧道成建国伊始,问刘瓛以政道,刘瓛答云:"政在《孝经》。宋氏所以亡,陛下所以得之是也。"(《南史·刘瓛传》卷五十)

皇侃在评价《孝经》时说:"此经为教,任重道远,虽复时移代革,金石可消,而为孝事亲常行,存世不灭,是其常也。为百代规模,人生所资,是其法也。"(《孝经注疏序》)

贺玚论礼曰:"其体有二,一是物体,言万物贵贱高下小大文质各有其体;二曰礼体,言圣人制法,体此万物,使高下贵贱各得其宜也。"(《礼记正义序》)

皇侃曰:"礼有三起,礼理起于大一,礼事起于遂皇,礼名起于黄帝。"(《礼记正义序》)

贺玚的礼学思想、人性论、天道观均为皇侃所继承,并成为其思想的重要组成部分。在贺玚看来,"虽有礼乐刑政之殊,及其检情归正,同至

---

① 唐长孺:《魏晋南北朝隋唐史三论》,武汉大学出版社1992年版,第215—216页。

理极,其道一也。"(《礼记正义·乐记第十九》卷三十七)无论是礼理、礼制、礼目还是礼用,都是为了检情而至理极,所谓殊途同归,均趋于心性、天道之途。他说:"性之与情,犹波之与水。静时是水,动则是波;静时是性,动则是情。《左传》云:天有六气,降而生五行。至于含生之类,皆感五行生矣。唯人独禀秀气。故《礼运》云:人者,五行之秀气,被色而生,既有五常:仁义礼智信。因五常而有六情,……情之所用非性,亦因性而有情。则性者静,情者动。故《乐记》云:人生而静,天之性也。感于物而动,性之欲也。故《诗序》云:情动于中是也。但感五行,在人为五常,得其清气备者则为圣人,得其浊气简者则为愚人。降圣以下、愚人以上所禀或多或少,不可言一,故分为九等。孔子曰:唯上知与下愚不移。二者之外,遂物移矣。故《论语》云:性相近也,习相远也。亦据中人七等也。"(《礼记正义·中庸第三十一》卷五十二)

贺玚的这一段议论是他对《中庸》"天命之谓性"的注疏,言简意赅地表明了他的心性论和天道观。

第二节　皇侃儒学的困境

作为六朝晚期一位著名的儒家学者,皇侃充分继承了六朝时期的知识传承,这在前一章已经有所论述。当我们探讨皇侃的儒学思想时可以发现,皇侃的儒学理论存在旧传统与新思想之间的内在矛盾及其由此所造成的紧张关系,正是这种紧张关系孕育着新儒学的诞生。所以说,以皇侃的儒学思想为代表的六朝儒学是整个儒家思想中不可缺少的一个环节。

一、皇侃的性道思想

使现实与理论紧密联系起来是皇侃儒学思想的一个显著特征。即使是在探讨"道"这一玄奥观念的时候也是如此,他认为研究"道"的目的是为了理解人生而非其他:"人生处世须道艺自辅,不得徒然而已也。"(《论语义疏·述而》,以下所引该书只注篇名)

皇侃对"道"有两处解释:

"道者,通而不壅者也,道既是通,通无形相,……道不可体,谓道无形体也。"(《述而》)

"道者,通物之妙也。通物之法,本通于可通,不通于不可通。若人才大则道遂之而大,是人能弘道也。若人才小则道小不能使大,是非道弘人也。"(《卫灵公》)

他引蔡谟注曰:"道者,寂然不动,行之由人。人可适道,道不适人。"(《卫灵公》)

在皇侃看来,人生处世不可或缺的"道"是无形体之通而不壅者也,即通物之妙,这是对"道"进行的作用层面的解释,无疑源自玄学思维,他所引蔡谟注已经近乎王弼对"道"的理解。王弼曰:"道者,无之称也,无不通也,无不由也,况之曰道,寂然无体,不可为象,是道不可体。"(《论语注疏·卫灵公》邢昺引)

皇侃遵循这一理路而释"天道"为:"元亨日新之道。"(《公冶长》)

"天道无私,惟德是与。"(《泰伯》)

"元,善也;亨,通也。日新谓日日不停,新新不已也;谓天善道通利万物、新新不停者也。"(《公冶长》)

这一段论述几乎完全可以从《易传》中找到相同的文字:

"元者,善之长也","乾元者,始而亨者也。"(《文言传》)

"日新之谓盛德,生生之谓易。"(《系辞下》)

皇侃"元亨日新之道"的天道观思想源自《易传》还有一个直接的证据,他说:

"《易》有天演之数五十,是穷理尽命之书,既学得其理,则极照精微,故身无过失也";"《易》明乾元亨利贞,穷测阴阳之理,遍尽万物之性。"

（《述而》）

他还引王弼之言曰：

"《易》以几、神为数，颜渊庶几有过而改，然则穷神研几可以无过，明易道深妙，戒过明训，微言精粹，熟习然后存义也。"（《述而》）

皇侃认为《易》之用在于穷神研几、穷理尽命，且使身无过失，说明《易》符合他的现实与理论相结合的要求。

另一方面，皇侃通过玄学思想家来认识《易传》，使其对《易传》的理解相当深刻。他将"日新"释为"日日不停，新新不已"，这与《易传》中"生生"之义似乎没有什么不同。他还直陈"天时有生"①。同时将只有圣人才能呈现的行盛之"仁"的主旨释为"生"。（《子罕》）这与《易传》所谓"天之大德曰生"、"显诸仁，藏诸用"也无不同之处。

皇侃进一步将天道之"生"德解释为利万物之善：

"利者，天道元亨利万物者也。"

"利是元亨利贞之道也，百姓日用而不知，其理玄绝。"（《子罕》）

当皇侃认为自己已经将天道之"生"德解释得比较清楚之后，他开始由天道转向人性层面的分疏。这里他沿袭了儒学的传统，以"命"作为二者之中介：

"命是人禀天而生。"

"人禀天而生，故云天命也。《中庸》曰：天命之谓性，是也。天道微妙，天命深远……非人所能知及。"（《子罕》）

如果说天命难测，人性则应该可以说得比较清楚。皇侃在疏解孔子"性相近"一语时旁征博引、花费大量笔墨加以解释，现摘其要者而引之：

"性者，人所禀以生也，……人俱禀天地之气以生，虽复厚薄有殊，而同是禀气。"（《阳货》）

"性者，生也。性是生而有之，故曰生也。"（《阳货》）

---

① 　皇侃：《礼记义疏·礼器》佚文，载马国翰：《玉函山房辑佚书》。

“人禀天地五常之气以生曰性。性,生也。”(《公冶长》)

“性既是全生,而有未涉乎用,非唯不可名为恶,亦不可目为善,故性无善恶也。”(《阳货》)

“性无善恶,而有浓薄。……又知其有浓薄者,孔子曰:性相近也。若全同也,相近之辞不生;若全异也,相近之辞亦不得立。今云近者,有同有异。取其共是无善无恶则同也,有浓有薄则异也。虽异而未相远。”(《阳货》)

“夫人不生则已,若有生之始便禀天地阴阳氛氲(原文如此,似应为氤氲)之气。气有清浊,若禀得淳清者则为圣人,若得淳浊者则为愚人。愚人淳浊,虽澄亦不清;圣人淳清,搅之不浊。故上圣遇昏乱之世不能挠其真,下愚值重尧叠舜不能变其恶。”(《阳货》)

“上智以下,下愚以上,二者中间;颜闵以下,一善以上,其中亦多清少浊或多浊少清或半清半浊,澄之则清,搅之则浊,如此之徒以随世变改,若遇善则清升,逢恶则滓沦。”(《阳货》)

从皇侃对“性”的分疏,我们可以将之归结为以下四点:

(1)性禀天地阴阳之气以生。

(2)性者生也。

(3)性无善恶。

(4)气有清浊,故性有圣愚。

如果我们仔细考虑皇侃的天道观和人性论,可以发现二者之间有一定的对应关系:

“生”德←——天道——→阴阳气化

“生”义←——人性——→气性

皇侃性论的这四个特征并非他的创造,而是对前人思想的继承。第(1)和第(4)条在《易传》和汉代思想家的著作中十分常见;第(2)和第(3)条在《荀子》、告子以及先秦儒家著作、近几年发现的湖北郭店楚简《性自命出》中就有类似的说法。

就皇侃性论的第(1)和第(4)条的来源而言,我们可以从《易传》以阴阳言天命而及人性和汉人以气言性的诸多议论中得以发现。《周易·说卦》曰:"立天之道曰阴与阳。"韩康伯注云:"阴阳者言其气。"

气论发端于先秦而发达于两汉。在《淮南子》构筑的宇宙生成系统中,"气"占有重要地位,而这一系统则是中国古代宇宙论的基本框架。《天文训》云:"道始于虚霩,虚霩生宇宙,宇宙生元气,元气有涯垠,清阳者薄靡而为天,重浊者凝滞而为地。天地之袭精为阴阳,阴阳之专精为四时,四时之散精为万物。"董仲舒则进一步将气拟人化为有意志的喜怒哀乐之气而使之成为天人感应论中的一个环节:"天亦有喜怒之气,哀乐之心,与人相副。以类合之,天人一也。"(《春秋繁露·阴阳义》)此后以气来沟通天道与人性成为两汉六朝儒家的一个显著特征。王充以气的厚薄清浊作为人性善恶的决定因素:"禀气有厚泊,故性有善恶也。……人之善恶,共一元气。气有少多,故性有贤愚。"(《论衡·率性篇》)

从以上引述可以发现,皇侃在说明自己的性论时是以《易传》和汉人的思想作为基础的。

就皇侃性论的第(2)和第(3)条的来源而言,可以认为:皇侃性论除受到《易传》和汉人气论的影响外,在很大程度上,还源于《荀子》及其所代表的儒家中的礼学学派。荀子言性除著名的性恶论外,还有另外一层含义,他说:"生之所以然者谓之性。性之和所生,精合感应,不事而自然,谓之性。性之好恶喜怒哀乐谓之情。""性者天之就也,情者性之质也,欲者情之应也。"(《荀子·正名篇》)荀子此处所谓"性"是通向天道的、生而有之的性,尽管他所说的天只是纯经验的自然物,但这一通天之性"固可与如此,可与如彼也哉"。(《荀子·荣辱篇》)用徐复观先生的说法,此性具有无定向性、可塑造性,与告子"生之谓性"、"决诸东方则东流,决诸西方则西流"的说法没有什么不同。虽然荀子从"生之所以然"而言"性",但他的人性论都是以经验层面可以把握之"性"为主。"生之所以然"之性与生理相和合所产生的("性之和所生")官能之精灵,与外物相合（"精合"），外物接触（感）于官能所引起的官能的反应（"感应"），如饥欲食，及目辨色等，都是自然如此（"不事而自然"），这也谓之性，即经验层面的性。荀子性恶论主要是在经验层面展开论述的。①

将荀子人性论与皇侃的人性论相比较，我们不难发现皇侃受到荀子人性论的很大影响。

另一方面，皇侃还吸取了先秦儒家训"性"为"生"而将人性与天之"生"德两相对应的理路。②

二、对性道思想的分析

徐复观先生按照现有文献，根据对性与天道的看法，将自孔子以后的儒家划分为三派③：

(1) 从曾子、子思到孟子，此派顺着天命自上往下落、自外往内收，下落、内收到自己的心上，由心所证验之善端以言性善。更扩充心的善端而向上升、向外发，在上升至极限处重新肯定天命，在向外发的过程中肯定天下国家，但此派自孟子达到高峰后就不得其传，直至宋代程明道才慢慢复活。

(2) 以《易传》的传承为中心。此派的特点在坚持性善的同时以阴阳言天命。由于阴阳观念的扩展而对后来的人性论产生很大的影响，并且与道家不断发生关系。

(3) 以礼的传承为中心。礼的传承者因强调礼的作用太过，多忽视了沉潜自反的工夫，把性善的观念反而逐渐朦胧起来了。此派思想以荀子为顶点，此一系统所谈之道德始终是外在性的道德。

如果把徐复观先生的论述与前面关于六朝儒学的章节结合起来，我们可以发现徐先生所谓《易传》学派和礼学派在六朝可以说双峰并峙，且

---

① 徐复观：《中国人性论史》（先秦篇），上海三联书店2001年版，第201—204页。
② 关于这一点，请参见拙文《郭简乐论及其主旨》，《中国哲学史》（季刊）2001年第3期。
③ 徐复观：《中国人性论史》（先秦篇），上海三联书店2001年版，第173—174页。

其形式表现为玄学和礼学的共同繁荣。同时,正如徐先生所说,由于六朝人对礼学的重视,导致他们对性善观念的漠然视之,甚至影响到《易传》学派对性善论的看法。

当我们考察皇侃对性与天道关系的看法时,可以将他明显地归诸《易传》学派。而且如徐先生所言,用皇侃重视礼学这一原因来解释他对性善问题的漠视也未尝不可。但我以为:皇侃对性与天道关系的思想是他整个思想体系的核心和枢纽,只有将此加以详细分疏,才能理解他的整个思想体系。

皇侃谓天道为"元亨日新之道",所谓元亨日新之道,即生生之德,此是从天之善处而言,即他所说"天善道通"、"元,善也;亨,通也。"(《公冶长》)用朱熹的解释则为:"元者,物之始生。亨者,物之畅茂。利,则向于实也。贞,则实之成也。实之既成,则其根蒂脱落,可复种而生矣。此四德之所以循环而无端也。然而四者之间,生气流行,初无间断,此元之所以包四德而统天也。"①

因此,皇侃所谓天道若从天善处讲、或者说从超越层面讲,是生生之德的呈现。

天道之生德表现为万物之生长,要将此天道下落而命于人性却必须借助阴阳气化才能实现。所以,皇侃才会说:"人不生则已,若有生之始便禀天地阴阳氤氲之气。气有清浊,(人有圣愚)。"(《阳货》)

当皇侃分别以阴阳之气和圣愚之人来描述天道和人性时,他已经是在实有层面进行诠释了,这一点必须讲清楚。单就上面所说,应该还是比较通顺的。

在皇侃训性为"生"时,他试图以此来对应天道之"生"德,从而使后者也能如阴阳之气般禀于人性之中。他说:"性者,生也。性是生而有之,故曰生也。"(《阳货》)这一说法来自告子的"生之谓性",但不管是告

① 朱熹:《周易本义·乾彖注》,巴蜀书社1989年版。

子还是皇侃，他们所说之"生"均不是"生"德之"生"。因为"生"德之"生"是以天善为根据的。如果人性之"生"也要涵有"生"德之"生"，则亦须以性善为依据。而我们知道，告子谓"性无分于善不善"，皇侃也说"性无善恶"。因此，告子和皇侃所说的人性之"生"义是实有层的存在，即皇侃所谓"生而有之"。换句话说，在皇侃看来，性之"生"义是从气性层面讲下来的。①

正如牟宗三先生所说："生之谓性"所呈举之性本就是实然之性（气性），而不是道德创造之应然之性。因为告子（皇侃亦同）明说"性犹湍水"、"性无分于善不善"，仁义并不内在于性中。②

由此可知，在皇侃的理论中，天道之"生"德与人性之"生"义是两个不同层面的"生"，二者根本不相应。其原因在于皇侃始终在实有层面解释"性"（气性），使得人性中无超越义与天道之"生"德相应。

所以，皇侃的性与天道的关系可表示为：

"生"德←——天道——→阴阳气化

人性←——气性——→"生"义

儒家对性与天道关系的思想确如徐复观先生所言而大致分为三派。但如果我们从超越和实有层面来说，则性与天道关系的说明有两个方向，一以义理之性疏通性道；二以气质之性诠释性道。前者是徐复观先生所说的思孟学派以及宋明理学这一传承，后者则是《易传》学派和礼学派这两个系统。我们既不能因义理之性的超越意义而忽视气质之性的实有意义；也不能因气质之性的现实作用而不谈义理之性的思辨价值。正如宋儒所言："论性不论气不备，论气不论性不明，二之则不是。"③

牟宗三先生解释说：天命之流行、乾道之变化，是带着气化以俱赴，否则个体之成即不可能。故"各正性命"可通气之性命与理之性命两面说。

---

① 牟宗三：《心体与性体》（中册），上海古籍出版社 1999 年版，第 126 页。

② 牟宗三：《心体与性体》（中册），上海古籍出版社 1999 年版，第 130 页。

③ 程颢、程颐：《二先生语六》，载《二程遗书》卷六，上海古籍出版社 2000 年版。

但因是承天命流行、乾道变化而说,故正宗儒家俱是以理之性命为"性命"之本义,即以"穆不已"之真几为其性命。①

牟先生所谓正宗儒家是以思孟、陆王为代表、注重内在超越之道德形上学的儒家,站在这种思想的角度,《易传》在讨论性与天道的关系时,天之仁德的显现即"生生",人的生命之根源则由此仁德而来,人禀此仁德以成性,因而人之性即与天地相通。《系辞上》所谓"一阴一阳之谓道"的道就是《乾·象》的"乾道",亦即生生不息的天道;一阴一阳即《乾·象》之"乾道变化"的变化。阴阳互相消息、循环不已,以成其生育万物的变化。② 由于天之"生"德"显诸仁",故为善;人性因自觉其善而与乾元天道同体,其本身是一种无限的存在。③

综合牟、徐二先生所言,可将正宗儒家性与天道思想归结为:

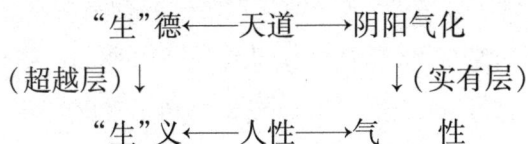

"生"德←——天道——→阴阳气化

(超越层)↓ 　　　　　　　　↓(实有层)

"生"义←——人性——→气　　性

这里与皇侃思想的不同之处在于:当我们从人性处向"生"义方向进行推扩时,由于这一方向的"性"是偏就义理之性而说,故其"生"义是建立在性善论基础上的、超越层面的生生之德,而非如皇侃所谓实有层面的存在之"性"。因此,这里的"性"之"生"义是与天之"生"德上下相契的。只有这样构筑起来的性与天道的关系才是圆满的。

将皇侃与所谓正宗儒家的性与天道关系的思想进行比较,我们可以发现皇侃完全把"性"局限于实有层面之气性的思想是其整个思想体系的致命缺陷,这一点将在后面看得更加清楚。

皇侃将"性"局于气性之层面的弊端可归结为以下几个方面。

第一,气质之性因属实有层之性而无超越之义,从而导致性无善恶的

---

① 牟宗三:《心体与性体》(中册),上海古籍出版社1999年版,第121页。
② 牟宗三:《心体与性体》(中册),上海古籍出版社1999年版,第119—122页。
③ 徐复观:《中国人性论史》(先秦篇),上海三联书店2001年版,第180—181页。

观念。以气性作中介似乎对于性道关系的说明更为具体,使人容易把握。但在本质上气性只会使性与天道在道德意义上相互隔绝,且使道德的内在根源由此而浮游到外面,使人从信仰或思辨上、而不是从人的内心证验上去寻找道德之源。(为什么在六朝时期玄学和佛教、道教如此兴盛?这是很重要的一个原因)另一方面,皇侃用气性之变化来说明天命,并在这种变化过程中建立道德的根据。他认为人的道德根源系由气性的变化所规定。这种从自然性质的规律性中寻求人之所以为人的根据的理路,实际上是站在实有层面上而去言说超越层面的问题。从理论上讲是不成立的,正如牟宗三先生所谓从"气"中是不可能分析出"德"的观念的。①

第二,由于执著于气性,使人性中并不先天的具有善。而无性善论之儒家必然否定人人皆可以成圣的主张。我们知道,儒学兼含理想和现实两面。在理想面肯定人人皆可以成圣,这是就义理之性的普遍性而言的;在现实面肯定圣人是先天禀淳清之气而成,这是就气质之性的特殊性而言的。从否定人人皆可以成圣的现象也可以反证气性论的存在。《晋书·孙盛传》载有一个十分典型的史料:孙放(字齐庄)与其父孙盛皆从庾亮猎,亮问放曰:"欲齐何庄邪?"放答曰:"欲齐庄周。"亮曰:"不慕仲尼邪?"放答曰:"仲尼生而知之,非希企所及。"根据孙放的说法,圣人是先天而知、非志慕之可及的。也就是说,圣人是世俗之人所不可企及的。这一点我们在佛学中关于一阐提人能否成佛的争论中同样可以看到,当释道生首倡一阐提人可以成佛之论时,他是以人皆有佛性(即善性)为前提的。②

第三,对"命"的诠释。王充曾有"性成命定"一语,他是由气性而言之,即"用气为性,性成命定"。此处之"命"无疑是"命运"之"命";如由义理之性而言之,人在"元、亨、利、贞"的过程中完成其性,也就决定了他

---

① 牟宗三:《中国哲学十九讲》,上海古籍出版社1998年版,第233页。
② 任继愈主编:《中国哲学发展史》(魏晋南北朝),人民出版社1988年版,"魏晋南北朝的佛教经学"。

生命应有的活动方向,故此处的"性成命定"之"命"必然是"命令"之"命"。① 我在关于六朝儒学的章节已经列举了一些六朝人关于"命"的议论,它们无一例外的都是以"命运"释之,这里不再重复。不过我想引用一段皇侃针对"命"的疏文以直接证明之:

"命谓穷通夭寿也,人生而有命,受之由天,故不可不知也。若不知而强求,则不成为君子之德。"(《尧曰》)

"命是人禀天而生,其道难测。又好恶不同。"(《子罕》)

可以看到,皇侃所谓"命",也应为"命运"义。

三、对人性的分析

在我们分析了皇侃对性与天道关系的理解及其存在的问题之后,他的心性论就显得比较容易解释了。

皇侃的心性论以气性为基础,而以"仁"为中心。但他将对"仁"的理解与其对天道的理解加以比拟:

"仁者,恻隐之义也。仁者之性愿四方安静如山之不动,故云乐山也。仁者静,其心宁静故也。"(《雍也》)

此段不禁使人想起"人生而静,天之性也"的话,皇侃把仁性与天性相比拟,似乎在为仁性寻找某种依据。

"仁是恩爱。"(《卫灵公》)

"为仁之道,以恻隐济众,故曰爱人也。"(《颜渊》)

"仁者,施惠之谓也。"(《述而》)

"人有博爱之德谓之仁。"(《为政》)

皇侃认为为仁即爱人,若将此爱扩充出去,则:

"诚爱无私,仁之理也。"(《宪问》)

"大爱无私,至美无偏,故则天成化,道同自然。不私其子而君其臣,

---

① 牟宗三:《四因说演讲录》,上海古籍出版社 1998 年版,第 31—32 页。

凶者自罚,善者自功。功成而不立其誉,罚加而不任其刑,百姓日用而不知所以然。"(《泰伯》)

皇侃引用玄学家的观点认为仁之理是一种至爱无私的境界,这种境界与"天无私覆,地无私载"之道是相通的。我们可以从天道之"生"德的呈现中体证到天善;同样,我们可以从仁德之至爱中发现仁的根源所在。

皇侃引殷仲堪注云:"夫善者,淳穆之性,体之自然。"(《先进》)

王弼曰:"载之以道,统之以母,故显之而无所尚,彰之而无所竟。用夫无名,故名以笃焉;用夫无形,故形以成焉。守母以存其子,崇本以举其末。……故母不可远,本不可失。仁义,母之所生,非可以为母。"①

所以,在王弼看来,仁义等德目是可以由"无"所生、从"无"中体证到的,"无"是仁义之源。"无"是体现"仁"的一种境界。②

如果说皇侃用玄学思辨的方法论证善的根源可以成立的话,他将"道"诠释为无形相、不可体之"无"的意图也就可以理解了。

说到此处,他似乎并没有遇到什么麻烦。皇侃试图从"无"中寻找"仁"之根源的做法是通顺的。可是,这种"仁"如何成为气性的内在之善则始终是他无法解决的问题。现实与理想之间的矛盾似乎也证明了这一问题存在的合理性:"凡人世之利,利彼则害此,非义和也。若天道之利,利而无害,故万物得宜而和。"(《子罕》)

皇侃并没有知难而退、就此停滞不前。

首先,如果气性之内并非一定有善的话,那么在现实生活中为仁的目的就是得到幸福了。皇侃说:"富者财多,贵者位高。位高则为他所崇敬,财多则为他所爱。夫人生则莫不贪欲此二者。……若依道理则有道者有富贵,无道者宜贫贱,则是理之常道也。"(《里仁》)为理之常道提供保证的只能是天命。(此为道德他律的理路)皇侃对此心领神会:"天命谓作善降百祥,作不善降百殃。从吉逆凶是天之命。故君子畏之,不敢逆

---

① 王弼:《老子·三十八章注》,载楼宇烈:《王弼集校释》,中华书局 1980 年版,第 95 页。
② 牟宗三:《中国哲学十九讲》,上海古籍出版社 1998 年版,第 223 页。

之也。"(《季氏》)

其次,他对仁之行加以分疏而发现其中有不同之处:"行仁之中有不同也,若禀性自仁者则能安仁,何以验之?假定行仁获罪,性仁者行之不悔,是仁者安仁也;智者谓识照前境而非性仁者也,利仁者也。其见行仁者,若于彼我皆利则己行之,若于我有损则使停止。……知仁为美而性不体之,故有利乃行之也。"(《里仁》)

这一段话需要说明之处有二:一者所谓利仁者就是上面所说以得福为目的而行仁者;性仁者之"仁"也并非由"性"中所内发之"仁",而是禀自于外在之"仁"。"仁"仍然是由外贯入。二者,从"知仁为美而性不体之"一语看,我们可以将性仁者之"仁"解释为体而得之,结合前述皇侃对"道"、"无"的看法,性仁者是在"无"的境界体证到"仁"的。

皇侃还有一段疏文对此说得比较清楚:"君子德性与小人异也,……君子、小人若同居圣世,君子性本自善,小人服从教化,是君子、小人并不为恶,故尧舜之民比屋可封。若至无道之主,君子禀性无回,故不为恶;而小人无复忌惮,即随世变改,桀纣之民,比屋可诛。"(《子罕》)

从"性本自善"一语看,似乎可视为性善之论。但他又说:"凡人之性,易为染著,遇善则升,逢恶则坠。"(《里仁》)由此看来,"性本自善"之"善"仍然是外在之"善"。

另外,从皇侃的议论中可以感觉到:他对于君子履仁并非如性善论者那样坚持无条件的、自律的态度,"人所以得他人呼我为君子者,政由我为有仁道故耳。若舍去仁道傍求富贵,则于何处更得成君子之名乎。"(《里仁》)他似乎有孔子所讥讽的"为人之学(行)"的嫌疑了。

如果说在理想境界中成就圣人对于皇侃而言是不可能的话,那么在现实社会中成就君子则应是可以追求的目标。成就君子有内容和形式两个方面,就内容而言即不舍去仁道;就形式而言即"文与质等半,则为会时之君子也"。(《雍也》)试分析之。

所谓"仁道"为何?皇侃说:"孔子语曾子曰:吾教化之道唯用一道以

贯统天下万理也。夫事有归,理有会。故得其归,事虽殷大可以一名举;总其会,理虽博可以至约穷也。……孔子之道更无他法,故用忠恕之心,以己测物,则万物之理皆可穷验也。"(《里仁》)

"为仁之道,己若欲自立自达,则必先立达他人,则是有仁之者也。能近取诸身,远取诸物。己所不欲,勿施于人。能如此者,可谓为人之方(道)也。"(《雍也》)

他认为仁道可以穷验万物之理,而忠恕是达致仁道的方法(为仁之方)。

"忠谓尽中心也,恕谓忖我以度于人也。"(《里仁》)忠谓内反己心以忖己,恕谓外扩己心以度物。

皇侃实际上已经把"忠"融入"恕"中而将其解释为:

"内忖己心,外以处物。"(《卫灵公》)

"恕己及物,乃为仁也。"(《颜渊》)

忠恕之道既然是为仁之方,则仁道的体现必有赖于忠恕之行,故"可终身行之一言也,恕也。"(《卫灵公》)

为恕即为仁,"仁是行盛,非体仁则不能,不能者心必违之。"(《雍也》)他认为:以行体仁,使心不违仁,使性近仁,这就是恕之真谛。

如果以上所说可以成立,皇侃在论及忠恕之道时都涉及"心",而心在他的思想中是与"志"相联系的。他说:

"志者,在心之谓也。"(《为政》)

"志者,在心向慕之谓也。"(《述而》)

"志谓在心未行也,故《诗序》云:'在心为志',是也。"(《学而》)

"志之在心,在心而外必有趋向意气。"(《学而》)

所谓在心为志,就是使"心"具有某种意向性,使之关注于某一方向。从皇侃对"志"的解释来看,与"夫志,气之帅也"(《孟子·公孙丑上》)具有相同的含义。如果仅从意向性这一含义诠释"志"时,则志、意、情是同一个层面的观念,如朱熹就说:"意者,心之所发;情者,心之所动;志者,心之所之,比于情、意尤重。""志是心之所之,一直去底,意是志的脚,情又是意的骨子。在这个意义上,志与意,都属情,情字较大。"①

"志"这一观念在皇侃的心性论中可以说发挥了很重要的作用。它是儒家教化之道在以气质之性为理论基础的思想中得以可能的条件。皇侃引郭象语曰:"夫思而后通,习而后能者,百姓皆然也。圣人无事不与百姓同,事事同则形同。是以见形(不)以为己异,故谓圣人亦必勤思而力学,此百姓之情也。故用其情以教之,则圣人之教因彼以教彼。"(《卫灵公》)皇侃自己在《论语义疏序》中也说:"圣人虽异人者神明,而同人者五情。"

他认为:圣人以自己与众人形同、情同而引导人们志于学、志于仁、志于道,从而使得圣人以下、愚人以上、生而禀得或多或少清浊之气的人因向慕于圣人之德性而有志于为仁之道,最后成就君子之名。

因此,他说:"人乃有贵贱,同宜资教。不可以其种类庶鄙而不教之也,教之则善,本无类也。"(《卫灵公》)

他引时论详细说明云:"世咸知斯旨之崇教,未信斯理之谅(信)深。生生之类,同禀一极。虽下愚不移,然化所迁者其万倍也。若生而闻道,长而见教,处之以仁道,齐之以德,与道终始,乃非道者,余所不能论之也。"(《卫灵公》)

从这个角度来看前述皇侃所言"君子性本自善",实际上是闻道而教化、处仁而养德、与道终始而成就君子之性,此性虽为善,却是后天禀得的。

性善是以"志"为前提、在后天的教化中力行恕道而禀得的。"志"只是一种意向性,如何禀得才是最重要的。皇侃认为只有首先体证仁道,才能在现实的仁之行中呈现仁道,即所谓"仁是行盛,非体仁则不能"。那么,如何体仁呢? 皇侃承袭了玄学家王弼的主张:"忠者,情之尽也;恕者,反情以同物者也。未有反诸其身而不得物之情,未有能全其恕而不尽

---

① (宋)黎靖德编,王星贤点校:《朱子语类》卷五,中华书局1986年版。

理之极也。能尽理极则无物不统。理不可二,故谓之一也。推身统物,穷类适尽。"(《里仁》)

体仁之道在于反身得情、反情同物、尽理之极而和成己性。故成性是目的。皇侃又引王弼的注加以具体说明:"夫喜、惧、哀、乐,民之自然,应感而动,则发于声歌,所以陈诗采谣,以知民志风。既见其风,则损益基焉。故因俗立制,以达其礼也。矫俗检刑,民心未化,故又感于声乐,以和神也。若不采民诗,则无以观风。风乖俗异,则礼无所立。礼若不设,则乐无所乐,乐非礼则功无所济。故三体相扶,而用有先后也。"(《泰伯》)

皇侃十分赞成王弼的观点,指出:"礼乐,先王所以饰喜(情)也。"(《季氏》)这种以情为基础,诗、礼、乐三体相扶之教化是"和成己性"的主要途径。他由此而强调礼乐之不可分:"若小大之事皆用礼而不用和,则于事有所不行也。""行礼须乐,行乐须礼也。人若知礼用和而每事化和、不复用礼为节者,则于事亦不得行也。"(《学而》)

所谓文质相半,皇侃解释说:"质,实也;文,华也,凡行礼及言语之仪。若实多而文饰少则如野人,野人鄙略大朴也;人若为事多饰则如书史,史书多虚华无实,妄语欺诈。"(《雍也》)

文质相偏都是一种片面的形式。若偏执于鄙略大朴之"质",就不能超越气质禀赋的限制;若偏执于繁饰虚华之"文",又会流于娇柔浮夸,故应文质相半。但从皇侃的行文语意看,他似乎对"文"有所偏向:"野人,质朴之称也;君子,会时之目也。孔子言以今人文观古,古质而今文,文则能随时之中,此故为当世之君子也。质则朴素而远俗,是故为当世之野人也。……时淳则礼乐损,时浇则礼乐益。若以益观损,损则为野人;若以损观益,益则为君子也。以益行益,俱得时中,故谓为君子也。"(《先进》)

皇侃重"文"的主张是其思想发展的必然结果,"为事(礼及言语之仪)多饰"、"以益(为事多饰)行益(礼乐益)",俱得时中,这才是成君子之义也。由此往下,皇侃着重探讨自己的礼学思想也就顺理成章了。

综上所述,要成就君子,一要不舍仁道,二要文质相半。不舍仁道者应终身行恕，应以情体仁。文质相半者应以益行益，应依文重礼。

情是礼之基础，文是礼之形式。皇侃从自己的心性论中找到了礼学思想得以成立的根据。

第三节　皇侃礼学思想的本质

首先需要强调的是：皇侃在六朝儒学史中主要是作为一个礼学家而发挥作用的，他的儒学思想也主要表现在其礼学思想中。他自己也明确表示："六经其教虽异，总以礼为本。"（《礼记正义·经解第二十六》）令人遗憾的是，现在来研究皇侃的礼学思想，我们只能依据他的《论语义疏》以及由清人马国翰从《礼记正义》和《孝经正义》中辑出来的他的《礼记义疏》和《孝经义疏》的佚文，而且后两种著作所保存下来的、有价值的文字材料比较少。因此，即使是研究皇侃的礼学思想，我们也只能以《论语义疏》为其思想的主要文字依据。

一、礼与性情的关系

前一节已经就皇侃的人性论和天道观之关系做了说明。根据徐复观先生关于性与天道关系的儒家三派说，皇侃的思想与《易传》学派和礼学派都有关系。作为一个礼学家，他试图从礼学的理路诠释性与天道的关系以证成自己的儒学思想体系就是可以理解的了。

皇侃的气性论使其心性与天之"生"德无法相通，从而导致性与天道这两个层面相互隔绝的局面。进一步说，如果道德的根据源于天（《易传》学派的主张）或者源于圣人（荀子学派的主张），则善必然是外在之贯入而非内在之体证，这就导致需要以礼之形式从外在加以规范。皇侃也许已经意识到了这个问题。因为他在讨论"仁"的内容时已经将"忠恕"这一传统解释改成了："恕、敬二事，乃为仁也。"（《颜渊》）他强调："礼宜云敬"(《学而》),"礼主敬故也"(《子路》)。

在皇侃看来,体仁之道不仅有恕之一径,而且有敬之一途。正如徐复观先生所云:忠恕是实现仁的两方面的工夫,但有的忠不一定通于恕,恕才是通人我为一的桥梁,是直接通向仁的工夫,而孝悌也是直接通向仁的工夫。[①] 孝悌,从实质上说是为仁之本;[②]而从形式上说,是礼学的核心。所以,皇侃就是试图从以孝悌为核心的礼学之途通向体仁之道的。

皇侃十分强调礼的重要性:"礼主恭俭庄敬,为立身之本。人若不知礼者,无以得立其身于世也。故《礼运》云:'得之者生,失之者死。'《诗》云:'人而无礼,不死何俟。'是也。"(《尧曰》)

礼既然如此重要,其内容为何? 皇侃注引曰:"礼者,体其情也。"(《为政》)这是一个既十分普通又非常关键的转进。我们知道,礼乐由伦常性情而转出是儒家的一个基本信念,"礼的根源在于人的心灵的自然感情。"[③]因此,探讨礼学思想必然要以"情"作为基础。另一方面,"情"与"性"是紧密相关的,这一点在包括皇侃在内的整个六朝儒学都不例外。

皇侃的业师贺玚云:"性之与情,犹波之与水。静时是水,动则是波;静时是性,动则是情。……情之所用非性,亦因性而有情。则性者静,情者动。故《乐记》云:人生而静,天之性也。感于物而动,性之欲也。故《诗序》云:情动于中是也。"(《礼记正义·中庸第三十一》)

"尽得其(师之)业"的皇侃继承了贺玚的观点并加以发展:

"然情性之义,说者不同。性者生也,情者成也。性是生而有之,故曰生也。情是起欲动彰事,故曰成也。然性无善恶而有浓薄,情是有欲之心而有邪正。性既是全生,而有未涉乎用,非唯不可名为恶,亦不可目为善,故性无善恶也。所以知然者,夫善恶之名恒就事而显,故老子曰:'天

---

① 徐复观:《中国人性论史》(先秦篇),上海三联书店 2001 年版,第 86 页。
② 有子所谓"孝悌也者,其为仁之本与"(《论语·学而》)。
③ 杜维明:《人性与自我修养》,中国和平出版社 1988 年版,第 21 页。

下以知美之为美,斯恶已。以知善之为善,斯不善已',此皆据事而谈。情有邪正者,情既是事,若逐欲流迁,其事则邪;若欲当于理,其事则正,故情不得不有邪有正也。故《易》曰:'利贞者,性情也。'"(《阳货》)

他在陈述自己的观点之后又引用王弼关于性情的一段文字说:"不性其情,焉能久行其正,此是情之正也。若心好流荡失真,此是情之邪也。若以情近性,故云性其情。情近性者,何妨是有欲。若逐欲迁,故云远也;若欲而不迁,故曰近。但近性者正,而即性非正,虽即性非正,而能使之正。譬如近火者热,而即火非热,虽即火非热,而能使之热。能使之热者何? 气也,热也。能使之正者何? 仪也,静也。"(《阳货》)

我认为这两段材料可以很好地说明皇侃是如何将性与情结合起来的。进而言之,可以明了他是如何将心性论与礼学二层面加以沟通的。

我们首先来看皇侃自己的观点。他认为性无善恶、情有邪正。就性之本身而言,由于未涉及事功,而善恶是就事而显的,故就性之本身而言:性无善恶。情是对事而言,即起欲动彰事,故若情任欲流迁则事邪,则恶;若欲当于理则事正,则情善。推而言之,任性于善情,则性依善情而生善,其善源于"当于理"之"理",即:

$$性 \longrightarrow 情 \longrightarrow 当理 \longrightarrow 情正 \longrightarrow 性善$$

现在来看皇侃所引王弼的议论,这一段议论可以为上述理路作出说明。根据王弼的观点,如果以情近性,则是性其情,则能久行其正,则是情之正;如果逐欲流迁,则为情之邪。至此与皇侃所言完全一样。但他又说:虽然以情近性可行其正,以情任(原文为即,据改①)性不可谓之正,但任性则可以使性正。这就好像使火燃烧者本身并非热、却能使近火者热一样。那么,以情任性、而使性正者为谁? 王弼认为是"仪也,静也"。仪

---

① 根据楼宇烈先生的解释,"即性"就是"任性"。见楼宇烈:《王弼集校注》,中华书局1980年版,第637页注三十四。

者,礼也;①静者,呈现"无"、"自然"的精神的境界,即"无"也。② 王弼所强调的是"即性"可以使之正,也就是说,以情任性可以使"无善恶之性"从"仪"(礼)中体验"无"所生之善并呈现这一善性,即:

$$性——情——即性——使之正——性善$$

为便于分析问题,将上式简化为:

$$性——情——性善(中间部分将在后面详细说明)$$

为什么性因情而有善呢? 我还想将此式变为:

$$无(善恶之性)——情——有(善性)$$

再往下则为:无——情——有

王弼在《老子》三十八章注中有一段十分精彩的注释——对此说得比较清楚:"德者,得也。常得而无丧,利而无害,故以德为名焉。何以得德? 由乎道也。何以尽德? 以无为用。以无为用,则莫不载也。……是以上德之人,唯道是用,不德其德,无执无用,故能有德而无不为,不求而得,不为而成,故虽有德而无德名也。"

在王弼看来,"道者,无之称。"(《论语释疑·述而》)体"无"之境界就是"尽理之极"而呈现"无"之德。

此为王弼根据玄学思想论述性情的理路。

根据牟宗三先生的观点:玄学所谓"无"是在作用层所呈现的"道"的境界。"有"则是"无"的无限妙用之境界的一种方向性,即《老子》所谓"常无欲以观其妙,常有欲以观其徼"。在"无"的境界可以体验"道"的无限妙用,在"有"的层面则可以落实"道"的方向性。这一方向性既可以针对对象而呈现,也可以没有对象而仅根据方向性自身来创造对象,从"无"到"有"就是从无限妙用的心境本身来说方向性,进而创造出"有"。③

---

① 楼宇烈:《王弼集校注》,中华书局1980年版,第637页注三十八。
② 牟宗三:《中国哲学十九讲》,上海古籍出版社1998年版,第91页。
③ 牟宗三:《中国哲学十九讲》,上海古籍出版社1998年版,第93—94页。

牟宗三先生所言是从"无"和"有"这一最高层面而讲的。我在这里仅就王弼关于性情的论述而言及之。我在前一章曾谈到"志"的观念,当我们仅涉及"志"的意向性含义时,"志"具有某种道德意志的意义,且其蕴涵于"情"(道德情感)的范畴。若将此一看法用之于:

性(无善恶)——→情——→性善

这一表达似乎颇为吻合。仅就"性"本身而言,"性"在这一层次因无意向性而不呈现善恶;但"情"却不然,"情"在此一层面有意向性(有欲),情依此意向性而使"事"有善(所谓"情之正"应释为情之意向性所针对者为天、理等,因为只有天、理等才能被认为是正确的方向),正是在这种使"事"有善的过程中呈现(创造)出性善。这就好像天之"生"德对万物而言无方向性、故似乎无善无情,但正是这种并非针对个别对象、无方向性的生生之德才是最高境界的善性。王弼认为"无"对"有"就具有这种善性;"性"对"情"来说也具有相对的善性,但呈现这种善性的条件是"即性"(任性)。只有以情任性才能在情之方向性中呈现善性。

明白了王弼的论述理路,当我们再回头来看皇侃的思想时就会更加清晰。我们仍然将:

性——→情——→当理——→情正——→性善

简化为:性——→情——→性善

皇侃较王弼说得平实一些,他认为:"性是全生",所谓"全"者似为圆满之义、或谓无方向之生德;"而有未涉乎用"。所谓"用"者,根据牟宗三先生的解释为无方之妙用。[1] 这当然是针对"情"而言的。因此,就"性"本身来说并无善恶;情起欲而使事彰,且情既是事,故情因对事有意向性(起欲)而有善恶,若此意向性"得理"则"情之正"、则有善,而此善也就是无善恶之性所呈现的。因为善恶是就情、就事而显,故必然非为情、事所生。皇侃引《老子》二章注所言以证实自己的观点。实际上,《老子》二

————————

[1]　牟宗三:《中国哲学十九讲》,上海古籍出版社1998年版,第91页。

章注的全文可以帮助我们更好地理解皇侃的思想,故不妨引之如下:

①天下皆知美之为美,斯恶已;皆知善之为善,斯不善已。

王弼注曰:美恶犹喜怒也,善不善犹是非也。喜怒同根,是非同门,故不可得而偏举也。

②故有无相生,难易相成,长短相较,高下相倾,音声相和,前后相随。

王弼注曰:此六者皆陈自然,不可偏举之明数也。

③是以圣人处无为之事,行不言之教。万物作焉而不辞,生而不有,为而不恃,功成而不居。

王弼注曰:自然已足,为则败也。智慧自备,为则伪也。

④夫唯不居,是以不去。

王弼注曰:因物而用,功自彼成,故不居也。使功在己,则功不可久也。

皇侃所引为第一句,第一、二句表明:善恶(不善)有一个共同的根源,即自然之理,即"无"。

第三句表明:自然之理对事则表现为"无为",就教则表现为"不言"。无为、不言则功成。

第四句表明:功是因物之用、而由物所呈现出来的,但真正的居功者不是物而应是"无"。

按照同样的理路,皇侃对于性情与善恶关系的理解是:虽然善恶恒因情就事而显、而成,但生、发善恶之功只能归诸无为善恶、不言善恶的"性"。只有无善恶之"性"才能成为创造善恶之源,性因情之用而使情呈现出善恶。皇侃在解释"温、良、恭、俭、让"时曾经涉及这个问题:"敦美润泽谓之温,行不犯物谓之良,和从不逆谓之恭,去奢从约谓之俭,推人后己谓之让,此五德之美。……夫五德内充则是非自镜也。"(《学而》)此五德实为礼之德目,其美必因情而现而成,情为内发,情成故为内充,内充则善(包括善、不善即是非)被体证(自镜)。

另一方面,皇侃强调性者生、情者成的观点也涵有性生发、创造而情呈现、成就善恶的意思。此处之善恶是就情、事而名,若从"性"上总持的说则应为"全善"即"无方向之善"或"至善",它是善恶的根源。

皇侃在人性论中以气性言性,是从实有层面讲的。而他在礼学中以性善(总持的说)言性,则是从作用层讲的。故作用层之"性"具有超越性,且能内生仁义诸善。从作用层言"性"内生仁义诸善的理路与王弼从"无"中内生仁义的玄学思想有异曲同工之妙。

二、对"情"的分析

在皇侃的礼学思想中,"情"的重要性从上面的分析中就可以看得十分清楚。而事实上,整个六朝儒学(不管是礼学还是玄学)都极其重视"情"的问题。

郭象在《庄子·大宗师》"是恶知礼意"一语的注释中说:"夫知礼意者必游外以经内,守母以存子,称情而直往也。若乃矜乎名声,牵乎形制,则孝不任实,父子兄弟怀情相欺,岂礼之大意哉?"

王弼在《论语释疑·八佾》"林放问礼"一语的注释中也说:"时人弃本崇末,故(孔子)大其能寻本礼意也。"皇侃也解释说:"夫礼之本意在奢俭之中,不得中者皆为失也。然为失虽同而成败则异。奢则不逊,俭则固陋,俱是致失,奢不如俭。……凡丧有五服,轻重者各宜当情,所以是本。若和易及过哀皆是为失,会是一失则易不若过哀。或问曰:何不答以礼本而必言四失,何也?答曰:举其四失则知不失,即其本也。"(《八佾》)

所谓礼之本意者,称情直往而得,当情而服即是。有学者指出,情是礼本之基础,所以才有将"缘情制礼"作为礼学在礼制层面之根据的观点。

综上所述,对"情"的内涵进一步加以分疏是十分必要的。从现有材料可以发现,当时人们对"情"的看法并不一样。

王弼说:"夫明足以寻极幽微,而不能去自然之性。颜子之量,孔父之所预在。然遇之不能无乐,丧之不能无哀。又常狭斯人,以为未能以情从理者也。"(《三国志·钟会传注》卷二十八)郭象描述"以情从理"之圣人是"虽在庙堂之上,然其心无异于山林之中,世岂识之哉?"①"夫理有至极,外内相冥,未有极游外之致而不冥于内者也。……故圣人常游外以弘内,无心以顺有。故虽终日挥形,而神气无变,俯仰万机而淡然自若。"②

王、郭均认为只要以情从理、应物而不累于物,就能达到寻极幽微、游外弘内的境界。玄学家所谓"情"并非如其文字表述之"五情",而是一种合"理"之情、无情之情。它由圣人所表现,从表象看似乎淡然自若、无心世事,而实际上体现了一种至爱无私的情感。

同样是玄学家的向秀对"情"的理解却不一样:"有生则有情,称情则自然。若绝而外之,则与无生同,何贵于有生哉?且夫嗜欲,好荣恶辱,好逸恶劳,皆生于自然。夫人生含五行而生,口思五味,目思五色,感而思室,饥而求食,自然之理也。但当节之以礼耳。"③张湛则将向秀的观点推向极致:"夫生者,一气之暂聚,一物之暂灵。暂聚者终散,暂灵者归虚。而好逸恶劳,物之常性,故当生之所乐者,厚味、美服、好色、音声而已耳。而复不能肆性情之所安、耳目之所娱,以仁义为关键,用礼教为矜带,自枯槁于当年,求余名于后世者,是不达乎生生之趣也。"④

向秀、张湛都以"情"为欲望之情,站在这样的立场来诠释情性,只会如张湛那样把"情"与仁义礼教对立起来。

王、郭所论之"情"与向、张所论之"情"是情之两端,前者具有普遍性而后者则具特殊性。二者所论之"情"虽然不同,但都趋于绝对而导致各取一端的片面性。如果采取这样片面的观点来"缘情制礼",只会使礼陷入与仁、德相对立的绝境。向秀、张湛明确地将情与礼对立起来,这种思想在现实中则表现为:"时人间丧事,多不遵礼,朝终夕殡,相尚以速。"

---

① 郭象:《庄子·逍遥游注》,《四部备要》本。
② 郭象:《庄子·大宗师注》,《四部备要》本。
③ 向秀:《难养生论》,《全晋文》卷七十二,载严可均辑:《全上古秦汉三国六朝文》,中华书局 1958 年版。
④ 张湛:《列子·杨朱第七注》,《诸子集成》本。

（《梁书·徐勉传》卷二十五）"礼云：'忌日不乐'正以感慕罔极，恻伦无聊，故不接外宾，不理众务耳。必能悲惨自居，何限于深藏也？世人或端坐奥室，不妨言笑，盛营甘美，厚供斋食；迫有急卒，密戚至交，尽无相见之理，盖不知礼意乎？"①

而王弼、郭象所谓"情"是纯思辨的抽象化之情，从理论上讲涵融仁德，但在现实中却表现为空谈。南朝著名学者范宁就是站在现实的立场抨击王、郭等人的思想："遂令仁义幽伦，儒雅蒙尘，礼坏乐崩，中原倾覆。古之所谓言伪而辩、行僻而坚者，其斯人之徒与？"（《晋书·范宁传》卷七十五）

当时似乎没有人从理论上对"情"的内涵进行分疏，而是采取一种比较宽泛的说法，既承认王、郭所论之"情"、也不否认向、张所论之"情"。晋人袁宏在《三国名臣颂》赞夏侯玄云："君亲自然，匪由名教；爱敬既同，情礼兼到。"（《晋书·袁宏传》卷九十二）

有学者指出，"情礼兼到"是东晋以下玄礼合流的真精神之所在，也是东晋以降玄礼双修这一历史事实的理论依据。

从袁宏所言可以发现，情礼均基于自然而非由名教。若以自然为基础，则"情"必为王、郭的无情之"情"，世人具无情之"情"则皆为皇侃所谓原壤式的方外圣人（《宪问》），而使礼教成为无用之虚设；如果将"情"建基于向秀、张湛所谓"情欲"之上，礼教就更是没有现实的必要了。

东晋名士戴逵对时论及由此而起的放达之风一针见血地指出："且儒家尚誉者，本以兴贤也，既失其本，则有色取之行，怀情伤真，以容貌相欺，其弊必至于末伪。道家去名者，欲以笃实也，苟失其本，又越检之行，情礼俱亏，则仰咏兼忘，其弊必至于末薄。夫伪薄者，非二本之失，而为弊者必托二本以自通。"（《晋书·戴逵传》卷九十四）

戴逵指出当时儒道诸学之所以表现为伪薄，原因在于"失其本"。那

---

① 王利器：《颜氏家训集解·风操第六》，中华书局 1983 年版。

么,其本为何呢? 他比较了有本之放达与无本之放达的不同并得出结论认为"德"即是本,他说:"夫亲没而采药不反者,不仁之子也;君危而屡出近关者,苟免之臣也。而古之人未始以彼害名教之体者何? 达其旨故也。达其旨,故不惑其迹。若元康之人,可谓好遁迹而不求其本,故有捐本徇末之弊,舍实逐声之行。……元康之为放,无德而折巾者也。"(《晋书·戴逵传》卷九十四)

戴逵所说"亲没而采药不反者",就是《论语》所载泰伯。从礼的角度说,泰伯之亲没,而他却不返回奔丧,是为不仁之子;但因为他是有德之人,其违礼也是出于为德之本,即达其旨。皇侃也谈到这一问题,他引论曰:"太王病而托采药出,生不事之以礼,一让也;太王薨而不反,使季历主丧,死不葬之以礼,二让也;断发文身示不可用,使季历主祭礼,不祭之以礼,三让也。……(泰伯)诡道合权,隐而不彰,故民无得而称,乃大德也。"(《泰伯》)

无论戴逵还是皇侃都指出了一个共同的问题:当德与礼发生冲突时,判断是非的标准应是德。所以皇侃才说:"君子权变无常,若为事苟合道得理之正,君子为之不必存于小信。"(《卫灵公》)若联系他在《阳货》中所谓"情既是事,若欲当于理,其事则正"来看,君子为事若合道得理之正,则一种庄敬之情必然内发于心而呈现于外。此种庄敬之情才是礼的真正根源,即杜维明先生所说的它是礼的内在动力。①

皇侃并没有明确说出这种庄敬之情,但他在陈述亲亲大义时仍然涉及这一问题:"人能所亲得其亲者,则此德可宗敬也。亲不失亲,若近而言之则指于九族宜相和睦也;若广而推之,则是泛爱众而亲仁,乃义之与比,是亲不失其亲也。"(《学而》)

在皇侃看来,亲亲与亲仁是不同层面之情,亲亲之情是自然之情;亲仁之情则是庄敬之情,也即道德之情。他引王弼言曰:"自然亲爱为孝,

---

① 杜维明:《人性与自我修养》,中国和平出版社 1988 年版,第 22 页。

推爱及物为仁也。"(《学而》)皇侃自己具体说明云:"以孝悌解本,以仁释道。孝是仁之本,若以孝为本则仁乃生也。仁是五德之初,举仁则余从可知也。"(《学而》)

皇侃把"亲亲"的自然之情归约为孝悌,把"亲仁"的庄敬之情归约为仁德,并认为"亲仁"之情是在"亲亲"之情的基础上呈现的。

皇侃认为"亲仁"之情由"亲亲"之情而显,这无疑仍然是玄学思维的论证。在他看来,亲仁是泛爱众之情、无特定的对象;亲亲是自然亲爱之情,指特定的对象。"亲亲"之情是百姓日用而知,"若其本(孝悌,即"亲亲"之情,引者注)成立则诸行之道悉滋生也。"(《学而》)所以,"亲亲"之情是体证"亲仁"之情的本(始),只要"亲亲"之情由内心而生,因其有特定的对象而具方向性,故沉浸在此具方向性的"亲亲"之情中人必然能从此情中体验到一种更高层次的"亲仁"之情,也就是皇侃引《孝经》所总结的:"夫孝,德之本也,教之所由生也。"(《学而》)

既然"亲亲"之情是由内心而生,而且从中可以体证"亲仁"之情,则"亲仁"之情也应为内心而生。这里存在两个解释:第一,为使亲仁之情得以呈现,故必须十分重视以孝悌为核心的礼学,尤其是最能表现孝悌的丧服之礼。第二,当亲仁之情由内心而生时,它"不仅具有普遍性,而且由于向外感通有远近亲疏之别,故有差别性、特殊性、个别性"。① 所以,无论是从亲亲之情的内发,还是亲仁之情的外通,都必须非常重视以研究远近亲疏(外在形式)和孝悌(内在情感)为内容的礼学,而礼学中对上述内容表现得最为详细的就是丧礼。丧礼是人的亲亲之情表现得最真切、自然的领域,所谓"人子情思,为欲令哀伤之物在身,盖近情也"。②

我以为,这就是六朝儒学为什么在丧服之礼学上非常繁荣的主要原因吧。林素英对于从丧服之制中体证仁道有一段很好的说明:"丧服的规划以服丧尽哀为主要核心,从人情深处挖掘凡是对我有恩情者应为之

① 牟宗三:《中国哲学的特质》,上海古籍出版社 1997 年版,第 45 页。
② 《宋书·礼志二》晋泰始二年诏。

尽哀,对我尽义理者也应为之尽哀,藉以充分流露人之仁德、实践人之道义,使人从仁义的充塞于内且能外化于对我有恩情义理者,于是能由于念念在仁、思思在义,而使服丧者本身成为居仁由义的有道君子。"①

《礼记·丧服四制》有一段文字也给人很大启发:"丧服四制,变而从宜,取之四时也;有恩、有理、有节、有权,取之人情也。恩者仁也,理者义也,节者礼也,权者知也。仁义礼知,人道具矣。"我们可以从取诸人情的丧服制度中体证仁义礼知之人道。因此对丧服制度研究得越细致、规定得越具体、实行得越严格,必然会对仁义礼知之人道体证得越充分、呈现得越完全,居仁由义的有道君子就此而成。所以,六朝时期兴盛不衰的丧服学,其文化意义并不在丧服制度本身,而是跃升到了儒学的核心价值层面来讲的。

三、礼学的基础

根据自己一贯的做法,皇侃首先指出礼学在现实中的作用:

"若君子学礼乐则必以爱人为用。"(《阳货》)

"仁是恩爱,政行之故宜为美。"(《卫灵公》)

皇侃以恩爱之情(恩当为亲亲之情,爱当为亲仁之情)作为道德实践的内在动力将礼乐与仁之行结合起来(其间的曲折已经在前面的分析中有所叙述,这里不再赘言)。他强调"仁"是"恩义"之源:

"仁、水、火三事皆民人所仰以生者也,水火是人朝夕相须,仁是万行之首。故非水火则无以食,非仁则无有恩义。若无恩及饮食则必死无以立也。三者并为民人所急也,然就三事之中,仁最为胜。"(《卫灵公》)

既然礼乐之用在于行仁,而仁是立身之本,则:

"礼是恭俭庄敬,立身之本,人有礼则安,无礼则危,若不学礼则无以自立身也。"(《季氏》)

---

① 林素英:《丧服制度的文化意义》,(台湾)文津出版社 2000 年版,第 227 页。

如果说"仁是恩爱",则行仁就是使恩爱之情有所落实,或爱人,或推爱及物,故"行仁"实质上就是"仁"。所以皇侃也说:"仁道不远,但行之由我,我行即是此。"(《述而》)

综合皇侃的以上观点,可以得出这样的结论:仁是恩义之源,行仁使恩义转进为爱人,爱人须依礼乐之用来表达。因此,礼乐之用具有使仁道呈现出来的意义。

皇侃在此基础上重申:使仁道呈现之礼即为孝悌。他还引《孝经》来证明自己的看法:"夫孝,德之本也,教之所由生也。"(《学而》)

孝悌是皇侃礼学论述的重点,这一特征在礼学思想史上十分常见。礼学家通常将孝悌的范围扩展到内求仁义、外成王道的整个领域。如《礼记·祭义》载曾子曰:"孝有三,小孝用力,中孝用劳,大孝不匮。思慈爱忘劳,可谓用力矣。尊仁安义,可谓用劳矣。博施备物,可谓不匮矣。"

如果此节确为曾子所言,则他就将"孝"区分为三个层次:小孝谓亲亲之情,这是人的自然情感;中孝谓亲仁之情,这是人的道德情感;大孝谓行仁之道,这是人呈现仁道的实践。

皇侃在理解孝悌之目时也遵循了曾子的思想:

第一,他说:"孝是事父母为近,悌是事兄长为远。宗族为近,近故称孝;乡党为远,故称悌也。"(《子路》)"子善父母为孝,善兄为悌。"(《学而》)皇侃在此处所释之"孝悌"均应是曾子所谓小孝。

第二,他又说:"本谓孝悌也,……若其本成立,则诸行之道悉滋生也。孝是仁之本,孝为本则仁乃生也。以孝为基,故诸众德悉为广大也。"(《学而》)皇侃在这里所说之"孝"就是曾子所讲中孝,即亲仁之情。

第三,对于仁道践履之大孝,皇侃指出:"仁义礼智信五者并是人之行,而仁居五者之首","仁者,恻隐济众,行之盛也。"(《子罕》)"人君若自于亲属笃厚,则民下化之,皆竞兴起仁恩也。孝悌也者,其仁之本与也。"(《泰伯》)

"人既生便有在三之义,父母之恩,君臣之义……长幼之恩。大伦谓君臣之道理也,君子所以仕者非贪荣禄富贵,政是欲行大义故也。"(《微子》)皇侃所言十分符合曾子所说"大孝"之义,践履仁道是将仁之真谛(爱人)由亲(孝)族(悌)推扩至天下(仁),这才是最大的孝,故曰大义。

因此,皇侃在《礼记义疏·祭义》"先王之所以治天下者五"一条下疏释为"广明孝道"(《礼记正义·祭义第二十四》)就是在这个意义上来讲的。

儒家以舜作为大孝的典型而加以赞美:"舜其大孝也与。德为圣人,尊为天子,富有四海之内,宗庙飨之,子孙保之。故大德必得其位,必得其禄。"《礼记·中庸》将大孝之誉归诸舜不是没有原因的。皇侃引曰:"夫圣德纯粹,无往不备,故尧有则天之号,舜称无为而治。"(《泰伯》)在儒家心目中,实行无为而治的理想社会就是舜统治天下的时期。他所施行的无为而治正是仁道能够呈现的最高境界,故称誉舜为大孝不是没有道理的。

在孝之三层面的含义下,才有"古之为政,爱人为大;所以治爱人,礼为大;所以治礼,敬为大。……是故君子兴敬为亲,舍敬是遗亲也。弗爱不亲,弗敬不正。爱与敬,其政之本与"(《礼记正义·哀公问第二十七》)的观念,也才会有皇侃所谓"人子为孝皆以爱、敬而为体"。(《子张》)"若能自约检己身,返反于礼中则为仁也。身能使礼反返身中则为仁也。"(《颜渊》)

礼囊括社会生活各层次、各方面,体现了以"爱人"为核心内容的仁道之真谛,并以"孝"之三层面由外情内收于"性",在"性"中呈现全善,再由内向外扩出而落实于仁道之践履,以小孝为始、而以大孝为终,构成一个无限上升的修养过程。

总而言之,面对六朝儒学性道相隔绝的困境,以及玄学思潮内部趋向空谈和纵情的极端倾向,皇侃汲取玄学思想尤其是王弼的思想并将其运用于礼学领域,创造性地疏通了儒家天道观、心性论与礼学三层面的隔绝状态,使其成为一个有机的整体。更具意义的是,皇侃在疏通性道关系时已渐趋内化,即以"性"中内生之"善"作为自己整个思想体系的终极根据。尽管此种性善是由礼学的道德情感所呈现,且缺乏一种严密的逻辑论证,但我们可以从中理解以皇侃思想为代表的六朝礼学何以繁荣及其他在整个中国儒学史中的重要价值。

第八章　皇侃与南朝礼制思想

　　人生在世,以何为纲? 皇侃曰:"夫妇、父子、君臣也,三事为人生之纲领。"①而此三纲必以礼统之。南朝的著名学者沈约就说:"原夫礼者,三千之本,人伦之治道。故用之家国,君臣以之尊,父子以之亲;用之婚冠,少长以之仁爱,夫妇以之义顺;用之乡人,友朋以之三益,宾主以之敬让。所谓极乎天,播乎地,穷高远,测深厚,莫尚于礼也。"(《宋书·傅隆传》卷五十五)

　　南朝梁时学者徐勉也说:"臣闻'立天之道,曰阴与阳;立人之道,曰仁与义',故称'导之以德,齐之以礼'。夫礼所以安上治民,弘风训俗,经国家,利后嗣者也。……虽复经礼三百,曲礼三千,经文三百,威仪三千,其大归有五,即宗伯所掌典礼:吉为上,凶次之,宾次之,军次之,嘉为下也。故祠祭不以礼,则不齐不庄;丧纪不以礼,则背死忘生者众;宾客不以礼,则朝觐失其仪;军旅不以礼,则致乱于师律;冠婚不以礼,则男女失其时。为国修身,于其攸急。"(《梁书·徐勉传》卷二十五)

　　上至天地、下至家国,君臣、父子、少长、夫妇、乡人、朋友、宾主等,可以说礼涵盖了社会中所有的人际关系乃至天人关系。对礼的重要性的强调没有谁比南朝人表现得更强烈的了。作为礼学家的皇侃同样直截了当地表达这种思想:

---

① 　皇侃:《论语集解义疏·为政》,世界书局 1935 年版。

"人无礼则死,有礼则生,故学礼以自立身也。"①

"礼主恭俭庄敬,为立身之本。人若不知礼者,无以得立其身于世也。故《礼运》云:'得之者生,失之者死',《诗》云:'人而无礼,不死何俟?'是也。"②

关于礼学在六朝时期兴盛不衰的现象及其原因,许多研究六朝思想史的学者都有所阐释,我在前一章也曾就此问题进行了探讨,在这里我想说明的是:研究礼学思想除了从其在儒学中的内在关系进行分析之外,对于礼学的外在表现形式即礼制的研究也是必不可少的一个环节。《礼记·仲尼燕居》曰:"制度在礼,文为在礼。"礼制是礼之文,是外在形式,我们可以从这种外在形式中发现礼之本,即礼义。而"人之所以为人者,礼义也"。(《礼记·冠义第四十三》)因此,从礼制中发现其内在义理,从而找到人之所以为人的依据。故《礼记·坊记》云:"夫礼,先王以承天之道,以治人之情,故失之者死,得之者生。……是故夫礼必本于天,淆于地,列于鬼神,达于丧、祭、射、御、冠、昏、朝、聘。故圣人以礼示之,故天下、国家可得而正也。"

皇侃对此的解释是:"礼理起于大一,礼事起于遂皇,礼名起于黄帝。"(《礼记正义序》)

由于礼可以承继天道以治人情,故礼制对于人而言具有与法制同样甚至更高的约束力。所以礼制可以作为判断是非的标准。皇侃就明确说道:"得礼为是,失礼为非。"③

皇侃的礼制思想与其生活的南朝萧梁时期礼学的兴盛有很大关系。梁武帝在位时期是六朝儒学最繁荣的一段时间。史家云:"梁武开五馆,建国学,置博士,以五经教授。帝每临幸,亲自试胄,故极一时之盛。"(《陈书·儒林传序》卷三十三)他在礼学方面的最大成就是组织当时的

---

① 皇侃:《论语集解义疏·泰伯》,世界书局 1935 年版。
② 皇侃:《论语集解义疏·尧曰》,世界书局 1935 年版。
③ 皇侃:《礼记义疏·曲礼上》,载《玉函山房辑佚书》。

著名礼学家撰成的《五礼》。它由王俭"雅相推重"的何佟之总其事,明山宾、严植之、贺瑒等分掌吉、凶、宾、军、嘉礼的撰写。"有疑者,依前汉石渠、后汉白虎,随源以闻,请旨断决。"(《梁书·徐勉传》卷二十五)清代礼学家秦惠田评价说:"五礼之书,莫备于梁天监,时经二代,传分数贤,汇古今而为一本,宸断以决疑,卷帙逾百,条目八千,洋洋乎礼志之盛也。"①

第一节　六朝郊禘礼制

《礼记·仲尼燕居》曰:"明乎郊社之义、禘尝之礼,治国其如指诸掌而已乎。"

《礼记·中庸》亦曰:"明乎郊社之礼、禘尝之义,治国其如示诸掌乎。"

郊社是事天之礼,禘尝是敬祖之礼。事天敬祖是礼制中最重要的内容,任何礼制思想都能以此为依据而推演其体系。另外,祭天祀祖之礼又是现实政治活动中最重要的仪式之一,它的正确与否甚至关系到一个王朝是否为天之所命、国之正统,其政治意义是不言而喻的。此在《白虎通》中有明确规定:"《礼·曾子问》曰:唯天子称天以诔之。唯者独也,明天子独于南郊耳。"(《白虎通德论·谥篇》)袁准《正论》引《大传》曰:"礼,不王不禘,诸侯不禘,降杀,降于天子也。"②南朝诸代开国皇帝都受前朝"禅让",且都至南郊告天以表明自己是"奉天承运"的正统之君。③

正因为此,围绕郊禘之礼的争论从三国时的郑玄、王肃之争开始,一直持续到皇侃所在的南朝晚期。当我们仔细探讨这一问题时,就会发现

---

① 秦惠田:《五礼通考》卷三,转引自胡戟:《中国文化通志·礼仪志》,上海人民出版社2010年版,第115页。

② 杜佑:《通典》卷四十九,中华书局1984年版。

③ 陈戍国:《魏晋南北朝礼制研究》,湖南教育出版社1995年版,第230—234页。

其中的变化是意味深长的。

郑玄在《礼记·祭法注》中说："禘谓祭昊天于圜丘也,祭上帝于南郊曰郊,祭五帝五神于明堂曰祖宗。"在郑玄看来,禘祭是祭祀典礼当中最隆重的一种而高于郊、祖之祭,他还由此发挥:"冬至圜丘名禘,配以喾。启蛰祈谷名郊、配以稷。"这就是"禘为祀天帝,郊为祈农事"一说的由来。①

郑玄是"禘大于郊"之说的主要代表人物。王肃明确反对这一主张:"郑玄以《祭法》禘黄帝及喾为配圜丘之祀。《祭法》说禘无圜丘之名,《周官》圜丘不名为禘,是禘非圜丘之祭也。……按《尔雅》云:'禘,大祭也'绎,又祭也。皆祭宗庙之名,则禘是五年大祭先祖,非圜丘及郊也。……知禘配圜丘非也,又《诗·思文》后稷配天之颂,无帝喾配圜丘之文,知郊则圜丘,圜丘则郊。所在言之,则谓之郊;所祭言之,则谓之圜丘。"(《礼记正义·郊特牲第十一》)

针对郑玄所说禘为祀天、郊为祈谷的观点,王肃认为"鲁以冬至郊天,至建寅之月又郊以祈谷,故《左传》云'启蛰而郊',又云'郊祀以祈农事'。是二郊也"。(《礼记正义·郊特牲第十一》)"《郊特牲》云:周之始郊日以至。《周礼》云:冬至祭天于圜丘。知圜丘与郊是一也。言始郊者,冬至阳气初动,天之始也。对启蛰及将郊祀故言始。《孔子家语》云:……孔子对之与此《郊特牲》文同,皆以为天子郊祀之事。"(《礼记正义·郊特牲第十一》)

《孔子家语》对此的议论比较清楚:"郊之祭也,迎长日之至也。大报天而主日,配以月,故周之始郊,其月以日至,其日用上辛,至于启蛰之月,则又祈谷于上帝。此二者,天子之礼也。鲁无冬至大郊之事,降杀于天子,是以不同也。"②

关于这一问题,后世仍有争论。刘宋时期的学者朱膺之同意王肃的

---

① 王葆玹:《今古文经学新论》,中国社会科学出版社 1997 年版,第 336 页。
② 王肃:《孔子家语·郊问第二十九》,世界书局 1935 年版。

观点:"案先儒论郊,其议不一。……诸儒云:圜丘之祭以后稷配,取其所在名之曰郊,以形体言之谓之圜丘。名虽有二,其实一祭。"(《宋书·礼志三》卷十六)萧梁时期的著名学者何胤则坚持郑玄郊丘是二非一的主张:"圜丘国郊,旧典不同。南郊祠五帝灵威仰之类,圜丘祠天皇大帝、北极大星是也。往代合之郊丘,先儒之巨失。今梁德告始,不宜遂因前谬。"(《梁书·何胤传》卷五十一)其议未被采纳。

有一段史料可以清楚地说明这一问题:北魏天平四年,李业兴出使萧梁,梁散骑常侍朱异与他有一段对话。朱异问:魏洛中委粟山是南郊邪?李业兴曰:委粟是圜丘,非南郊。朱异说:北间郊丘异所,是用郑义,我此中用王义。李业兴云:然,洛京郊丘之处专用郑解。[1](《魏书·李业兴传》卷八十四)

《隋书·礼仪一》对郑、王两派的观点有精辟概述:"儒者各守其所见物而为之义焉。一云:祭天之数,终岁有九,祭地之数,一岁有二,圜丘、方泽,三年一行。若圜丘、方泽之年,祭天有九,祭地有二。若天不通圜丘之祭,终岁有八。地不通方泽之祭,终岁有一。此则郑学之所宗也。一云:唯有昊天,无五精之帝。而一天岁二祭,坛位唯一。圜丘之祭,即是南郊,南郊之祭,即是圜丘。日南至,於其上以祭天,春有一祭,以祈农事,谓之二祭,无别天也。五时迎气,皆是祭五行之人帝太皞之属,非祭天也。天称皇天,亦称上帝,亦直称帝。五行人帝亦得称上帝,但不得称天。故五时迎气及文、武配祭明堂,皆祭人帝,非祭天也。此则王学之所宗也。"

黄侃先生总结说:"依郑义则禘为最大之祭之名,天人共之,故祭圜丘称禘,夏正南郊称禘,禘于大庙称禘,即地祇之祭方丘亦称禘,人鬼之祭祫大于禘亦称禘。南郊可称禘,则北郊祭后土亦可称禘。南郊祭上帝可称禘,则明堂祭上帝亦可称禘。三岁一禘,庙祀定制,既称禘三年丧毕之终禘,即吉禘亦可冡禘之称,是禘之一名所包至广。若王子雍(肃)之义,

---

① 需要强调的是,我们在《隋书·礼仪志一》中看到这样的记载:"梁陈以减,以迄乎隋,……郊丘互有变易。"待考。

则据《尔雅》禘大祭绎又祭连文，以为皆祭宗庙之名，谓禘祭为祭庙，非祭天。又以祭法说禘无圜丘之名，《周官》圜丘不名为禘，故《大传》言王者禘其祖之所自出。以其祖配之，所谓祖即后稷，所自出即喾也。（郑义以所自出为天，祖为喾）。由是讥郑君乱礼之名实。今案二家之义，南北师儒申彼绌此，自非详察礼名，焉得有定论哉？"①

自梁武帝在位前后，情况正在慢慢发生变化。很多礼学家逐渐淡化了郑、王之争的政治和宗教色彩，从而彰显了人道在祭礼中的重要性。这一点我们可以在南朝萧梁时期的一些著名礼学家的议论中得到印证。

南齐著名礼学家王俭在论郊丘之礼时认为圜丘与郊各自行、不相害也。今之郊礼，义在报天，事兼祈谷。他还指责史官唯见《传》义而未达《礼》旨。（《南齐书·礼志上》卷九）

何佟之的议论说："今之郊祭，是报昔岁之功，而祈今年之福。故取岁首上辛，不拘立春之先后。周冬至于圜丘，大报天也。夏正又郊，以祈农事，故有启蛰之说。自晋太始二年并圜丘、方泽同于二郊，是知今之郊禋，礼兼祈报，不得限于一途也。"（《隋书·礼仪志一》卷六）梁武帝十分赞同何佟之的主张："圜丘自是祭天，先农即是祈谷。祭昊天宜在冬至，祈谷必须启蛰。"②他还在南郊后欣喜地在诏书中说："天行弥纶，覆焘功博，乾道变化，资始之德成。朕沐浴斋宫，虔恭上帝。……大礼克遂，感庆兼怀，思与亿兆同其福惠。"（《梁书·武帝纪下》卷三）

皇侃的观点与何佟之、梁武帝相同："天有六天，岁有八祭。冬至圜丘，一也；夏正郊天，二也；五时迎气，五也，通前为七也；九月大飨，八也。""鲁冬至郊天，至建寅之月又郊以祈谷，故《左传》云启蛰而郊，又云郊祀后稷以祈农事，是二郊也。"（《礼记正义·郊特牲第十一》）

可以发现，王俭、何佟之、梁武帝和皇侃等人几乎都站在王肃学派的立场来谈论郊祀之礼。但《隋书·礼仪一》记载说："梁陈以减，以迄乎

① 黄侃：《礼学略说》，载《二十世纪中国礼学研究论集》，学苑出版社1998年版。
② 杜佑：《通典》卷四十二，中华书局1984年版。

隋,议者各宗所师,故郊丘互有变易。"我们不禁感到困惑不解:为什么郑王之争直到隋初仍然纷纭不止?为了更好地理解这个问题,我们不妨再来看一看两派对禘祫关系的主张。

第二节　六朝禘祫礼制

根据郑玄《鲁礼·禘祫志》之说,郑玄认为禘祫为四时祭以外的大祭;禘祭分祭于各庙,祫祭将所有毁庙之主及未毁庙之主合祭于太祖庙;禘祭大于四时祭、小于祫祭。①

这一观点与古文经学大相径庭。贾逵、刘歆曾曰:"禘祫,一祭二名,礼无差降。"②

"左氏说及杜元凯皆以禘为三年一大祭在太祖之庙。《传》无祫文,然则祫即禘也,取其序昭穆谓之禘,取其合聚群祖谓之祫。"(《礼记正义·王制第五》)

郑玄提出"禘小于祫"的前提是"三年一祫,五年一禘",但此前提不见于先秦经传和古籍而见载于《公羊传·文公二年》:"大祫者何?合祭也。其合祭奈何?毁庙之主陈于大祖,未毁庙之主皆升,合食于大祖。五年而再殷祭。"以及何休注:"殷,盛也,谓三年祫、五年禘。"《公羊传》和《何休注》均本《礼纬》之说,《南齐书·礼志上》引《礼纬·稽命征》曰:"三年一祫,五年一禘。"《诗·商颂·长发》孔颖达疏:"郑《驳异义》云:三年一祫,五年一禘,百王通义。以为《礼谶》云:殷之五年殷祭,亦名禘也。"③

今人黄侃云:郑君之论禘祫也,先据《春秋》以考鲁礼禘祫之疏数,而

---

① 钱玄:《三礼通论》,南京师大出版社 1996 年版,第 471—473 页。
② 杜佑:《通典》卷四十九,中华书局 1984 年版。
③ 钱玄:《三礼通论》,南京师大出版社 1996 年版,第 481 页。

后断言之曰：儒家之说禘祫也，通俗不同，学者竞传其闻，是用汹汹争论，从数百年来矣。窃念《春秋》者，书天子诸侯中失之事，得礼则善，违礼则讥，可以发起是非，故据而述焉。从其禘祫之先后，考其疏数之所由，而粗记注焉。鲁礼三年之丧毕，则祫于大祖。明年春，禘于群庙。僖也，宣也，八年皆有禘祫祭，则《公羊传》所云五年而再殷祭，祫在六年明矣。明堂位曰：鲁王礼也。以此相准况，可知也。案禘祫之说当以郑君所推三年禘五年祫之论为定。①

王肃对郑玄之说加以反驳说：

"如郑玄言，各于其庙，则无以异四时常祀，不得谓之殷祭，以粢盛百物，丰衍备具为殷之者。夫孝子尽心于事亲，致敬于四时，比时具物不可以不备，无缘俭于其亲累年，而后一丰其馔也。夫谓殷者，因以祖宗并陈，昭穆皆列故也。设以为毁庙之主皆祭谓殷者，夫毁庙祭于太祖，而六庙独在其前，所不合宜，非事之理。……禘祫殷祭，群主皆合，举祫则禘可知也。《论语》孔子曰：'禘自既灌而往者，吾不欲观之矣，所以特禘者，以禘大祭，故欲观其盛礼也。'禘祫大祭，独举禘，则祫亦可知也。于《礼记》则以祫为大，于《论语》则以禘为盛，进退未知其可也。……郑玄以为禘者各于其庙，原其所以，夏商夏祭曰禘，然其殷祭亦名大禘，《商颂》长发，是大禘之歌也。至周改夏祭曰礿，以禘唯为殷祭之名，周公以圣德用殷之礼，故鲁人亦遂以禘为夏之名，是以《左传》所谓'禘于武宫'，又曰'蒸尝禘于庙'，是四时祀非祭之禘也。郑斯失矣。至于经所谓禘者，则殷祭之谓，郑据《春秋》，与大义乖。"②

北魏孝文帝君臣对禘祫关系的一段议论可以帮助我们清楚地理解这一时期的人们对此问题的看法："孝文帝太和十三年诏：郑玄云天子祭圜丘曰禘，祭宗庙大祭亦曰禘。三年一祫，五年一禘。祫则毁庙、群庙之主于太祖庙合而祭之，禘则增及百官配食者审谛而祭之。鲁礼三年丧毕而

---

① 黄侃：《礼学略说》，载《二十世纪中国礼学研究论集》，学苑出版社 1998 年版。

② 杜佑：《通典》卷四十九，中华书局 1984 年版。

祫,明年再禘。圜丘、宗庙大祭俱称禘,祭有两禘明也。王肃又云天子诸侯皆禘于宗庙,非祭天之祭,郊祀后稷不称禘,宗庙称禘,禘祫一名也。合祭故称祫,禘而审谛之故称禘,非两祭之名。三年一祫,五年一禘,总而互举,故称五年再殷祭,不言一禘一祫,断可知矣。诸儒之说大略如是,公卿可议其是非。……(君臣讨论的结果是)先王制礼,内缘人子之情,外协尊卑之序。故天子七庙,数尽则毁,藏主于太祖之庙,三年而祫祭之。代尽则毁,以示有终之义,三年而祫以申追远之情。禘祫既是一祭,分而两之,事无所据。毁庙三年一祫,又有不尽四时,于礼为阙。七庙四时常祭,祫则三年一祭而又不究四时,于情为简。王以祫为一祭,王义为长。郑以圜丘为禘,与宗庙大祭同名,义亦为当。今互取郑王二义。禘祫并为一名,从王;禘是祭圜丘大祭之名,上下同用,从郑。若以数则黩,五年一禘,改祫从禘,五年一禘则四时尽禘,以称今情。禘则依《礼》文,先禘而后时祭。便即施行,著之于令,永为世法。"(《魏书·礼志一》卷一百八之一)

皇侃对禘祫关系的观点也颇具代表性,他并不直接介入此问题的争论,也不为自己的主张寻找经典的根据。他说:"禘者,大祭名也。《周礼》四时祭名,春曰祠,夏曰礿,秋曰尝,冬曰蒸。又四时之外,五年之中,别作二大祭,一名禘,一名祫,而先儒论之不同,今不具说。……礼,禘必以毁庙之主陈在太祖庙,未毁庙之主亦升于太祖庙,序谛昭穆而后共合食于堂上。"[1]

"诸侯夏时若祫则不禘,若禘则不合。"(《礼记正义·王制第五》)

皇侃显然回避了郑王之争的具体问题,但从内容看,他仍然倾向于王肃学派。

综合以上所引述南北朝诸人对郊禘、禘祫关系的看法,可以发现:如朱膺之、何胤等人还是囿于郑王之争的理论问题,即在郑、王学派各自所宗之理论框架内为具体礼制规范寻找经典依据。而在这一方面最明显的

---

[1] 皇侃:《论语集解义疏·八佾》,世界书局 1935 年版。

例证就是后人所辑的《圣证论》(见马国翰:《玉函山房辑佚书》)。在书中,郑、王学派都以经、传、记,甚至谶纬之书为依据,或者论证自己的观点,或者反驳对方的观点。

另一方面,如何佟之、皇侃等人则已经超出郑王之争的范围,他们或者采取一种兼收并蓄的态度(如《圣证论》中所载齐、梁时期的学者张融即是);或者避而不谈争论的具体问题(如皇侃即是)。他们感兴趣的并不是礼制本身,而是其中所蕴含的仁道意义。例如,何佟之说:"圣帝明王之治天下也,莫不尊奉天地、崇敬日月。故冬至祀天于圜丘,夏至祭地于方泽,春分朝日,秋分夕月,所以训民事君之道,化下严上之义也。……《礼记·朝事议》云:'天子冕而执镇圭,尺有二寸,率诸侯朝日于东郊,所以教尊尊也。'《礼记·保傅》云:'三代之礼,天子春朝朝日,秋暮夕月,所以明有敬也。'"(《南齐书·礼志上》卷九)他明显指出郊祀之礼的目的是为了报功、祈福、教尊、明敬而不在于其是否合乎某个权威的经典;皇侃认为禘祫之礼的目的是为了序谛昭穆,"列诸主在太祖庙堂。太祖之主在西壁东向,太祖之子为昭,在太祖之东而南向。太祖之孙为穆,对太祖之子而北向。以次东陈,在北者曰昭,在南者曰穆,所谓父昭子穆也。昭者,明也,尊父故曰明也;穆,敬也,子宜敬于父也。"[1]

唐代学者对此认识得更加清楚、说得也更加明白:

"故郊以明天道也。"[2]

"禘祫二礼俱为殷祭,祫谓合食租庙,禘谓谛序尊卑,申先君逮下之慈,成群嗣奉亲之孝。事异常享,有时行之而祭不欲数,数则黩;亦不欲疏,疏则怠。故王者法诸天道指祀典焉。蒸尝象时,禘祫如闰。天道大成,宗庙法之,再为殷祭者也。"[3]

唐人的说法十分明确,郊礼的本质在于明天道、法天道;禘祫礼的本

---

①　皇侃:《论语集解义疏·八佾》,世界书局1935年版。
②　杜佑:《通典》卷四十二,中华书局1984年版。
③　杜佑:《通典》卷五十,中华书局1984年版。

质在于存尊卑、明慈孝,即践人道。礼制的根本目的就是使人明天道、践人道,所以礼制的内容、形式可以随着时代的不同而不断发生变化,但礼制的目的却始终是恒常不变的。六朝时的很多礼学家仅局限于在前代圣贤的经典中寻经摘句来论证自己所主张的礼制内容和形式的正确性,殊不知这种训诂式的学术方法已经使礼制丧失其真正的目的而异化为一种唯经典马首是瞻的庸俗礼学。以皇侃为代表的礼学家清醒地意识到礼学研究若循此而往必然陷入绝境,故将自己的礼学研究始终集中于礼学的根本目的而对其中具体的枝节问题采取避而不谈的方式。也正因为此,皇侃的礼学思想及其著作才会得到唐人的重视并被作为《礼记正义》的基本内容而流传至今。

第三节　六朝丧服礼制

尊卑贵贱长幼亲疏是古代社会生活中最重要、最广泛的社会秩序,确认并维护这些秩序的就是礼。"夫礼者,所以定亲疏、决嫌疑、别异同、明是非也。"(《礼记·曲礼上第一》)这是礼制的社会基础。进而言之,"民之所由生,礼为大。非礼无以节事天地之神明也,非礼无以辩君臣上下长幼之位也,非礼无以别男女父子兄弟之亲、婚姻疏数之交也。"(《大戴礼记·哀公问于孔子》)这是从尊卑和亲疏两方面来论述礼制的必要性。

可以发现,礼制是从人的日常生活的各个层次、各个方面对人的行为加以规范、约束的一套行为体系。这一体系表现为一种义务性规范,它要求人们在日常生活的祭、丧、婚、冠等礼之实践中按照吉、凶、军、宾、嘉礼的规定行事。但这些义务性的规定并非国家权力所强制,而是表现为人们的自愿选择。人们不是把这些义务视为被迫接受的负担,而是把它们看成人之为人、君之为君的内在规定,这也就是"人之所以为人者,礼义也。"(《礼记·冠义第四十三》)

一、丧服学的基础

古代中国人始终按照礼的规定来安排自己的日常生活,礼制的核心是宗法制度的规定,①贯穿宗法制度所有内容的主要线索就是血缘关系。血缘关系的层次展开是宗法制度的现实社会基础。在宗法社会,人通过血缘关系而展开各种宗族关系,从而成为被撑开的关系的网络,每个人都必须依赖这个网络而生存,并且也为了这个网络而生存。日本的六朝史学家谷川道雄先生在谈到礼制时说:"所谓礼制,乃是氏族制已被文明化的面貌。若以封建制度为例,那便是把氏族制社会之社会结合原理的血缘性,提升到政治原理的程度。"②因而,古人对于礼学倾注极大热情、甚至毕其一生之心血来研究礼学,也就毫不奇怪了。

在儒家看来,"礼乐伦常,亲亲尊尊,是维系人群最起码而最普通的一个不可离的底子。儒家的全部教义即顺此底子而滋长壮大,故可为人间的一个骨干。"③

亲亲、尊尊是儒家社会的基础,是儒家礼学的基础,也是儒家治道的基础。王国维先生认为由亲亲之统出发而立祭法、庙数之制;由尊尊之统出发而立嫡庶之制,由是而生宗法及丧服之制。④ 金景芳先生认为亲亲之统(宗统)和尊尊之统(君统)是两个不同的范畴。在宗统范围内,血缘身份高于政治身份;而在君统范围内,政治身份高于血缘身份。⑤

亲亲和尊尊在不同的时代背景下存在不同的支配和被支配关系。在以君权为代表的君统占优势时,尊尊之义占支配地位;在以父权为代表的宗统占优势时,亲亲之恩即成为主导因素。如何将二者很好地结合起来是历代统治者竭力想要达到的目的。东汉经学家甚至把能够协调亲亲、

---

① 李学勤:《东周与秦代文明》,文物出版社 1984 年版,第 376 页。
② 谷川道雄:《中国的中世》,载《日本学者研究中国史论著选译》(二),高明士、邱添生、夏日新等译,中华书局 1993 年版,第 107 页。
③ 牟宗三:《政道与治道》,(台湾)学生书局 1983 年版,第 36—37 页。
④ 王国维:《观堂集林》,河北教育出版社 2001 年版,第 296 页。
⑤ 金景芳:《古史论集》,齐鲁书社 1981 年版,第 114 页。

尊尊之间关系赞誉为王道的实现。(《白虎通德论·礼乐》卷三)汉晋时的"以孝治天下"思想就是在中央集权制下的一种结合二者的企图;南北朝时丧服制度的繁荣则是在门阀士族制度下的一种结合二者的尝试。清代学者在谈到六朝礼学时一针见血地指出:"六朝人礼学极精,唐以前士大夫重门阀,虽异于古之宗法,然与古不相远,史传中所载多礼家精粹之言。……古人于亲亲中寓贵贵之意。"①

以丧服学为代表的六朝礼学是六朝人试图将宗统与君统结合起来的理论成果。

二、丧服学的内容

晋武帝在太始四年的诏书中说:"国之大事,在祀与农。"(《晋书·礼志上》卷十九)②

皇侃对此有一个具体的解释:"民、食、丧、祭四事,治天下所宜重者也。国以民为本,故重民为先也;民以食为活,故次重食也;有生必有死,故次重于丧也;丧毕为之宗庙,以鬼享之,故次重祭也。"③

皇侃还进一步指出丧、祭的重要性:"丧为人之终,人子宜穷其哀戚,是谓慎终;三年后去亲转远而祭极敬,是谓追远。君上能行慎终追远之事,则民下之德日归于厚也。"④

丧祭之礼既是个人、也是国家最重要的政治生活之一。丧礼在古人看来就是一种政治活动:"礼之行,由于俗之厚;俗之厚,由于丧之重也。周公所以成周家忠厚之俗,亦惟丧、祭之重而已。丧、祭之重,民俗之厚也;民俗厚而后冠、昏之礼可行矣。"⑤

丧服学在六朝属礼学重镇,《隋书·经籍志》著录"凡六艺经纬六百

---

① 沈垚:《落颿楼文集》卷八,《与张渊甫书》。
② 《宋书·礼志一》卷十四所载文字稍异:"夫民之大事,在祀与农。"
③ 皇侃:《论语集解义疏·尧曰》,世界书局1935年版。
④ 皇侃:《论语集解义疏·学而》,世界书局1935年版。
⑤ 牟楷:《内外服制通释·序》,《四库全书》本。

三十七部",其中礼类一百三十六部,而明标《丧服》者为四十七种,可见丧服学在整个六朝都十分繁荣。但一个令人惊异的现象是:礼学史上著名的郑、王之争在丧服学中同样存在。如同其在郊祎礼中一样,随着时代的不同,人们对郑王之争的态度也明显有所差异,而这一现象却具有十分重要的意义。

刘宋时期的礼学家王准之叙述了郑王之间的不同之处:"郑玄注《礼》,三年之丧二十七月而吉,古今学者多谓得礼之宜。晋初用王肃议,祥禫共月,故二十五月而除,遂以为制。江左以来,唯晋朝施用,缙绅之士多遵玄义。夫先王制礼,以大顺群心。'丧也宁戚',著自前训。今大宋开泰,品物遂理。愚谓宜同即物情,以玄义为制,朝野一礼,则家无殊俗。"(《宋书·王准之传》卷六十)所谓"三年之丧二十七月而吉"是对有关郑注的概括。《仪礼·士虞礼》:"中月而禫。是月也,吉祭犹未配。"注曰:"中犹间也。禫,祭名也,与大祥间一月。自丧至此凡二十七月。禫之言澹澹然平安意也","是月是禫月也,当四时之祭月则祭,犹未以某妃配某氏,哀未忘也。"《少牢馈食礼》疏曰:"知与大祥间一月,二十七月禫,徙月乐,二十八月复平常正作乐也","引《少牢礼》者,证禫月吉祭未配,后月吉如《少牢》配可知也。"郑玄之意正如孔疏所释,谓禫祭与在禫祭之前举行的大祥间隔一个月,三年之丧再机丧至禫必有二十七月之久,此后则恢复平常生活,唯有四时之祭如《少牢礼》耳。

王肃与郑玄论三年丧的意见不同,其详见《礼记·檀弓上》"孟献子禫"节疏内:"王肃以二十五月大祥,其月为禫,二十六月作乐。……故王肃以二十五月禫除丧毕。而郑康成则二十五月大祥,二十七月而禫,二十八月而作乐复平常。郑必以为二十七月禫者,以《杂记》云'父在为母为妻,十三月大祥,十五月禫',为母为妻尚祥禫异月,岂容三年之丧乃祥禫同月?……其《三年问》云'三年之丧二十五月而毕',据丧事终除衰去杖,其余衰未尽,故更延两月,非丧之正也。"

从历史记载看除两晋采用王肃的二十五月说外,关于三年丧的意见多从郑玄的二十七月说。犹如史家所说："黜王扶郑,自此永为定制。"①

但是顾炎武在《日知录》卷五"三年之丧"条谓郑王"二说各有所据","自《礼记》之时而行之已不同矣。"当代学者陈戍国对郑玄之说的疑惑也不是没有道理:

《礼记·三年问》:"三年之丧,二十五月而毕,哀痛未尽,思慕未忘,然而服以是断之者,岂不送死有已,复生有节也哉?"此文谓三年丧服以二十五月断之,就与郑君之说不完全相同。《郑志》卷下答赵商:"'孔子五日弹琴',自省哀乐未忘耳;'逾月可以歌',皆自省逾月所为也。"似乎在援引孔子为证。……孔子不赞成大祥与作乐放歌同日同月,他主张大祥之后逾月作乐放歌。郑君说二十八月而作乐,实与夫子之意不合。……孔子的意思,恐怕不是"二十八月作乐复平常",凡言大祥者均指二十五月,郑王无异词;然则孔子所谓祥而逾月,就是二十六月。王肃谓二十六月作乐,此意与孔子相符。……要之,在三年丧期的时限这个问题上从理论上说宜依孔子,而不必依郑君,亦不必尽依王肃。②

皇侃也谈到这个问题。从文中看,他赞成王肃的主张,但他并没有引经据典以论证自己的观点,而是摆脱了那种训诂形式的争论,完全从义理的角度解释之:"圣人为制礼以三年有二义。一是抑贤,一是引愚。抑贤者言夫人子于父母有终身之恩,昊天罔极之报,但圣人为三才宜理、人伦超绝,故因而裁之以为限节者也。所以然者何?夫人是三才之一,天地资人而成。人之生世谁无父母?父母若丧,必使人子灭性,及身服长凶,人人以尔则二仪便废,为是不可。故断以年月,使送死有已,复生有节。寻制服致节本应断期,断期是天道一变,人情亦宜随之而易。但故改火促期不可权终天之性,钻燧过隙无消创矩之文,故隆倍以再变,再变是二十五月,始末三年之中,此是抑也。一是引愚者,言子生

①　王鸣盛:《十七史商榷》卷六十。
②　陈戍国:《魏晋南北朝礼制研究》,湖南教育出版社1995年版,第291—294页。

三年之前未有知识,父母养之最钟怀抱,及至三年以后与人相关,饥渴痛疾有须能言,则父母之怀稍得宽免。今既终身难遂,故报以极时,故必至三年,此是引也。"①

皇侃还强调了三年丧期适用于任何人:"人虽贵贱不同,以为父母怀抱,故制丧服不以尊卑致殊,因以三年为极。上至天子,下至庶人。"②

由上引述可以发现:皇侃仍然回避郑王之争中对具体问题的烦琐争论,而从礼制中抽绎出其中所蕴含的礼义,只有这些体证仁道的礼义才是礼学的真谛,而那些礼制的具体规定只是礼的外在形式。皇侃的丧服学与其对郊禘礼的态度一样具有浓厚的义理色彩。

三、恩、义关系的变化

前面已经说过,亲亲之义象征着以父权为代表的血缘关系,尊尊之义则象征着以君权为代表的政治关系,丧服学是六朝礼学试图协调这两种关系的理论成果。父权在丧服学中表现为恩(孝),君权在丧服学中则表现为义(忠)。

关于恩义关系的讨论在先秦时就已存在。郭店楚简《六德》篇云:"仁,内也;义,外也;礼乐,共也。内立父、子、夫也,外立君、臣、妇也。疏斩布绖杖,为父也,为君亦然;疏衰齐牡麻绖,为昆弟也,为妻亦然;袒免,为宗族也,为朋友亦然。为父绝君,不为君绝父。……门内之治恩掩义,门外之治义斩恩。"③这样的观点在汉代的《大戴礼·本命》和《礼记·丧服四制》中都有阐述。但是,强调恩内义外的观点都是在君权较为强大(如两汉)的时候。而在六朝这样君权相对衰弱的时期,则对恩义关系的倾向性存在着一个变化的过程。

以丧服学来协调二者,其中的倾向性却十分明显。正如吴承仕先生

---

① 皇侃:《论语集解义疏·阳货》,世界书局1935年版。
② 皇侃:《论语集解义疏·阳货》,世界书局1935年版。
③ 《郭店楚墓竹简》,文物出版社1998年版。

所言:丧服理论中最重要的是"至亲以期断"这个作为原则的原则。①

《礼记·三年问》记载:"曰:至亲以期断,是何也? 曰:天地则已易矣,四时则已变矣,其在天地之中者,莫不更始焉,以是象之也。然则何以三年也? 曰:加隆焉尔也,焉使倍之,故再期也。由九月以下何也? 曰:焉使弗及也。故三年以为隆,缌小功以为杀,期九月以为闲。"所谓"至亲以期断"即是说增服以期为本位,期服的适用则以至亲为本位。至亲即是一体之亲,《丧服传》云:"父子,一体也;夫妻,一体也;兄弟,一体也。"三至亲即是一个血族单位,其互相为服皆是期服。由此而隆杀至九族、五服而止。所以说丧服学最核心者是亲亲之义,而尊尊之义则是在前者的基础上建立起来的。郭店楚简《六德》篇的作者指出:"父子不亲,君臣无义。是故先王之教民也,始于孝弟。"这样一种观点既保持了"义"的地位,更强调了"恩"的重要性。魏晋时人庞札所谓"父子天性,爱由自然。君臣之交,出自义合,而求忠臣必於孝子。是以先王立礼,敬同于父,原始要终,齐于所生。"(《晋书·庾纯传》卷五十)表达的是同样一种意思。

《礼记·檀弓》云:"事亲有隐而无犯,左右就养无方,服勤至死,致丧三年;事君有犯而无隐,左右就养有方,无勤至死,方丧三年。"郑玄注曰:"方丧,资于事父。彼以恩为制,此以义为制。"郑玄注将恩、义的区别及丧服对此的倾向性说得十分清楚了,他还补充说:"服之首主于父母",晋人刘维所谓"五服之义,以恩为主"也是这个意思。这种以父母之恩为主的倾向性在六朝人的思想中表现得特别强烈。

如果恩、义之间发生冲突时,他们甚至公开指责重义轻恩的主张。《宋书·礼志二》曰:"汉文帝始革三年丧制。……案《尸子》,禹治水,为丧法,曰毁必杖,哀必三年。是则水不救也,故使死于陵者葬于陵,死于泽者葬于泽。桐棺三寸,制丧三日。然则圣人之于急病,必为权制也。但汉

---

① 吴承仕:《中国古代社会研究者对于丧服应认识的几个根本概念》,《文史》1934 年第 1 期第 1 卷。

文治致升平,四海宁晏,废礼开薄,非也。"

　　另有一则典型史例,西晋文帝死,朝廷议论丧礼。羊祜认为应该服三年之丧,傅玄则以为三年之丧已废数百年而一旦行之恐难行也。羊祜退一步云让晋惠帝遂服,傅玄答云:"若上不除而臣下除,此为但有父子、无复君臣,三纲之道亏矣。"史家习凿齿对傅玄之论不以为然:"傅玄知无君臣之伤教,而不知兼无父子为重,岂不蔽哉。"(《宋书·礼志二》卷十五)东晋名相王导在上疏中明言"父子、夫妇、兄弟、长幼之序顺,而君臣之义固矣。《易》所谓正家而天下定者也"。(《宋书·礼志一》卷十四)

　　然而,这种重亲亲之义的倾向到梁武帝以后似乎有了一些变化。在梁武帝亲自主持下曾对皇子为慈母服制问题展开争论,这场争论似乎令人费解。梁武帝议皇子为慈母服制云:"《礼》言'慈母'凡有三条:一则妾子之无母,使妾之无子者养之,命为母子,服以三年,《丧服》齐衰章所言'慈母如母'是也;二则嫡妻之子无母,使妾养之,慈抚隆至虽均乎慈爱,但嫡妻之子,妾无为母之义而恩深事重,故服以小功,《丧服》小功章所以不直言'慈母'而云'庶母慈己者',明异于三年之'慈母'也;齐三则子非无母,正是择贱者视之,义同师保而不无慈爱,故亦有'慈母'之名,师保既无其服,则此慈母亦无服矣。"(《梁书·司马筠传》卷四十八)

　　梁武帝分慈母为三,引《曾子问》载孔子答子游之问,证明《内则》义同师保之慈母无服,然后批评郑玄不辨三慈,混为训释,言之有据。如果细加揣摩,他似乎想从慈母之"恩"中分离出贵贱之义、师保之名,而它们已经是尊尊之义的范畴。站在这个角度来看,梁武帝大动干戈、详细讨论之服的良苦用心,所谓醉翁之意不在酒,就显得十分明显了。何佟之也表现了与梁武帝同样的倾向:"《春秋》之旨,臣子继君亲,虽恩义有殊,而其礼则一。所以敦资敬之情,小祥抑存之礼,斯盖至爱可申,极痛宜屈耳。"(《南齐书·礼志下》卷十)

　　从材料中可以知道,尽管皇侃仍然强调恩、孝的基础地位,但他已经沿着梁武帝、何佟之的方向,大力提升义、忠的重要性。他在疏释"子为父隐,父为子隐"时说:"父子天性,率由自然,至情宜应相隐,若隐惜则自不为非,故云直在其中矣。若不知相隐则人伦之义尽矣。"①

皇侃在承认父子之亲为人伦之义的同时又提出了"君亲宜一"的观点:"夫谏之为义,义在爱惜。既在三事,同君亲宜一。若有不善,俱宜致谏。案《檀弓》云:事亲有隐无犯,事君有犯无隐,则是隐亲之失,不谏亲之过,又谏君之失,不隐君之过,并为可疑。旧通云:君亲并谏,同见《孝经》,微进善言,俱陈记传,故此云事父母几谏。而《曲礼》云为人臣之礼不显谏。郑玄曰:合几,微谏也。是知并宜微谏也,又若君亲焉过大,甚则亦不得不极于犯颜,故《孝经》曰:父有争子,君有争臣。又《内则》云:子之事亲也,三谏不从,则号泣而随之。又云:臣之事君,三谏不从则逃之。以就经记并是极犯时也,而《檀弓》所言,欲显真假本异,故其旨不同耳。何者? 父子真属,天性莫二,岂父有罪、子向他说也,故孔子曰:子为父隐,父为子隐,直在其中。故云有隐也。而君臣既义合,有殊天然,若言君之过,于政有益则不得不言,唯值有益乃言之,亦不恒焉口实。若言之无益则隐也。"②

他进一步说:"人子之礼,移事父孝以事于君则忠,移事兄悌以事于长则从也。孝以事父,悌以事兄,还入闺门宜尽其礼。父兄天性,续莫大焉;公卿义合,厚莫重焉。"③

如果说皇侃在前引注疏中还是强调"君亲宜一"的话,那么他在《论语·微子》的注疏中已经明确提出大伦为君臣之义的看法:"人既生便有在三之义,父母之恩,君臣之义。……大伦谓君臣之道理也。"④

综合上述有关丧礼的讨论,虽然没有脱离汉代的师法和家法,然而其现实意义却不可忽视。皇侃似乎并没有掉进书袋,他非常清醒地知道应

---

① 皇侃:《论语集解义疏·子路》,世界书局 1935 年版。
② 皇侃:《论语集解义疏·里仁》,世界书局 1935 年版。
③ 皇侃:《论语集解义疏·子罕》,世界书局 1935 年版。
④ 皇侃:《论语集解义疏·微子》,世界书局 1935 年版。

该提倡什么、反对什么。父母之恩、君臣之义及其内在道德性的提扬,又不仅仅在于稳定社会而直接关乎人的生存意义。穿透烦琐的礼而揭示人心之"仁",是皇侃礼学的指向。

以丧服学为核心的丧礼在六朝时期的兴盛绝非偶然,它既有内在超越的文化原因,又有外在礼制的政治原因。与此同时,六朝丧礼对恩、义倾向性的变化也预示着礼学乃至儒学向义理之学演进的某种征兆。而以皇侃等为代表的南朝梁代礼学家们在这一变化过程中作出了他们自己的贡献。

南朝礼学的繁荣是以丧服学的隆盛为标志的。上述内容仅为丧服学之一隅,但即使如此也使我们能够感觉到丧服学在当时是如何受到人们的重视,又是如何随着时代的变迁而不断变化的。就以丧服学为代表的南朝礼学的文化意义和哲学意义而言,可以从三个层面加以论述。

第一,文化认同的意义。南朝诸代偏安江南,向为文化重地的中原地区沦为夷狄之域。南朝政权的正统性及其政治制度、礼乐文化的正宗性极易遭致怀疑。世居江南的土著汉人和未曾迁徙的北方汉人是南朝诸代迫切需要得到他们支持的重要力量。而要得到他们的拥护,强化其文化认同感和民族归属感,不失为最好的办法之一。另一方面,拥有强大军事实力的北方少数族统治者对于汉族高度发达的礼乐文化始终怀有慕化之心,使他们因钦慕而逐渐汉化则是维护南朝政权生存的重要手段。更有甚者,属外来文化的佛教在南朝的广泛传播影响儒学在文化领域的统治地位。在这样的现实环境下,南朝诸代的精英们将传统文化中最具文化底蕴的礼学作为应对的领域。隋唐的历史证明礼学确实发挥了精英们所期待的作用。

第二,社会整合的意义。以丧服学为代表的礼学在南朝的隆盛,一方面固然是中原文化、华族文明认同的需要,是民族凝聚的需要;另一方面,又是社会重新整合的需要。六朝时期社会的重新整合,分裂战乱之后重新恢复秩序,一定要有社会层面伦理关系的调整、甚至深入于人心的道德意识的重建。政府与精英文化层对礼学的提倡固然与民间社会的实际情况有一定的距离,但这种提倡确乎顺应了历史的潮流。关于社会关系、社会秩序的调整与重组,文化精英们只有借重于自身的文化资源,于是礼学,尤其是丧服学在这种社会需要面前得到了长足发展。

第三,道德重建的意义。六朝儒学处于一种天道失落、性道隔绝的困境。无道德根据的儒学成为一种虚伪的、外在的说教。这种状况也促使文化精英们既汲取佛家和道家的思想方法以弥补自身的不足,更试图从儒学内部的礼学中寻找道德重建的途径。从皇侃的礼学思想来看,这一努力趋势对于儒学的发展来说不是没有意义的。

第四节 皇侃与礼治思想

皇侃的政治主张是建立在其礼学基础之上的:"人君能用礼让以治国,则于国事不难。"[①]"君上若好礼则民下谁敢不敬,礼主敬故也。君上若裁断得宜则民下皆服,义者宜也。君上若好敬则民下有敬不复欺,故相与皆尽于情理也。"[②]

皇侃是以礼教来看待政治的,"教者何谓也? 教者效也。上为之,下效之。民有质朴,不教不成。"(《白虎通德论·三教》卷八)

上述观点是儒家对政治理论基础的共同看法,即所谓礼治。礼被视为治理国家的大纲和根本。《左传》云:"礼,经国家,守社稷,序民人,利后嗣者也。"(《左传》隐公十一年)孔子也说:"为国以礼。"(《论语·先进》)比皇侃稍早的著名礼学家徐勉在给梁武帝的表中说:"夫礼,所以安上治人,弘风训俗,经国家、利后嗣者也。"(《梁书·徐勉传》卷二十五)梁武帝同样将礼视为治国之大要,他在即位初就下诏曰:"礼坏乐缺,故国

---

① 皇侃:《论语集解义疏·里仁》,世界书局 1935 年版。
② 皇侃:《论语集解义疏·子路》,世界书局 1935 年版。

异家殊,实宜以时修定,以为永准。"(《梁书·徐勉传》卷二十五)

礼治的基础是以亲亲之义为核心的宗统和以尊尊之义为核心的君统所构成的宗法社会的存在。宗统表现为亲疏、长幼等关系,君统则表现为贵贱、尊卑等关系。礼治的作用就是确认并维护这些关系,而发挥这种作用的基本方式就是规定亲与疏、长与幼、贵与贱、尊与卑之间的差别。礼通过规定差别而将亲亲、尊尊等抽象的意义落实为具体的外在现象,而表现为一种等级制度,即《礼记·丧服小记》所谓"亲亲、尊尊、长长、男女之有别,人道之大者也"。而《中庸》则引孔子答鲁哀公的话说:"仁者人也,亲亲为大;义者宜也,尊贤为大。亲亲之杀,尊贤之等,礼所生也。"

传统社会的等级制度是礼治的基础。因此,礼治对于等级制度是极力加以维护的。孔子说:"贵贱无序,何以为国?"(《左传》昭公二十九年)六朝人更将贵贱视为天理之当然:"若皆私之,则志过其分。上下相冒,而莫为臣妾矣。臣妾之才而不安臣妾之任,则失矣。故知君臣上下手足外内乃天理自然,岂真人之所为哉。"[1]

贵贱之"分"是先天禀受,是维护礼治的根据。沈约更将智愚与贵贱联系起来,认为智愚的品级与贵贱的品级是平行地更换,即因贵而智、因贱而愚,人在各各的"分"上得其性,因此,各各的智愚之"分"、贵贱之"分"都合乎自然理法。[2]

贵贱之"分"要求个体充分履行自己所处地位的义务,即皇侃所谓:"为风政之法,当使君行君德,故云君君也,君德谓惠也。臣当行臣礼,故云臣臣也,臣礼谓忠也。父为父法,故云父父也,父法谓慈也。子为子道,故云子子也,子道谓孝也。"[3]君、臣、父、子各司其职,各尽其责,各行其道。只有这样,尊者之"尊"因其与卑者之"别"而呈现,卑者之"卑"亦因

---

① 郭象:《庄子·齐物论注》,《四部备要》本。
② 吉川忠夫:《六朝士大夫的精神生活》,载《日本学者研究中国史论著选译》(七),许洋主等译,中华书局 1993 年版,第 108—109 页。
③ 皇侃:《论语集解义疏·颜渊》,世界书局 1935 年版。

其与尊者之"异"而表现。亲疏关系也是如此。

维护等级制度就是对贵贱、亲疏等名分的确定,皇侃对"正名"的重要性有清楚的认识:"为政先行者正百物之名也,所以先须正名者,为时昏礼乱、言语番杂,名物失其本号,故为政必以正名为先也。"[1]

皇侃还引《韩诗外传》说明"正名"的意义:"孔子侍坐季孙,季孙之宰通曰:'君使人假马,其与之不乎?'孔子曰:'君取臣谓之取,不谓之假'。季孙悟,告宰通曰:'今日以来云君有取谓之取,无曰假也'。故孔子正假马之名而君臣之义定也。"[2]

在皇侃等礼学家看来,"正名"是礼治得以实行的基础,其重要性不言而喻。"且夫名以召实,实以应名,名若倒错不正,则当言语纰僻不得顺序也。若言不从顺序则政行触事不成也。若国事多失则礼乐之教不通行也。礼以安上治民,乐以移风易俗。若其不行则君上不安,恶风不移故有淫刑滥罚,不中于道理也。刑罚既滥,故下民畏惧刑罚之滥,所以局天束地不敢自安,是无所自措立手足也。既民无所措手足由于名之不正,故君子为政者宜正其名,必使顺序而可言也。"[3]

礼治不行只会导致刑罚泛滥,从而使人民无所措手足。皇侃认为不行礼治只会导致法治的盛行,而法治在他看来是不符合礼治精神的。他引时人之论曰:"政者,立常制以正民者也。刑者,兴法辟以割制物者也。制有常则可矫,法辟兴则可避,可避则违情而苟免,可矫则去性而从制;从制外正而心内未服,人怀苟免则无耻于物,其于化不亦薄乎。""立政以制物,物则矫以从之;用刑以齐物,物则巧以避之。矫则迹从而心不化,巧避则苟免而情不耻,由失其自然之性也。若导之以德,使物各得其性,则皆用心不矫其真,体其情则皆知耻而自正也。"[4]

---

① 皇侃:《论语集解义疏·子路》,世界书局 1935 年版。
② 皇侃:《论语集解义疏·子路》,世界书局 1935 年版。
③ 皇侃:《论语集解义疏·子路》,世界书局 1935 年版。
④ 皇侃:《论语集解义疏·为政》,世界书局 1935 年版。

法治只会使人失去自然之性,人性是人之所以为人的根本,失去人性只会使人失去人的尊严和无限可能性,人也不成其为人了。所以说,只有导之以德而得性,齐之以礼而得情的礼治,才是最好的选择。"德者,得其性者也。得其性则本至,本至则无制而自正。"①"用情犹尽忠也,行礼不以求敬而民自敬,好义不以服民而民自服,施信不以结心而民自尽信。"②

我们可以看到皇侃秉承儒家礼治思想的传统,将治政的途径引向道德修养,认为修身齐家就是为政治国:"人子在闺门当极孝于父母而极友于兄弟,若行此事,有政即亦是为政也。施行孝、友,有政,家家皆正,则邦国自然得正,亦又何用为官位乃是为政乎?"③

东晋初期门阀士族的代表人物王导有一篇很著名的疏奏,从中可以发现六朝人对礼治的基本看法,不妨引之:

夫治化之本,在于正人伦;人伦之正,存乎设庠序;庠序设而五教明,则德化洽通,彝化攸叙,有耻且格也。父子兄弟夫妇长幼之序顺,而君臣之义固矣。《易》所谓正家而天下定者也。故圣人蒙以养正,少而教之,使化沾肌骨,习以成性,有若自然。日迁善远罪而不自知,行成德立,然后裁之以位。虽王之嫡子犹与国子齿,使知道而后贵。其取才用士,咸先本之于学,故《周礼》乡大夫"献贤能之书于王,王拜而受之",所以尊道而贵士也。人知士之所贵由乎道存,则退而修其身,修其身以及其家,正家以及于乡,学于乡以登于朝。反本复始,各求诸己。敦素之业著,浮伪之道息,教使然也。故以之事君则忠,用之莅下则仁,即孟轲所谓"未有仁而遗其亲,义而后其君者也。"(《宋书·礼志一》卷十四)

六朝人认为士族所以事君以忠,莅下以仁乃是教使然也;士族之贵显在于其存道,而存道在于修身,修身仍为教使然也。少而教之则使人可以

---

① 皇侃:《论语集解义疏·为政》,世界书局1935年版。
② 皇侃:《论语集解义疏·子路》,世界书局1935年版。
③ 皇侃:《论语集解义疏·为政》,世界书局1935年版。

成性而有若自然。"教"是礼治实现的前提条件。在皇侃思想中"教"与礼治是不相区分的。他引曰:"典籍辞义谓之文,孝悌恭睦谓之行,为人臣则忠,与朋友交则信,此四者,教之所先也。故以文发其蒙,行以积其德,忠以立其节,信以全其终也。"①我们很难从以上议论中发现"教"与礼治之间有何不同。

皇侃强调"教"与礼治的密不可分,修身与为政的密不可分,其间的关键在于德行。因为德行既是"教"与修身的结果,又是礼治与为政的开始,而德行之发端,有赖于老师的启迪。正如徐复观先生说:"既不能上求之于神,也不能内求之于心,故只能求之于圣王的法(伦制),使人接受这种法的就是师。"②

既然师的作用如此重要,那么应该让有德者为人师,皇侃说:"记问之学不足以为人师。师人必当温故而知新,研精久习,然后乃可为人传说耳。若听之于道路,道路仍即为人传说,必多谬妄,所以为有德者所弃也,亦自弃其德也。"③

皇侃引孙绰之释指出为人师的要求:"滞故则不能明新,希新则存故不笃,常人情也。唯心平秉一者,守故弥温,造新必通,斯可以为师者也。"④

皇侃对师道的重视还表现在他将师与君、父并列:"夫谏之为义,义在爱惜。既在三事,同君亲宜一。若有不善,俱宜致谏。案《檀弓》云:事亲有隐无犯,事君有犯无隐……又在三有师,《檀弓》云:事师无犯无隐,所以然者,师常居明德,无可隐。无可隐故亦无犯也。"⑤

六朝的选举制度素以"上品无寒门,下品无世族"的门阀制度而闻名

① 皇侃:《论语集解义疏·述而》,世界书局1935年版。
② 徐复观:《中国人性论史》(先秦篇),上海三联书店2001年版,第217—218页。
③ 皇侃:《论语集解义疏·阳货》,世界书局1935年版。
④ 皇侃:《论语集解义疏·为政》,世界书局1935年版。
⑤ 皇侃:《论语集解义疏·里仁》,世界书局1935年版。

于世。它实际上是"等级制度在家族中的深刻表现和制度化"。① 著名的九品中正制是将汉末乡间评定习惯加以制度化，综合家世、才德而定品的选举制度。一般认为这是门阀士族操纵选举以垄断仕途的工具。时人谓"台阁选举，徒塞耳目，九品访人，唯问中正。故据上品者，非公侯之子孙则当涂之昆弟也"。(《晋书·段灼传》卷四十八)九品中正制对于巩固门阀制度发挥了相当大的作用。

但到南北朝时期，门阀制度业已确立，"士庶天隔"已成为普遍性原则，所谓"士庶之别，国之章也"(《南史·王球传》卷二十三)就是当时人们的共识，在这样的情况下，九品等级的升降反而没有魏晋时期那样重要，因为士族进身已不必关心中正给自己的品第，问题只在于自己的血统即姓族的辨别。另一方面，世家大族为维护自己的特权地位而到了辨别姓族的地步，表明他们在政治上已经失去了与君权相抗衡的实力，而只能在社会生活中维护自己的特权。

正是在这样的时代背景下，皇侃在分析人的品第时也分为九品，但他所说的品第已经不以家世和才德为依据，而是从教化的意义上来讲的："就人之品识大判有三，谓上、中、下也。细而分之则有九也：有上上、上中、上下也，又有中上、中中、中下也，又有下上、下中、下下也。凡有九品，上上则是圣人，圣人不须教也；下下则是愚人，愚人不移亦不须教也；而可教者谓上中以下、下中以上，凡七品之人也。今云中人以上可以语上即以上道语于上分也。中人以下不可以语上，虽不可语上，犹可语之以中及语之以下。何者？夫教之为法恒导引分前也。圣人无须于教，故以圣人之道可以教颜，以颜之道可以教闵。斯则中人以上可以语上也。又以闵道可以教中品之上，此则中人亦可语上也。又以中品之上道教中品之中，又以中品之中道教中品之下，斯即中人亦有可以语之以中也。又以中品之下道教下品之上，斯即中人以下可以语下也。又以下品之上道教下品之中，斯即中人

_____

① 唐长孺：《魏晋南北朝史论丛》，三联书店1955年版，第119页。

以下可以语下也。……既有九品,则第五为正中人也,以下则六、七、八也,以上即四、三、二也。"①

皇侃所言九品完全没有九品中正制中品级所含有的政治色彩,而是为儒家教化所具有的迁善去恶,修身齐家乃至治国平天下的作用提供了充分的人性依据。他也为六朝等级制度的变化提出理论的证据,如其所言:"人乃有贵贱,同宜资教,不可以其种类庶鄙而不教之也。教之则善,本无类也。"②

由教化而言,只有善恶而无贵贱之分,教之则善,善则品必升,品升则人贵也。这一结论并非皇侃杜撰,而是历史事实。梁武帝立五经博士为五馆,"馆有数百生,给其饩廪,其射策通明者即除为吏。"(《梁书·儒林传序》卷四十八)射策之策即试经,也可概称明经,当时的贵游子弟"明经求第则雇人答策"。③ 显然已把学馆射策得第者通称为明经。梁武帝在天监八年五月诏云:"其有能通一经,始未无倦者策实之后,选可量加叙录。虽复牛监羊肆、寒门后品并随才试吏,勿有遗隔。"(《梁书·武帝纪中》卷二)梁武帝规定的制度实为后来科举制度之滥觞。国子学的生徒以修习儒经为主,而且取消了通一经后至三十岁才能入仕的限制。④ 而且"旧国子学生,限以贵贱。(梁武)帝欲招来后进,五馆生皆引寒门隽才,不限人数。"(《隋书·百官志上》卷二十六)所有这些政策使得社会上无问贵贱、皆以循习五经而入仕的认识逐渐普及开来。

皇侃在其礼学思想和性道思想的基础上提出了以礼修身、以礼教民和以礼治国的礼治思想。虽然它是传统儒学礼乐文化的一贯主张,但皇侃是在世家大族占据统治核心(尽管已呈衰落趋势),人们存在着贵贱,贤愚是先天而有、且无法改变的知识背景下提出的。皇侃的礼治思想认

---

① 皇侃:《论语集解义疏·雍也》,世界书局 1935 年版。
② 皇侃:《论语集解义疏·卫灵公》,世界书局 1935 年版。
③ 王利器:《颜氏家训集解·勉学第八》,中华书局 1983 年版。
④ 梁武帝天监四年诏曰:"今九流常选,年未三十,不通一经,不得解褐。若有才同甘、颜,勿限年次。"(《梁书·武帝纪中》卷二)。

为人虽然存在着贵贱、贤愚的品第上的不同,但这种不同通过教化是可以改变的。现实中的九品是以宗法家族的贵贱为前提的,所以个人品第的形成是先天且无法改变的。皇侃主张的九品是以禀清浊之气而成的人性为前提,清浊之气是可以通过人的努力加以改变的,所以在此基础上的个人品第的评定同样是可以通过教化而改变的。

从上述分析来看,皇侃的礼治思想为梁武帝在五经博士馆诸生以及无问贵贱而通经者中选拔人才,或者说改革旧的九品选举制度提供了理论上的依据。可以进而言之,皇侃对于影响深远的科举制度的产生也作出了自己的贡献。

另一方面,皇侃的礼治思想对于政府在现实中不拘一格地选拔、任用门第较低的有才能者,从而团结中下层民众、凝聚社会的向心力、共同抵御外患也发挥了作用。

主要参考书目

范晔:《后汉书》,中华书局 1965 年版。

陈寿:《三国志》,中华书局 1959 年版。

房玄龄:《晋书》,中华书局 1974 年版。

沈约:《宋书》,中华书局 1974 年版。

萧子显:《南齐书》,中华书局 1972 年版。

姚思廉:《梁书》,中华书局 1973 年版。

姚思廉:《陈书》,中华书局 1972 年版。

魏收:《魏书》,中华书局 1974 年版。

李百药:《北齐书》,中华书局 1972 年版。

令狐德棻:《周书》,中华书局 1971 年版。

李延寿:《南史》,中华书局 1975 年版。

李延寿:《北史》,中华书局 1974 年版。

魏征、令狐德棻:《隋书》,中华书局 1973 年版。

宋祁:《旧唐书》,中华书局 1975 年版。

欧阳修:《新唐书》,中华书局 1975 年版。

杜佑:《通典》,中华书局 1984 年版。

王肃:《孔子家语注》,世界书局 1935 年版。

王肃:《孔子家语》,上海古籍出版社 1991 年版。

楼宇烈:《王弼集校释》,中华书局 1980 年版。

郭象:《庄子注》,《四部备要》本。

刘义庆:《世说新语》,《诸子集成》本。

皇侃:《论语集解义疏》,乾隆道光间晋塘鲍氏刻《知不足斋丛书》本。

皇侃:《论语集解义疏》,世界书局 1935 年版。

释慧皎:《高僧传》,中华书局 1992 年版。

释僧祐:《弘明集》,四部丛刊本。

释道宣:《广弘明集》,四部丛刊本。

陈延杰:《诗品注》,人民文学出版社 1998 年版。

萧绎:《金楼子》,《四库全书》本。

周振甫:《文心雕龙今译》,中华书局 1986 年版。

王利器:《颜氏家训集解》,中华书局 1983 年版。

陆德明:《经典释文》,上海古籍出版社 1985 年版。

马国翰辑:《玉函山房辑佚书》,上海古籍出版社 1990 年版。

严可均辑:《全上古秦汉三国六朝文》,中华书局 1958 年版。

傅亚庶:《刘子校释》,中华书局 1998 年版。

许嵩:《建康实录》,上海古籍出版社 1987 年版。

陈立:《白虎通疏证》,中华书局 1994 年版。

《十三经注疏》,中华书局影印阮刻本 1980 年版。

(清)永瑢等撰:《四库全书总目提要》,中华书局 1965 年版。

陈皓:《礼记集说》,中国书店 1994 年版。

朱熹:《四书章句集注》,中华书局 1983 年版。

孙诒让:《周礼正义》,中华书局 1987 年版。

孙希旦:《礼记集解》,中华书局 1989 年版。

朱彬:《礼记训纂》,中华书局 1996 年版。

刘宝楠:《论语正义》,《诸子集成》本。

程树德:《论语集释》,中华书局 1990 年版。

杨树达:《论语疏证》,上海古籍出版社 1986 年版。

杨伯峻:《论语译注》,中华书局 1980 年版。

皮锡瑞:《经学历史》,中华书局 1959 年版。

皮锡瑞:《经学通论》,中华书局 1954 年版。

刘师培:《经学教科书》,宁武南民校版。

马宗霍:《中国经学史》,商务印书馆 1937 年版。

周予同:《周予同经学史论著选集》,上海人民出版社 1996 年版。

本田成之:《中国经学史》,上海书店出版社 2001 年版。

傅杰编:《章太炎学术史论集》,中国社会科学出版社 1997 年版。

王国维:《观堂集林》,河北教育出版社 2001 年版。

陈寅恪:《陈寅恪史学论文选集》,上海古籍出版社 1992 年版。

汤用彤:《汉魏两晋南北朝佛教史》,商务印书馆 2015 年版。

汤用彤:《魏晋玄学论稿》,上海人民出版社 2015 年版。

汤用彤:《中国现代学术经典·汤用彤卷》,河北教育出版社 1996 年版。

汤用彤:《理学·佛学·玄学》,北京大学出版社 1991 年版。

冯友兰:《中国哲学史》,中华书局 1984 年版。

冯友兰:《中国哲学简史》,北京大学出版社 1996 年版。

张岱年:《中国哲学史史料学》,三联书店 1982 年版。

侯外庐主编:《中国思想通史》第三卷,人民出版社 1957 年版。

钱穆:《中国历史研究法》,三联书店 2001 年版。

钱穆:《国史新论》,三联书店 2001 年版。

钱穆:《中国文化史导论》,商务印书馆 1994 年版。

牟宗三:《心体与性体》,上海古籍出版社 1999 年版。

牟宗三:《才性与玄理》,(台湾)学生书局 1983 年版。

牟宗三:《中国哲学十九讲》,上海古籍出版社 1997 年版。

牟宗三:《中国哲学的特质》,上海古籍出版社 1998 年版。

牟宗三:《道德的理想主义》,中国广播电视出版社 1992 年版。

徐复观:《中国人性论史》(先秦篇),上海三联书店 2001 年版。

徐复观:《两汉思想史》,(台湾)学生书局 1976 年版。

徐复观:《中国经学史的基础》,(台湾)学生书局 1985 年版。

杜维明:《人性与自我修养》,中国和平出版社 1988 年版。

杜维明:《儒家传统的现代转化》,中国广播电视出版社 1992 年版。

陈齐泰等:《二十世纪中国礼学研究论集》,学苑出版社 1998 年版。

杨向奎:《宗周社会与礼乐文明》,人民出版社 1992 年版。

杨向奎:《绎史斋学术文集》,上海人民出版社 1983 年版。

唐长孺:《魏晋南北朝史论丛》,三联书店 1955 年版。

唐长孺:《魏晋南北朝史论丛续编》,三联书店 1959 年版。

唐长孺:《魏晋南北朝史论拾遗》,中华书局 1983 年版。

唐长孺:《魏晋南北朝隋唐史三论》,武汉大学出版社 1992 年版。

王仲荦:《魏晋南北朝史》,上海人民出版社 1980 年版。

田余庆:《东晋门阀政治》,北京大学出版社 1989 年版。

任继愈主编:《中国佛教史》(第二卷),中国社会科学出版社 1985 年版。

任继愈主编:《中国哲学发展史》(魏晋南北朝卷),人民出版社 1988 年版。

汤一介:《郭象与魏晋玄学》,北京大学出版社 2000 年版。

汤一介:《非实非虚集》,华文出版社 1999 年版。

郭齐勇:《郭齐勇自选集》,广西师范大学出版社 1999 年版。

余敦康:《何晏王弼玄学新探》,齐鲁书社 1991 年版。

牟钟鉴:《走近中国精神》,华文出版社 1999 年版。

张立文:《中国哲学范畴发展史》(天道篇),中国人民大学出版社 1988 年版。

张立文:《中国哲学范畴发展史》(人道篇),中国人民大学出版社 1995 年版。

蒙培元:《心灵超越与境界》,人民出版社 1998 年版。

许道勋、徐洪兴:《中国文化通志·经学志》,上海人民出版社 1998 年版。

胡戟:《中国文化通志·礼仪志》,上海人民出版社 1998 年版。

金春峰:《两汉思想史》,中国社会科学出版社 1997 年修订版。

王葆玹:《今古文经学新论》,中国社会科学出版社 1997 年版。

谢祥皓、刘宗贤:《中国儒学》,四川人民出版社 1998 年版。

钱玄:《三礼通论》,南京师大出版社 1996 年版。

陈戍国:《魏晋南北朝礼制研究》,湖南教育出版社 1995 年版。

林素英:《丧服制度的文化意义》,(台湾)文津出版社 2000 年版。

丁凌华:《中国丧服制度史》,上海人民出版社 2000 年版。

李志林:《气论与传统思维方式》,学林出版社 1990 年版。

林安弘:《儒家礼乐之道德思想》,(台湾)文津出版社 1988 年版。

章权才:《魏晋南北朝隋唐经学史》,广东人民出版社 1996 年版。

卢钟锋:《中国传统学术史》,河南人民出版社 1998 年版。

马良怀:《崩溃与重建的困惑》,中国社会科学出版社 1993 年版。

[德]雅斯贝尔斯:《历史的起源与目标》,魏楚雄、俞新天译,华夏出版社 1989 年版。

《日本学者研究中国史论著选译》(二),高明士、邱添生、夏日新等译,中华书局 1993 年版。

《日本学者研究中国史论著选译》(七),许洋主等译,中华书局 1993 年版。

《日本学者论中国哲学史》,辛冠洁、衷尔钜、马振铎、徐远和译,中华书局 1986 年版。

责任编辑：洪　琼

图书在版编目（CIP）数据

南朝儒学思想研究/乐胜奎 著. —北京：人民出版社，2021.9
ISBN 978－7－01－022752－8

Ⅰ.①南…　Ⅱ.①乐…　Ⅲ.①儒学-研究-中国-南朝时代　Ⅳ.①B222.05

中国版本图书馆 CIP 数据核字（2020）第 245740 号

南朝儒学思想研究
NANCHAO RUXUE SIXIANG YANJIU

乐胜奎　著

人民出版社 出版发行
（100706　北京市东城区隆福寺街 99 号）

北京中科印刷有限公司印刷　新华书店经销

2021 年 9 月第 1 版　2021 年 9 月北京第 1 次印刷
开本：710 毫米×1000 毫米 1/16　印张：15.75
字数：260 千字

ISBN 978－7－01－022752－8　定价：59.00 元

邮购地址 100706　北京市东城区隆福寺街 99 号
人民东方图书销售中心　电话（010）65250042　65289539